그리스도의 생애와 사건 순서에 따른

백 번만 사복음 대조 성경

| 양동욱 엮음 |

쿰란출판사

일러두기

모든 성경은 예수를 그리스도로 증언하고 있으며, 따라서 66권의 성경에서 가장 중요한 부분은 주님에 대한 증언인 사복음서라고 하겠다. 그래서 혹자는 여타 성경은 사복음서에 대한 각주와 해설서에 불과하다고까지 말하는 학자도 있다.

사복음서가 이렇게 성경에서 차지하는 비중이 막중함에도 불구하고, 이에 대한 학습이 매우 까다로운 것이 현실이다. 이런 이유 중 하나는 사복음서를 낱권으로 개별 학습함에 따른 유사본문 간의 혼동에서 오는 부분이 상당한 몫을 차지한다. 또한 각 권의 복음서가 그리스도의 생애와 사건 순서에 따라 기술한 것이 아니고 사건별로 혹은 기록자의 관점과 강조점에 따라 각기 상이한 방식으로 기술하였기에 시간적 흐름에서 특정 사건을 이해하는 것에 익숙한 현대인들에게는 더욱 이해를 어렵게 한다.

그래서 사복음서의 효과적인 학습에 어려움을 가져오는 이런 난점을 극복하기 위하여 2세기의 타티안(Tatian)을 비롯하여 근대에는 존 브로우더스(John A. Broadus)를 비롯한 많은 학자들이 사복음서를 그리스도의 생애에 따른 시간 순서대로 사역과 사건을 재배치하려는 노력을 기울였다. 이런 노력의 결과로 1922년에 로버트슨(A. T. Robertson)에 의해 *A Harmony of the Gospels for Students of the Life of Christ*(우리나라에서는 도한호에 의해 《복음서 대조서》로 번역 출판되었다.)로 집대성되어 출판되었고, 현재 세계의 많은 나라에서 사복음서 학습서로 활용되고 있다.

필자는 로버트슨의 이런 사복음서 재배치 노력이 사복음서를 깊이 있게 이해하는 것에 가장 효과적인 방식임을 인지하고, 이에 대한 사복음서 해설서를 《백 번만 복음서 해설과 설교 탐구》(서울: 부크크, 2017)로 출판하였다. 그리고 본서는 《백 번만 복음서 해설과 설교 탐구》의 자매지 성격을 지닌다. 즉, 《백 번만 복음서 해설과 설교 탐구》 는 본 《백 번만 대조 사복음 성경》의 본문을 바탕으로 차례대로 설명하는 방식을 취하고 있다. 따라서 본서의 효과적인 학습을 위해서는 다음의 사항을 유의하여 학습하여야 한다.

1. 본서는 《백 번만 복음서 해설과 설교 탐구》의 자매지로서 효과적인 학습을 위해서는 본서와 《백 번만 복음서 해설과 설교 탐구》를 함께 구입하여야 기대하는 효과를 거둘 수 있다.

2. 더 효과적인 학습을 위해서는 본인이 주관하는 '백 번만 도제식 설교 맥잡기 세미나'(https://blog.naver.com/yangdesert)에 참석하여 필자가 사복음서뿐 아니라 전체 성경을 통합적인 관점에서 설명하는 강의를 듣고 학습할 때 가장 큰 효과를 거둘 수 있다.

3. 본서 《백 번만 사복음 대조 성경》은 마태, 마가, 누가, 요한복음의 전 내용을 하나도 빠짐없이 모두 포함하였다. 따라서 본 성경을 효과적으로 학습하면 예수께서 출생에서 승천에 이르는 시간의 흐름 속에서 각각의 사건을 이해하여 더욱 효과적으로 주님의 가르침을 이해할 수 있다.

4. 본서 《백 번만 사복음 대조 성경》은 또한 동일한 사건을 하나의 지면에 모두 포괄하였기에 사복음서 각각의 기록자가 가지는 미묘한 차이점을 파악할 수 있어 더욱 풍성한 그리스도의 사역을 이해할 수 있다.

5. 본서는 개역개정판을 기준으로 편집하였음을 아울러 밝힌다.

2018년 1월 12일

엮은이 양동욱

◈ 목 차

▷ 일러두기……2

부	사건 명	면	마태복음	마가복음	누가복음	요한복음
1부 **예수 탄생 이전** (B.C. 7년~B.C. 5년)	**1. 누가 서문**	32			(눅) 1:1–4	
	2. 요한 서문	32				(요) 1:1–18
	3. 예수 족보	35	(마) 1:1–17		(눅) 3:23–38	
	4. 세례 요한 출생 예고 (B.C. 6년/예루살렘)	37			(눅) 1:5–25	
	5. 예수 출생 예고 (B.C. 6년/나사렛)	40			(눅) 1:26–38	
	6. 엘리사벳 방문과 마리아의 찬양(유대 산지) 1) 마리아의 엘리사벳 방문	42			(눅) 1:39–45	
	2) 마리아 찬양	43			(눅) 1:46–56	
	7. 세례 요한 출생과 사가랴 찬가(B.C. 5년) 1) 세례 요한 출생	44			(눅) 1:57–66	
	2) 사가랴 찬양	45			(눅) 1:67–80	
	8. 천사 요셉 방문 (B.C. 5년/나사렛)	46	(마) 1:18–25			

부	사건 명	면	마태복음	마가복음	누가복음	요한복음
2부 예수 탄생과 유년 시절 (B.C. 5년~A.D. 7년)	**1. 예수 탄생 (B.C. 5년/베들레헴)**	50			㊦ 2:1–7	
	2. 천사 찬양과 목자 경배 1) 천사 찬양(베들레헴)	50			㊦ 2:8–14	
	2) 목자의 아기 예수 경배	51			㊦ 2:15–21	
	3. 정결 예식과 시므온, 안나 증언(예루살렘)	52			㊦ 2:22–38	
	4. 동방박사 방문 (베들레헴)	54	㊡ 2:1–12			
	5. 애굽 피신과 베들레헴 유아 살해 1) 애굽 피신	55	㊡ 2:13–15			
	2) 헤롯의 유아 살해	56	㊡ 2:16–18			
	6. 나사렛 귀향과 예수의 유년 시절(나사렛)	56	㊡ 2:19–23		㊦ 2:39–40	
	7. 소년 예수 예루살렘 방문과 그 후 성장 (A.D. 7년/예루살렘)	57			㊦ 2:41–52	

부	사건 명	면	마태복음	마가복음	누가복음	요한복음
3부 예수 사역 준비 단계 (A.D. 26년 가을 ~27년 4월경)	**1. 세례 요한 등장과 증거** **(A.D. 26년/유대 광야)**	60	㉮ 3:1–12	㉯ 1:1–8	㉰ 3:1–20	
	2. 예수 수세(受洗)와 공적 취임 **(A.D. 27년/요단 강)**	62	㉮ 3:13–17	㉯ 1:9–11	㉰ 3:21–22	
	3. 광야 시험(유대 광야)	63	㉮ 4:1–11	㉯ 1:12–13	㉰ 4:1–13	
	4. 요한의 증거와 예수 처음 제자들 **(요단 강 건너편 베다니)** 1) 산헤드린 공회에 대한 세례 요한 답변	65				㉱ 1:19–28
	2) 세례 요한의 예수 증거	66				㉱ 1:29–34
	3) 예수의 초기 제자들	67				㉱ 1:35–51
	5. 갈릴리 가나 첫 이적과 가버나움 이주 **(갈릴리 가나와 가버나움)**	69				㉱ 2:1–12

부	사건 명	면	마태복음	마가복음	누가복음	요한복음
4부 예수의 1차(초기) 유대 사역 (A.D. 27년 4월경 ~5월경)	**1. 유월절 1차 방문과 성전 숙정** **(A.D. 27년/예루살렘)**	72				㉭ 2:13–25
	2. 니고데모 대화(유대)	73				㉭ 3:1–21
	3. 세례 요한의 겸손과 예수 재 증언 1) 세례 요한 겸손	76				㉭ 3:22–30
	2) 예수 재 증언	77				㉭ 3:31–36
	4. 사마리아를 통과해 갈릴리로 가심(사마리아) 1) 바리새인과의 충돌 피해 갈릴리로 가심	78				㉭ 4:1–4
	2) 중간 통과지 사마리아 전도	79				㉭ 4:5–42

부	사건 명	면	마태복음	마가복음	누가복음	요한복음
5부 예수의 1차 갈릴리 사역 (A.D. 27년 6월경 ~28년 봄 산상수훈)	**1. 갈릴리 사역 개시 (A.D. 27년/갈릴리)**	86	(마) 4:12–17	(막) 1:14–15	(눅) 4:14–15	(요) 4:43–45
	2. 왕의 신하 아들 치유 (갈릴리 가나)	86				(요) 4:46–54
	3. 나사렛 배척	87			(눅) 4:16–30	
	4. 네 명의 제자 선택 (갈릴리)	90	(마) 4:18–22	(막) 1:16–20	(눅) 5:1–11	
	5. 가버나움 회당 축귀	91		(막) 1:21–28	(눅) 4:31–37	
	6. 베드로 장모 치유와 병자들 치유 1) 베드로 장모 치유	92	(마) 8:14–15	(막) 1:29–31	(눅) 4:38–39	
	2) 각종 병자 치유	93	(마) 8:16–17	(막) 1:32–34	(눅) 4:40–41	
	7. 1차 갈릴리 순회 전도 개시(갈릴리)	93	(마) 4:23–25	(막) 1:35–39	(눅) 4:42–44	
	8. 갈릴리 한 동네에서 문둥병자 치유	94	(마) 8:1–4	(막) 1:40–45	(눅) 5:12–16	

부	사건 명	면	마태복음	마가복음	누가복음	요한복음
5부 예수의 1차 갈릴리 사역 (A.D. 27년 6월경 ~28년 봄 산상수훈)	**9. 가버나움 중풍병자 치유**	95	㉮ 9:1–8	㉯ 2:1–12	㉰ 5:17–26	
	10. 세리 마태 제자 선택(가버나움)	96	㉮ 9:9–13	㉯ 2:13–17	㉰ 5:27–32	
	11. 세 가지 비유로 잘못된 금식 지적	97	㉮ 9:14–17	㉯ 2:18–22	㉰ 5:33–39	
	12. 2차 유월절 예루살렘 방문과 베데스다 병자 치유 (A.D. 28년/예루살렘) 1) 베데스다 병자 치유	98				㉱ 5:1–9
	2) 안식일 논쟁	99				㉱ 5:10–18
	3) 자신과 하나님이 동등하심 선언	101				㉱ 5:19–29
	4) 하나님과 동등하심 근거 제시	102				㉱ 5:30–47
	13. 안식일 밀 이삭 사건	104	㉮ 12:1–8	㉯ 2:23–28	㉰ 6:1–5	
	14. 안식일 손 마른 자 치유(갈릴리)	105	㉮ 12:9–14	㉯ 3:1–6	㉰ 6:6–11	
	15. 갈릴리 바닷가 큰 무리 회집과 각종 병자 치유	106	㉮ 12:15–21	㉯ 3:7–12		
	16. 예수의 12제자 임명(가버나움 부근)	107	㉮ 10:1–4	㉯ 3:13–19	㉰ 6:12–16	
	17. 산상수훈 1) 산상수훈 대상과 장소, 팔복(A.D. 28년/가버나움 부근 산?)	108	㉮ 5:1–12		㉰ 6:17–26	

부	사건 명	면	마태복음	마가복음	누가복음	요한복음
5부 예수의 1차 갈릴리 사역 (A.D. 27년 6월경 ~28년 봄 산상수훈)	2) 세상의 빛과 소금이 되는 그리스도인	109	㉮ 5:13–16			
	3) 율법의 완성자 예수	110	㉮ 5:17–20			
	4) 새로운 교훈들 6가지 (살인, 간음, 이혼, 맹세, 복수, 이웃사랑)	111	㉮ 5:21–48		㉯ 6:27–30, 32–36	
	5) 종교적 위선 경고 (구제, 기도, 용서, 금식)	114	㉮ 6:1–18			
	6) 재물 교훈	117	㉮ 6:19–24			
	7) 천국시민 생활 자세	118	㉮ 6:25–34			
	8) 비판 금지	120	㉮ 7:1–6		㉯ 6:37–42	
	9) 응답받는 기도 교훈	121	㉮ 7:7–11			
	10) 인간 관계 황금률	122	㉮ 7:12		㉯ 6:31	
	11) 넓은 길과 좁은 길	122	㉮ 7:13–14			
	12) 열매 맺는 신앙 교훈	122	㉮ 7:15–29		㉯ 6:43–49	

부	사건 명	면	마태복음	마가복음	누가복음	요한복음
6부 **예수의 2차** **갈릴리 사역** **(A.D. 28년 봄 이후** **~29년 가을)**	**1. 백부장 하인 치유** **(A.D. 28년 봄/가버나움)**	126	ⓜ 8:5–13		ⓝ 7:1–10	
	2. 나인 성 과부 아들 소생(나인 성)	127			ⓝ 7:11–17	
	3. 세례 요한 질문과 답변(갈릴리 부근) 1) 세례 요한 질문과 답변	128	ⓜ 11:2–6		ⓝ 7:18–23	
	2) 세례 요한 평가	129	ⓜ 11:7–15		ⓝ 7:24–29	
	3) 회개하지 않는 자들 경고	130	ⓜ 11:16– 24		ⓝ 7:30–35	
	4) 참된 안식 초청	132	ⓜ 11:25–30			
	4. 바리새인 시몬 집 향유 사건(가버나움)	132			ⓝ 7:36–50	
	5. 2차 갈릴리 순회 전도(갈릴리)	135			ⓝ 8:1–3	
	6. 바리새인 논쟁과 책망(가버나움) 1) 바알세불 논쟁	135	ⓜ 12:22–37	ⓜ 3:20–30		
	2) 또 다른 표적 요구	137	ⓜ 12:38–45			
	7. 모친과 동생들 방문	140	ⓜ 12:46–50	ⓜ 3:31–35	ⓝ 8:19–21	

부	사건 명	면	마태복음	마가복음	누가복음	요한복음
6부 예수의 2차 갈릴리 사역 (A.D. 28년 봄 이후 ~29년 가을)	**8. 9가지 비유 교훈 (갈릴리)** 1) 씨뿌리는 자 비유	140	마 13:1–23	막 4:1–25	눅 8:4–18	
	2) 스스로 자라는 씨 비유	143		마 4:26–29		
	3) 곡식과 가라지 비유	143	마 13:24–30, 13:34–43			
	4)5) 겨자씨, 누룩 비유	145	마 13:31–33	막 4:30–34		
	6)7) 감추인 보화, 값진 진주 비유	146	마 13:44–46			
	8) 그물 비유	146	마 13:47–50			
	9) 집주인 비유	147	마 13:51–52			
	9. 바다 잠잠케 하심	147	마 8:18, 23–27	막 4:35–41	눅 8:22–25	
	10. 거라사 축귀(逐鬼) 사건	148	마 8:28–34	막 5:1–20	눅 8:26–39	
	11. 혈루증 여인 치유와 회당장 야이로 딸 소생 (가버나움)	150	마 9:18–26	막 5:21–43	눅 8:40–56	

부	사건 명	면	마태복음	마가복음	누가복음	요한복음
6부 예수의 2차 갈릴리 사역 (A.D. 28년 봄 이후 ~29년 가을)	**12. 두 맹인과 벙어리 치유**	153	㉮ 9:27–34			
	13. 두 번째 고향 배척 (나사렛)	154	㉮ 13:53–58	㉯ 6:1–6		
	14. 2차 갈릴리 사역 요약	155	㉮ 9:35–38			

부	사건 명	면	마태복음	마가복음	누가복음	요한복음
7부 예수의 3차 갈릴리 사역 (A.D. 29년 가을 ~10월경)	**1. 예수께서 열두 제자를 파송하심 (A.D. 29년 가을/가버나움?)** 1) 12사도 파송	158	㉮ 10:5–15	㉯ 6:7–13	㉰ 9:1–6	
	2) 전도자의 길	159	㉮ 10:16–39			
	3) 전도자를 영접하는 자의 복	162	㉮ 10:40–42, 11:1			
	2. 세례 요한 처형(갈릴리)	163	㉮ 14:1–12	㉯ 6:14–29	㉰ 9:7–9	
	3. 오병이어 기적 (A.D. 29년 유월절/벳새다 부근 산)	165	㉮ 14:13–21	㉯ 6:30–44	㉰ 9:10–17	㉱ 6:1–13
	4. 바다 물 위 걸으심 (갈릴리 바다)	167	㉮ 14:22–33	㉯ 6:45–52		㉱ 6:14–21
	5. 게네사렛 병자 치유	168	㉮ 14:34–36	㉯ 6:53–56		

부	사건 명	면	마태복음	마가복음	누가복음	요한복음
7부 예수의 3차 갈릴리 사역 (A.D. 29년 가을 ~10월경)	**6. 생명의 떡 설교 (가버나움)** 1) 군중들의 잘못된 의도 지적	169				㉭ 6:22–27
	2) 영원한 양식	170				㉭ 6:28–35
	3) 생명의 떡이신 예수	171				㉭ 6:36–59
	4) 많은 사람이 예수를 떠남	174				㉭ 6:60–71
	7. 공회 파송자의 정결례 위반 공격	175	㉮ 15:1–20	(막) 7:1–23		
	8. 수로보니게 여인 딸 치유(두로와 시돈 지방)	178	㉮ 15:21–28	(막) 7:24–30		
	9. 귀 먹고 말 더듬는 병자 치유 및 칠병이어 (갈릴리 바다 부근) 1) 귀먹고 말더듬는 병자 치유	179	㉮ 15:29–31	(막) 7:31–37		
	2) 칠병이어 기적	180	㉮ 15:32–39	(막) 8:1–10		
	10. 또 다른 표적 요구	181	㉮ 16:1–4	(막) 8:11–13		
	11. 바리새인, 사두개인 누룩 경고	181	㉮ 16:5–12	(막) 8:14–21		
	12. 벳새다 소경 치유	182		(막) 8:22–26		

부	사건 명	면	마태복음	마가복음	누가복음	요한복음
7부 예수의 3차 갈릴리 사역 (A.D. 29년 가을 ~10월경)	**13. 빌립보 가이사랴 사건**	183	㉮ 16:13–20	㉯ 8:27–30	㉰ 9:18–21	
	14. 첫 수난 예고 (빌립보 가이사랴)	184	㉮ 16:21–28	㉯ 8:31–38, 9:1	㉰ 9:22–27	
	15. 변화산 사건 (헤르몬 산?)	186	㉮ 17:1–13	㉯ 9:2–13	㉰ 9:28–36	
	16. 변화산 아래 간질병자 치유	187	㉮ 17:14–21	㉯ 9:14–29	㉰ 9:37–43	
	17. 2차 수난 예고 (갈릴리)	190	㉮ 17:22–23	㉯ 9:30–32	㉰ 9:44–45	
	18. 성전세 납부 사건 (가버나움)	190	㉮ 17:24–27			
	19. 제자들 다툼에 교훈 주심 1) 제자들의 다툼에 교훈을 주심	191	㉮ 18:1–5	㉯ 9:33–37	㉰ 9:46–48	
	2) '작은 자'를 실족시키지 말라	192	㉮ 18:6–14	㉯ 9:38–50	㉰ 9:49–50	
	3) 죄를 범한 형제를 용서하라	194	㉮ 18:15–20			
	4) 몇 번이나 용서해야 하는가	195	㉮ 18:21–35			
	20. 초막절 예루살렘 방문 권유(갈릴리)	196				㉱ 7:1–9

부	사건 명	면	마태복음	마가복음	누가복음	요한복음
8부 후기 유대 사역 (A.D. 29년 10월경 ~12월경)	**1. 사마리아인 예수 배척 (A.D. 29년 유대력 7월 초막절 직전/사마리아)**	200			㉦ 9:51–56	
	2. (예루살렘으로 가며) 예수 따르는 자 자세 교훈	200	㉠ 8:19–22		㉦ 9:57–62	
	3. 초막절 성전 교훈 (A.D. 29년 유대력 초막절/예루살렘) 1) 성전에서 가르치심	201				㉤ 7:10–24
	2) 예수 체포 시도	203				㉤ 7:25–36
	3) 생수이신 예수	205				㉤ 7:37–44
	4) 하인들의 복귀	206				㉤ 7:45–53
	4. 간음한 여인 사건 (예루살렘)	207				㉤ 8:1–11
	5. 초막절 바리새인 논쟁 (A.D. 29년 초막절/예루살렘) 1) 세상의 빛이신 예수	208				㉤ 8:12–20
	2) 가는 길이 다른 사람들	209				㉤ 8:21–30
	3) 자유케 하는 진리이신 예수	211				㉤ 8:31–59
	6. 70인 제자 파송 1) 70인 제자 파송	215			㉦ 10:1–16	

부	사건 명	면	마태복음	마가복음	누가복음	요한복음
8부 후기 유대 사역 (A.D. 29년 10월경 ~12월경)	2) 70인 제자 귀환 보고	217			㊦ 10:17–24	
	7. 선한 사마리아인 비유	218			㊦ 10:25–37	
	8. 실로암 맹인 치유 (예루살렘) 1) 실로암 맹인 치유	220				㊙ 9:1–12
	2) 치유 받은 맹인의 증언	221				㊙ 9:13–34
	3) 치유 받은 맹인의 신앙 고백	224				㊙ 9:35–41
	9. 마르다와 마리아 (베다니)	225			㊦ 10:38–42	
	10. 주기도문, 간청하는 벗, 간청하는 아들 비유를 통해 기도 교훈 주심(유대) 1) 기도의 모본인 주기도문(기도의 내용)	226			㊦ 11:1–4	
	2) 간청하는 벗 비유	226			㊦ 11:5–8	
	3) 간청하는 아들 비유	227			㊦ 11:9–13	
	11. 바알세불 모욕과 바리새인 책망 1) 축귀 사역을 바알세불 소행으로 모욕	228			㊦ 11:14–28	

부	사건 명	면	마태복음	마가복음	누가복음	요한복음
8부 후기 유대 사역 (A.D. 29년 10월경 ~12월경)	2) 또 다른 표적을 요구하는 무리들	230			㊍ 11:29–36	
	3) 바리새인, 율법사 6가지 화 선언	231			㊍ 11:37–54	
	12. 환난, 탐욕, 세상 염려, 재림 준비, 예수 분쟁, 시대 분별과 회개 촉구 교훈 1) 환난을 이기는 신앙	234			㊍ 12:1–12	
	2) 탐욕 교훈: 어리석은 부자 비유	235			㊍ 12:13–21	
	3) 세상 염려 교훈	237			㊍ 12:22–34	
	4) 재림 준비 교훈	238			㊍ 12:35–48	
	5) 예수로 인한 분쟁 교훈	240			㊍ 12:49–53	
	6) 시대 분별과 회개 촉구	241			㊍ 12:54–59	
	13. 회개 촉구와 열매 맺지 못하는 무화과나무 비유 1) 회개 촉구	242			㊍ 13:1–5	
	2) 열매 맺지 못하는 무화과나무 비유	242			㊍ 13:6–9	
	14. 안식일 등 굽은 여인 치유 1) 안식일에 회당에서 등 굽은 여인 치유	243			㊍ 13:10–17	

부	사건 명	면	마태복음	마가복음	누가복음	요한복음
8부 후기 유대 사역 (A.D. 29년 10월경 ~12월경)	2) 겨자씨와 누룩 비유를 통한 하나님 나라 확장	244			(눅) 13:18–21	
	15. 구원 얻을 자 자격 교훈(베레아)	245			(눅) 13:22–30	
	16. 선한 목자 비유 1) 양의 '문지기'이신 예수	246				(요) 10:1–6
	2) '양의 문'과 '선한 목자'이신 예수	247				(요) 10:7–21
	17. 수전절 논쟁과 도피 (A.D. 29년 겨울/예루살렘)	248				(요) 10:22–39

부	사건 명	면	마태복음	마가복음	누가복음	요한복음
9부 베레아 사역 (A.D. 29년 12월 ~30년 3월경)	**1. 베레아 피신 (A.D. 29년 겨울/베레아)**	252				(요) 10:40–42
	2. 헤롯 안디바의 예수 살해 음모	252			(눅) 13:31–35	
	3. 수종병자 치유와 교훈 1) 안식일에 바리새인 지도자 집에서 수종병자 치유	253			(눅) 14:1–6	
	2) 낮은 자리에 앉는 겸손	254			(눅) 14:7–11	
	3) 집주인을 향한 교훈	254			(눅) 14:12–14	
	4) 강권하여 잔치 자리를 채우라	255			(눅) 14:15–24	

부	사건 명	면	마태복음	마가복음	누가복음	요한복음
9부 베레아 사역 (A.D. 29년 12월 ~30년 3월경)	**4. 예수 따르는 자의 자세 교훈**	256			(눅) 14:25–35	
	5. 세 가지 비유(잃은 양, 드라크마, 탕자)를 통한 하나님 사랑 교훈 1) '한 마리 잃은 양을 찾아다니는 목자' 비유	258			(눅) 15:1–7	
	2) '잃은 드라크마' 비유	259			(눅) 15:8–10	
	3) '탕자 비유'	259			(눅) 15:11–32	
	6. 불의한 청지기 비유 1) 불의한 청지기 비유	262			(눅) 16:1–13	
	2) 바리새인 반응과 예수의 지적	264			(눅) 16:14–18	
	7. 부자와 나사로 비유 교훈	264			(눅) 16:19–31	
	8. 나사로의 소생(베다니) 1) 나사로의 죽음	266				(요) 11:1–16
	2) 마르다와 마리아 자매 만남	268				(요) 11:17–37
	3) 나사로 소생	270				(요) 11:38–44
	4) 산헤드린 공회 예수 처형 결의	272				(요) 11:45–54

부	사건 명	면	마태복음	마가복음	누가복음	요한복음
10부 **십자가 수난을 위해 예루살렘으로 가면서** (A.D. 30년 3월경 ~4월경)	**1. 종의 임무(용서, 충성)**	276			(눅) 17:1–10	
	2. 열 명의 나병병자 치유(A.D. 30년 봄)	277			(눅) 17:11–19	
	3. 하나님 나라에 대한 교훈 1) 하나님 나라는 언제 임하는가	278			(눅) 17:20–21	
	2) 하나님 나라가 임할 때 모습	278			(눅) 17:22–37	
	4. 끈기 있는 과부와 바리새인, 세리 비유 통한 기도 교훈 1) 끈기 있는 과부 비유	280			(눅) 18:1–8	
	2) 바리새인과 세리의 기도 비유	281			(눅) 18:9–14	
	5. 이혼 교훈	282	(마) 19:1–12	(막) 10:1–12		
	6. 어린이 축복(베레아)	284	(마) 19:13–15	(막) 10:13–16	(눅) 18:15–17	
	7. 부자 청년과의 대화 1) 부자 청년	284	(마) 19:16–22	(막) 10:17–22	(눅) 18:18–23	
	2) 부자와 하나님 나라	285	(마) 19:23–30	(막) 10:23–31	(눅) 18:24–30	
	8. 포도원 품꾼 비유	287	(마) 20:1–16			

부	사건 명	면	마태복음	마가복음	누가복음	요한복음
10부 **십자가 수난을 위해 예루살렘으로 가면서** (A.D. 30년 3월경 ~4월경)	**9. 3차 수난 예고 및 야고보와 요한의 자리 욕심(예루살렘 가면서)** 1) 3차 수난 예고	289	(마) 20:17–19	(막) 10:32–34	(눅) 18:31–34	
	2) 야고보와 예수의 자리 욕심	289	(마) 20:20–28	(막) 10:35–45		
	10. 바디매오 치유 (여리고)	291	(마) 20:29–34	(막) 10:46–52	(눅) 18:35–43	
	11. 삭개오 사건 및 열 므나 비유 1) 삭개오 사건	292			(눅) 19:1–10	
	2) 열 므나 비유	293			(눅) 19:11–27	

부	사건 명	면	마태복음	마가복음	누가복음	요한복음
11부 **예루살렘 십자가 처형, 부활, 승천** (A.D. 30년 4월경)	〈금요일 사건〉 **1. 베다니 귀향 (A.D. 30년 유월절)**	298				(요) 11:55–12:1
	〈토요일 사건〉 **1. 나병환자 시몬집 향유 사건**	298	(마) 26:6–13	(막) 14:3–9		(요) 12:2–8
	2. 대제사장들의 나사로 살해 음모	299				(요) 12:9–11
	〈일요일〉 **1. 예루살렘 입성**	300	(마) 21:1–11	(막) 11:1–11	(눅) 19:28–44	(요) 12:12–19
	2. 헬라인 방문	302				(요) 12:20–36

부	사건 명	면	마태복음	마가복음	누가복음	요한복음
11부 **예루살렘** **십자가 처형,** **부활, 승천** (A.D. 30년 4월경)	〈월요일〉 1. 무화과나무 저주 사건	304	(마) 11:18–19	(막) 11:12–14		
	2. 2차 성전 정화 사건	304	(마) 21:12–17	(막) 11:15–19	(눅) 19:45–48	
	〈화요일〉 1. 마른 무화과나무 교훈	305	(마) 21:20–22	(막) 11:20–26		
	2. 산헤드린 공회원의 예수 권위 질문(성전 뜰)	306	(마) 21:23–27	(막) 11:27–33	(눅) 20:1–8	
	3. 산헤드린 공회 질문 첫째 답변: 두 아들 비유	307	(마) 21:28–32			
	4. 산헤드린 공회 질문 둘째 답변: 악한 농부 비유(성전 뜰)	308	(마) 21:33–46	(막) 12:1–12	(눅) 20:9–18	
	5. 산헤드린 공회 질문 셋째 답변: 혼인 잔치 비유	310	(마) 22:1–14			
	6. 세금 논쟁	311	(마) 22:15–22	(막) 12:13–17	(눅) 20:19–26	
	7. 사두개인과의 부활 논쟁(성전 뜰)	312	(마) 22:23–33	(막) 12:18–27	(눅) 20:27–40	
	8. 율법사(서기관)와의 첫째 계명 논쟁(성전 뜰)	314	(마) 22:34–40	(막) 12:28–34		
	9. 바리새인과의 메시아 논쟁(성전 뜰)	315	(마) 22:41–46	(막) 12:35–37	(눅) 20:41–44	

부	사건 명	면	마태복음	마가복음	누가복음	요한복음
11부 예루살렘 십자가 처형, 부활, 승천 (A.D. 30년 4월경)	**10. 바리새인, 서기관 책망**	316	㉮ 23:1–39	㉯ 12:38–40	㉰ 20:45–47	
	11. 유대인들 배척 이유 설명과 마지막 구원에의 초청	321				㉱ 12:37–50
	12. 과부의 헌금 (성전 뜰)	323		㉯ 12:41–44	㉰ 21:1–4	
	13. 감람산 종말론 강화 (講話) 1) 감람산 종말론 강화 배경	323	㉮ 24:1–2	㉯ 13:1–2	㉰ 21:5–6	
	2) 감람산 종말론 강화 시작(징조)	324	㉮ 24:3–14	㉯ 13:3–13	㉰ 21:7–19	
	3) 감람산 종말론 강화: 종말을 맞이하는 성도의 자세	325	㉮ 24:15–28	㉯ 13:14–23	㉰ 21:20–24	
	4) 그리스도 재림 모습	327	㉮ 24:29–31	㉯ 13:24–27	㉰ 21:25–28	
	5) 종말을 살아가는 성도의 자세 6가지 교훈	327	㉮ 24:32–51, 25:1–46	㉯ 13:28–37	㉰ 21:29–36	
	14. 예수의 고난 주간 (주일, 월, 화) 활동 요약	335			㉰ 21:37–38	
	15. 산헤드린 공회 예수 살해 음모	335	㉮ 26:1–5	㉯ 14:1–2	㉰ 22:1–2	
	16. 가룟 유다 배신	336	㉮ 26:14–16	㉯ 14:10–11	㉰ 22:3–6	

부	사건 명	면	마태복음	마가복음	누가복음	요한복음
11부 **예루살렘 십자가 처형, 부활, 승천** (A.D. 30년 4월경)	〈수요일: 기록 없음〉	336				
	〈목요일〉 **1. 유월절 준비**	336	㉤ 26:17–19	㉤ 14:12–16	㉤ 22:7–13	
	2. 유월절 만찬 중 제자 책망	337	㉤ 26:20	㉤ 14:17	㉤ 22:14–16, 24–30	
	3. 유월절 식사 중 세족식	339				㉤ 13:1–20
	4. 유월절 식사 중 유다 배신 예고	341	㉤ 26:21–25	㉤ 14:18–21	㉤ 22:21–23	㉤ 13:21–30
	5. 성만찬 규례 수여	343	㉤ 26:26–29	㉤ 14:22–25	㉤ 22:17–20	
	6. 베드로와 다른 제자 배신 예고	343	㉤ 26:31–35	㉤ 14:27–31	㉤ 22:31–38	㉤ 13:31–38
	7. 다락방 위로와 작별 말씀 1) 작별이 오히려 유익임	345				㉤ 14:1–7
	2) 하나님과 예수는 한 분이심	345				㉤ 14:8–15
	3) 보혜사 성령 보내주실 것 약속	347				㉤ 14:16–31
	8. 겟세마네 동산 도상(途上) 교훈과 중보기도 1) '참포도나무와 가지' 교훈	349				㉤ 15:1–27

부	사건 명	면	마태복음	마가복음	누가복음	요한복음
11부 **예루살렘** **십자가 처형,** **부활, 승천** (A.D. 30년 4월경)	2) 고별 설교 결론	353				(요) 16:1–33
	3) 겟세마네 동산 부근에서의 중보기도	357				(요) 17:1–26
	9. 겟세마네 동산 마지막 기도 (겟세마네 동산)	362	(마) 26:30, 36–46	(막) 14:26, 32–42	(눅) 22:39–46	(요) 18:1
	〈금요일〉 **1. 예수의 체포 (금요일 새벽)**	363	(마) 26:47–56	(막) 14:43–52	(눅) 22:47–53	(요) 18:2–11
	2. 안나스의 1차 예비 심문과 베드로 1차 부인 (안나스)	365				(요) 18:12–24
	3. 산헤드린 공회(가야바) 1차 예비 심문	367	(마) 26:57–68	(막) 14:53–65		
	4. 베드로의 3차 부인 (가야바)	369	(마) 26:69–75	(막) 14:66–72	(눅) 22:54–65	(요) 18:25–27
	5. 산헤드린 공회 정식 재판과 빌라도 이송	370	(마) 27:1–2	(막) 15:1	(눅) 22:66–71	
	6. 가룟 유다 자살	371	(마) 27:3–10			
	7. 빌라도 1차 심문	372	(마) 27:11–14	(막) 15:2–5	(눅) 23:1–7	(요) 18:28–38
	8. 헤롯 심문	374			(눅) 23:8–12	

부	사건 명	면	마태복음	마가복음	누가복음	요한복음
11부 예루살렘 십자가 처형, 부활, 승천 (A.D. 30년 4월경)	9. 빌라도 2차 심문과 사형 판결	374	㉴ 27:15–26	㉵ 15:6–15	㉶ 23:13–25	㉷ 18:38 하–40, 19:1–16
	10. 로마 군병의 모욕	377	㉴ 27:27–30	㉵ 15:16–19		
	11. 골고다로 끌려가심	378	㉴ 27:31–34	㉵ 15:20–23	㉶ 23:26–32	㉷ 19:17
	12. 십자가에 달리심 1) 십자가에 달리신 처음 3시간	379	㉴ 27:35–44	㉵ 15:24–32	㉶ 23:33–43	㉷ 19:18–27
	2) 십자가에 달리신 나중 3시간	380	㉴ 27:45–50	㉵ 15:33–37	㉶ 23:44–46	㉷ 19:28–30
	13. 백부장의 고백	381	㉴ 27:51–56	㉵ 15:38–41	㉶ 23:47–49	
	14. 아리마대 요셉 무덤 안장	382	㉴ 27:57–61	㉵ 15:42–47	㉶ 23:50–56	㉷ 19:31–42
	15. 경비병 경계	383	㉴ 27:62–66			
	<주일> 1. 여인들의 무덤 방문 (부활 주일 이른 아침)	384	㉴ 28:1	㉵ 16:1–3	㉶ 23:56 하–24:1	㉷ 20:1
	2. 천사들의 예수 부활 고지(告知)	385	㉴ 28:2–8	㉵ 16:4–8	㉶ 24:2–8	
	3. 여인들의 사도 고지(告知) 및 베드로와 요한의 무덤 방문 (부활주일 아침)	386			㉶ 24:9–12	㉷ 20:2–10

부	사건 명	면	마태복음	마가복음	누가복음	요한복음
11부 예루살렘 십자가 처형, 부활, 승천 (A.D. 30년 4월경)	**4. 예수와 처음 만난 막달라 마리아 (부활주일 아침)**	386		(막) 16:9–11		(요) 20:11–18
	5. 예수께서 다른 여인에게도 나타나심	388	(마) 28:9–10			
	6. 파수병들의 보고	388	(마) 28:11–15			
	7. 엠마오로 가던 두 제자에게 나타나심 (주일 오후)	389		(막) 16:12–13	(눅) 24:13–35	
	8. 도마를 제외한 열 제자에게 나타나심 (주일 저녁)	392			(눅) 24:36–43	(요) 20:19–25
	9. 도마 포함한 열한 제자에게 나타나심 (그 다음 주 주일 밤) 1) 도마 포함한 열한 제자에게 나타나심	393		(막) 16:14		(요) 20:26–29
	2) 성경을 기록한 목적	394				(요) 20:30–31
	10. 갈릴리 바닷가에서 일곱 제자 만나심 (부활절 이후 승천 이전: 시기는 불명확) 1) 일곱 제자 만나심	394				(요) 21:1–14
	2) 베드로 사명 수여	396				(요) 21:15–25

부	사건 명	면	마태복음	마가복음	누가복음	요한복음
11부 **예루살렘** **십자가 처형,** **부활, 승천** (A.D. 30년 4월경)	**11. 갈릴리 지상 대명** **(갈릴리)**	**398**	㉠ 28:16–20	㉡ 16:15–18	㉢ 24:44–49	
	12. 베다니 승천 **(부활 후 40일/베다니 부근 감람원)**	**399**		㉡ 16:19–20	㉢ 24:50–53	

1부

예수 탄생 이전

(B.C. 7년~B.C. 5년)

사건 명	마태복음	마가복음	누가복음	요한복음
1. 누가 서문			㉯ 1:1–4 **데오빌로 각하에게** 1 우리 중에 이루어진 사실에 대하여 2 처음부터 목격자와 말씀의 일꾼 된 자들이 전하여 준 그대로 내력을 저술하려고 붓을 든 사람이 많은지라 3 그 모든 일을 근원부터 자세히 미루어 살핀 나도 데오빌로 각하에게 차례대로 써 보내는 것이 좋은 줄 알았노니 4 이는 각하가 알고 있는 바를 더 확실하게 하려 함이로라	
2. 요한 서문				㉰ 1:1–18 **말씀이 육신이 되시다** 1 태초에 말씀이 계시니라 이 말씀이 하나님과 함께 계셨으니 이 말씀은 곧 하나님이시니라 2 그가 태초에 하나님과 함께 계셨고 3 만물이 그로 말미암아 지은 바 되었으니 지은 것이 하나도 그가 없이는 된 것이 없느니라 4 그 안에 생명이 있었으니 이 생명은 사람들의 빛이라 5 빛이 어둠에 비치되 어둠이 깨닫지 못하더라

사건 명	마태복음	마가복음	누가복음	요한복음
				6 하나님께로부터 보내심을 받은 사람이 있으니 그의 이름은 요한이라 7 그가 증언하러 왔으니 곧 빛에 대하여 증언하고 모든 사람이 자기로 말미암아 믿게 하려 함이라 8 그는 이 빛이 아니요 이 빛에 대하여 증언하러 온 자라 9 참 빛 곧 세상에 와서 각 사람에게 비추는 빛이 있었나니 10 그가 세상에 계셨으며 세상은 그로 말미암아 지은 바 되었으되 세상이 그를 알지 못하였고 11 자기 땅에 오매 자기 백성이 영접하지 아니하였으나 12 영접하는 자 곧 그 이름을 믿는 자들에게는 하나님의 자녀가 되는 권세를 주셨으니 13 이는 혈통으로나 육정으로나 사람의 뜻으로 나지 아니하고 오직 하나님께로부터 난 자들이니라 14 말씀이 육신이 되어 우리 가운데 거하시매 우리가 그의 영광을 보니 아버지의 독생자의 영광이요 은혜와 진리가 충만하더라

사건 명	마태복음	마가복음	누가복음	요한복음
				15 요한이 그에 대하여 증언하여 외쳐 이르되 내가 전에 말하기를 내 뒤에 오시는 이가 나보다 앞선 것은 나보다 먼저 계심이라 한 것이 이 사람을 가리킴이라 하니라 16 우리가 다 그의 충만한 데서 받으니 은혜 위에 은혜러라 17 율법은 모세로 말미암아 주어진 것이요 은혜와 진리는 예수 그리스도로 말미암아 온 것이라 18 본래 하나님을 본 사람이 없으되 아버지 품 속에 있는 독생하신 하나님이 나타내셨느니라

사건 명	마태복음	마가복음	누가복음	요한복음
3. 예수 족보	(마) 1:1–17 **예수 그리스도의 계보(눅 3:23–38)** **1** 아브라함과 다윗의 자손 예수 그리스도의 계보라 **2** 아브라함이 이삭을 낳고 이삭은 야곱을 낳고 야곱은 유다와 그의 형제들을 낳고 **3** 유다는 다말에게서 베레스와 세라를 낳고 베레스는 헤스론을 낳고 헤스론은 람을 낳고 **4** 람은 아미나답을 낳고 아미나답은 나손을 낳고 나손은 살몬을 낳고 **5** 살몬은 라합에게서 보아스를 낳고 보아스는 룻에게서 오벳을 낳고 오벳은 이새를 낳고 **6** 이새는 다윗 왕을 낳으니라 다윗은 우리야의 아내에게서 솔로몬을 낳고 **7** 솔로몬은 르호보암을 낳고 르호보암은 아비야를 낳고 아비야는 아사를 낳고 **8** 아사는 여호사밧을 낳고 여호사밧은 요람을 낳고 요람은 웃시야를 낳고 **9** 웃시야는 요담을 낳고 요담은 아하스를 낳고 아하스는 히스기야를 낳고		(눅) 3:23–38 **예수의 족보(마 1:1–17)** **23** 예수께서 가르치심을 시작하실 때에 삼십 세쯤 되시니라 사람들이 아는 대로는 요셉의 아들이니 요셉의 위는 헬리요 **24** 그 위는 맛닷이요 그 위는 레위요 그 위는 멜기요 그 위는 얀나요 그 위는 요셉이요 **25** 그 위는 맛다디아요 그 위는 아모스요 그 위는 나훔이요 그 위는 에슬리요 그 위는 낙개요 **26** 그 위는 마앗이요 그 위는 맛다디아요 그 위는 서머인이요 그 위는 요섹이요 그 위는 요다요 **27** 그 위는 요아난이요 그 위는 레사요 그 위는 스룹바벨이요 그 위는 스알디엘이요 그 위는 네리요 **28** 그 위는 멜기요 그 위는 앗디요 그 위는 고삼이요 그 위는 엘마담이요 그 위는 에르요 **29** 그 위는 예수요 그 위는 엘리에서요 그 위는 요림이요 그 위는 맛닷이요 그 위는 레위요	

사건 명	마태복음	마가복음	누가복음	요한복음
	10 히스기야는 므낫세를 낳고 므낫세는 아몬을 낳고 아몬은 요시야를 낳고 **11** 바벨론으로 사로잡혀 갈 때에 요시야는 여고냐와 그의 형제들을 낳으니라 **12** 바벨론으로 사로잡혀 간 후에 여고냐는 스알디엘을 낳고 스알디엘은 스룹바벨을 낳고 **13** 스룹바벨은 아비훗을 낳고 아비훗은 엘리아김을 낳고 엘리아김은 아소르를 낳고 **14** 아소르는 사독을 낳고 사독은 아킴을 낳고 아킴은 엘리웃을 낳고 **15** 엘리웃은 엘르아살을 낳고 엘르아살은 맛단을 낳고 맛단은 야곱을 낳고 **16** 야곱은 마리아의 남편 요셉을 낳았으니 마리아에게서 그리스도라 칭하는 예수가 나시니라 **17** 그런즉 모든 대수가 아브라함부터 다윗까지 열네 대요 다윗부터 바벨론으로 사로잡혀 갈 때까지 열네 대요 바벨론으로 사로잡혀 간 후부터 그리스도까지 열네 대더라		**30** 그 위는 시므온이요 그 위는 유다요 그 위는 요셉이요 그 위는 요남이요 그 위는 엘리아김이요 **31** 그 위는 멜레아요 그 위는 멘나요 그 위는 맛다다요 그 위는 나단이요 그 위는 다윗이요 **32** 그 위는 이새요 그 위는 오벳이요 그 위는 보아스요 그 위는 살몬이요 그 위는 나손이요 **33** 그 위는 아미나답이요 그 위는 아니요 그 위는 헤스론이요 그 위는 베레스요 그 위는 유다요 **34** 그 위는 야곱이요 그 위는 이삭이요 그 위는 아브라함이요 그 위는 데라요 그 위는 나홀이요 **35** 그 위는 스룩이요 그 위는 르우요 그 위는 벨렉이요 그 위는 헤버요 그 위는 살라요 **36** 그 위는 가이난이요 그 위는 아박삿이요 그 위는 셈이요 그 위는 노아요 그 위는 레멕이요 **37** 그 위는 므두셀라요 그 위는 에녹이요 그 위는 야렛이요 그 위는 마할랄렐이요 그 위는 가이난이요 **38** 그 위는 에노스요 그 위는 셋이요 그 위는 아담이요 그 위는 하나님이시니라	

사건 명	마태복음	마가복음	누가복음	요한복음
4. 세례 요한 출생 예고(B.C. 6년/예루살렘)			㊕ 1:5–25 **세례 요한의 출생을 예고하다** **5** 유대 왕 헤롯 때에 아비야 반열에 제사장 한 사람이 있었으니 이름은 사가랴요 그의 아내는 아론의 자손이니 이름은 엘리사벳이라 **6** 이 두 사람이 하나님 앞에 의인이니 주의 모든 계명과 규례대로 흠이 없이 행하더라 **7** 엘리사벳이 잉태를 못하므로 그들에게 자식이 없고 두 사람의 나이가 많더라 **8** 마침 사가랴가 그 반열의 차례대로 하나님 앞에서 제사장의 직무를 행할새 **9** 제사장의 전례를 따라 제비를 뽑아 주의 성전에 들어가 분향하고 **10** 모든 백성은 그 분향하는 시간에 밖에서 기도하더니 **11** 주의 사자가 그에게 나타나 향단 우편에 선지라 **12** 사가랴가 보고 놀라며 무서워하니 **13** 천사가 그에게 이르되 사가랴여 무서워하지 말라 너의 간구함이 들린지라 네 아내 엘리사벳이 네게 아들을 낳아 주리니 그 이름을 요한이라 하라	

사건 명	마태복음	마가복음	누가복음	요한복음
			14 너도 기뻐하고 즐거워할 것이요 많은 사람도 그의 태어남을 기뻐하리니 15 이는 그가 주 앞에 큰 자가 되며 포도주나 독한 술을 마시지 아니하며 모태로부터 성령의 충만함을 받아 16 이스라엘 자손을 주 곧 그들의 하나님께로 많이 돌아오게 하겠음이라 17 그가 또 엘리야의 심령과 능력으로 주 앞에 먼저 와서 아버지의 마음을 자식에게, 거스르는 자를 의인의 슬기에 돌아오게 하고 주를 위하여 세운 백성을 준비하리라 18 사가랴가 천사에게 이르되 내가 이것을 어떻게 알리요 내가 늙고 아내도 나이가 많으니이다 19 천사가 대답하여 이르되 나는 하나님 앞에 서 있는 가브리엘이라 이 좋은 소식을 전하여 네게 말하라고 보내심을 받았노라 20 보라 이 일이 되는 날까지 네가 말 못하는 자가 되어 능히 말을 못하리니 이는 네가 내 말을 믿지 아니함이거니와 때가 이르면 내 말이 이루어지리라 하더라	

사건 명	마태복음	마가복음	누가복음	요한복음
			21 백성들이 사가랴를 기다리며 그가 성전 안에서 지체함을 이상히 여기더라 22 그가 나와서 그들에게 말을 못하니 백성들이 그가 성전 안에서 환상을 본 줄 알았더라 그가 몸짓으로 뜻을 표시하며 그냥 말 못하는 대로 있더니 23 그 직무의 날이 다 되매 집으로 돌아가니라 24 이 후에 그의 아내 엘리사벳이 잉태하고 다섯 달 동안 숨어 있으며 이르되 25 주께서 나를 돌보시는 날에 사람들 앞에서 내 부끄러움을 없게 하시려고 이렇게 행하심이라 하더라	

사건 명	마태복음	마가복음	누가복음	요한복음
5. 예수 출생 예고 (B.C. 6년/나사렛)			눅 1:26–38 **예수의 나심을 예고하다** **26** 여섯째 달에 천사 가브리엘이 하나님의 보내심을 받아 갈릴리 나사렛이란 동네에 가서 **27** 다윗의 자손 요셉이라 하는 사람과 약혼한 처녀에게 이르니 그 처녀의 이름은 마리아라 **28** 그에게 들어가 이르되 은혜를 받은 자여 평안할지어다 주께서 너와 함께 하시도다 하니 **29** 처녀가 그 말을 듣고 놀라 이런 인사가 어찌함인가 생각하매 **30** 천사가 이르되 마리아여 무서워하지 말라 네가 하나님께 은혜를 입었느니라 **31** 보라 네가 잉태하여 아들을 낳으리니 그 이름을 예수라 하라 **32** 그가 큰 자가 되고 지극히 높으신 이의 아들이라 일컬어질 것이요 주 하나님께서 그 조상 다윗의 왕위를 그에게 주시리니 **33** 영원히 야곱의 집을 왕으로 다스리실 것이며 그 나라가 무궁하리라	

사건 명	마태복음	마가복음	누가복음	요한복음
			34 마리아가 천사에게 말하되 나는 남자를 알지 못하니 어찌 이 일이 있으리이까 35 천사가 대답하여 이르되 성령이 네게 임하시고 지극히 높으신 이의 능력이 너를 덮으시리니 이러므로 나실 바 거룩한 이는 하나님의 아들이라 일컬어지리라 36 보라 네 친족 엘리사벳도 늙어서 아들을 배었느니라 본래 임신하지 못한다고 알려진 이가 이미 여섯 달이 되었나니 37 대저 하나님의 모든 말씀은 능하지 못하심이 없느니라 38 마리아가 이르되 주의 여종이오니 말씀대로 내게 이루어지이다 하매 천사가 떠나가니라	

사건 명	마태복음	마가복음	누가복음	요한복음
6. 엘리사벳 방문과 마리아의 찬양 (유대 산지) 1) 마리아의 엘리사벳 방문			㉦ 1:39-45 **마리아가 엘리사벳을 방문하다** 39 이 때에 마리아가 일어나 빨리 산골로 가서 유대 한 동네에 이르러 40 사가랴의 집에 들어가 엘리사벳에게 문안하니 41 엘리사벳이 마리아가 문안함을 들으매 아이가 복중에서 뛰노는지라 엘리사벳이 성령의 충만함을 받아 42 큰 소리로 불러 이르되 여자 중에 네가 복이 있으며 네 태중의 아이도 복이 있도다 43 내 주의 어머니가 내게 나아오니 이 어찌 된 일인가 44 보라 네 문안하는 소리가 내 귀에 들릴 때에 아이가 내 복중에서 기쁨으로 뛰놀았도다 45 주께서 하신 말씀이 반드시 이루어지리라고 믿은 그 여자에게 복이 있도다	

사건 명	마태복음	마가복음	누가복음	요한복음
2) 마리아 찬양			**(눅) 1:46-56** **마리아의 찬가** **46** 마리아가 이르되 내 영혼이 주를 찬양하며 **47** 내 마음이 하나님 내 구주를 기뻐하였음은 **48** 그의 여종의 비천함을 돌보셨음이라 보라 이제 후로는 만세에 나를 복이 있다 일컬으리로다 **49** 능하신 이가 큰 일을 내게 행하셨으니 그 이름이 거룩하시며 **50** 긍휼하심이 두려워하는 자에게 대대로 이르는도다 **51** 그의 팔로 힘을 보이사 마음의 생각이 교만한 자들을 흩으셨고 **52** 권세 있는 자를 그 위에서 내리치셨으며 비천한 자를 높이셨고 **53** 주리는 자를 좋은 것으로 배불리셨으며 부자는 빈손으로 보내셨도다 **54** 그 종 이스라엘을 도우사 긍휼히 여기시고 기억하시되 **55** 우리 조상에게 말씀하신 것과 같이 아브라함과 그 자손에게 영원히 하시리로다 하니라 **56** 마리아가 석 달쯤 함께 있다가 집으로 돌아가니라	

사건 명	마태복음	마가복음	누가복음	요한복음
7. 세례 요한 출생과 사가랴 찬가 (B.C. 5년) 1) 세례 요한 출생			㊏ **1:57–66** **세례 요한의 출생** **57** 엘리사벳이 해산할 기한이 차서 아들을 낳으니 **58** 이웃과 친족이 주께서 그를 크게 긍휼히 여기심을 듣고 함께 즐거워하더라 **59** 팔 일이 되매 아이를 할례하러 와서 그 아버지의 이름을 따라 사가랴라 하고자 하더니 **60** 그 어머니가 대답하여 이르되 아니라 요한이라 할 것이라 하매 **61** 그들이 이르되 네 친족 중에 이 이름으로 이름한 이가 없다 하고 **62** 그의 아버지께 몸짓하여 무엇으로 이름을 지으려 하는가 물으니 **63** 그가 서판을 달라 하여 그 이름을 요한이라 쓰매 다 놀랍게 여기더라 **64** 이에 그 입이 곧 열리고 혀가 풀리며 말을 하여 하나님을 찬송하니 **65** 그 근처에 사는 자가 다 두려워하고 이 모든 말이 온 유대 산골에 두루 퍼지매 **66** 듣는 사람이 다 이 말을 마음에 두며 이르되 이 아이가 장차 어찌 될까 하니 이는 주의 손이 그와 함께 하심이러라	

사건 명	마태복음	마가복음	누가복음	요한복음
2) 사가랴 찬양			(눅) 1:67–80 **사가랴의 예언** **67** 그 부친 사가랴가 성령의 충만함을 받아 예언하여 이르되 **68** 찬송하리로다 주 이스라엘의 하나님이여 그 백성을 돌보사 속량하시며 **69** 우리를 위하여 구원의 뿔을 그 종 다윗의 집에 일으키셨으니 **70** 이것은 주께서 예로부터 거룩한 선지자의 입으로 말씀하신 바와 같이 **71** 우리 원수에게서와 우리를 미워하는 모든 자의 손에서 구원하시는 일이라 **72** 우리 조상을 긍휼히 여기시며 그 거룩한 언약을 기억하셨으니 **73** 곧 우리 조상 아브라함에게 하신 맹세라 **74** 우리가 원수의 손에서 건지심을 받고 **75** 종신토록 주의 앞에서 성결과 의로 두려움이 없이 섬기게 하리라 하셨도다 **76** 이 아이여 네가 지극히 높으신 이의 선지자라 일컬음을 받고 주 앞에 앞서 가서 그 길을 준비하여 **77** 주의 백성에게 그 죄 사함으로 말미암는 구원을 알게 하리니	

사건 명	마태복음	마가복음	누가복음	요한복음
			78 이는 우리 하나님의 긍휼로 인함이라 이로써 돋는 해가 위로부터 우리에게 임하여 79 어둠과 죽음의 그늘에 앉은 자에게 비치고 우리 발을 평강의 길로 인도하시리로다 하니라 80 아이가 자라며 심령이 강하여지며 이스라엘에게 나타나는 날까지 빈 들에 있으니라	
8. 천사 요셉 방문 (B.C. 5년/나사렛)	㉮ 1:18-25 **예수 그리스도의 나심(눅 2:1-7)** 18 예수 그리스도의 나심은 이러하니라 그의 어머니 마리아가 요셉과 약혼하고 동거하기 전에 성령으로 잉태된 것이 나타났더니 19 그의 남편 요셉은 의로운 사람이라 그를 드러내지 아니하고 가만히 끊고자 하여 20 이 일을 생각할 때에 주의 사자가 현몽하여 이르되 다윗의 자손 요셉아 네 아내 마리아 데려오기를 무서워하지 말라 그에게 잉태된 자는 성령으로 된 것이라 21 아들을 낳으리니 이름을 예수라 하라 이는 그가 자기 백성을 그들의 죄에서 구원할 자이심이라 하니라			

사건 명	마태복음	마가복음	누가복음	요한복음
	22 이 모든 일이 된 것은 주께서 선지자로 하신 말씀을 이루려 하심이니 이르시되 23 보라 처녀가 잉태하여 아들을 낳을 것이요 그의 이름은 임마누엘이라 하리라 하셨으니 이를 번역한즉 하나님이 우리와 함께 계시다 함이라 24 요셉이 잠에서 깨어 일어나 주의 사자의 분부대로 행하여 그의 아내를 데려왔으나 25 아들을 낳기까지 동침하지 아니하더니 낳으매 이름을 예수라 하니라			

2부

예수 탄생과 유년 시절

(B.C. 5년~A.D. 7년)

사건 명	마태복음	마가복음	누가복음	요한복음
1. 예수 탄생(B.C. 5년 /베들레헴)			ⓝ 2:1-7 **예수의 나심(마 1:18-25)** 1 그 때에 가이사 아구스도가 영을 내려 천하로 다 호적하라 하였으니 2 이 호적은 구레뇨가 수리아 총독이 되었을 때에 처음 한 것이라 3 모든 사람이 호적하러 각각 고향으로 돌아가매 4 요셉도 다윗의 집 족속이므로 갈릴리 나사렛 동네에서 유대를 향하여 베들레헴이라 하는 다윗의 동네로 5 그 약혼한 마리아와 함께 호적하러 올라가니 마리아가 이미 잉태하였더라 6 거기 있을 그 때에 해산할 날이 차서 7 첫아들을 낳아 강보로 싸서 구유에 뉘었으니 이는 여관에 있을 곳이 없음이러라	
2. 천사 찬양과 목자 경배 1) 천사 찬양 (베들레헴)			ⓝ 2:8-14 **목자들이 예수 탄생 소식을 듣다** 8 그 지역에 목자들이 밤에 밖에서 자기 양 떼를 지키더니 9 주의 사자가 곁에 서고 주의 영광이 그들을 두루 비추매 크게 무서워하는지라	

사건 명	마태복음	마가복음	누가복음	요한복음
			10 천사가 이르되 무서워하지 말라 보라 내가 온 백성에게 미칠 큰 기쁨의 좋은 소식을 너희에게 전하노라 11 오늘 다윗의 동네에 너희를 위하여 구주가 나셨으니 곧 그리스도 주시니라 12 너희가 가서 강보에 싸여 구유에 뉘어 있는 아기를 보리니 이것이 너희에게 표적이니라 하더니 13 홀연히 수많은 천군이 그 천사들과 함께 하나님을 찬송하여 이르되 14 지극히 높은 곳에서는 하나님께 영광이요 땅에서는 하나님이 기뻐하신 사람들 중에 평화로다 하니라	
2) 목자의 아기 예수 경배			**눅 2:15-21** 15 천사들이 떠나 하늘로 올라가니 목자가 서로 말하되 이제 베들레헴으로 가서 주께서 우리에게 알리신 바 이 이루어진 일을 보자 하고 16 빨리 가서 마리아와 요셉과 구유에 누인 아기를 찾아서 17 보고 천사가 자기들에게 이 아기에 대하여 말한 것을 전하니 18 듣는 자가 다 목자들이 그들에게 말한 것들을 놀랍게 여기되 19 마리아는 이 모든 말을 마음에 새기어 생각하니라	

사건 명	마태복음	마가복음	누가복음	요한복음
			20 목자들은 자기들에게 이르던 바와 같이 듣고 본 그 모든 것으로 인하여 하나님께 영광을 돌리고 찬송하며 돌아가니라 **21** 할례할 팔 일이 되매 그 이름을 예수라 하니 곧 잉태하기 전에 천사가 일컬은 바러라	
3. 정결 예식과 시므온, 안나 증언 (예루살렘)			㉦ **2:22-38** **아기 예수의 정결 예식** **22** 모세의 법대로 정결예식의 날이 차매 아기를 데리고 예루살렘에 올라가니 **23** 이는 주의 율법에 쓴 바 첫 태에 처음 난 남자마다 주의 거룩한 자라 하리라 한 대로 아기를 주께 드리고 **24** 또 주의 율법에 말씀하신 대로 산비둘기 한 쌍이나 혹은 어린 집비둘기 둘로 제사하려 함이더라 **25** 예루살렘에 시므온이라 하는 사람이 있으니 이 사람은 의롭고 경건하여 이스라엘의 위로를 기다리는 자라 성령이 그 위에 계시더라 **26** 그가 주의 그리스도를 보기 전에는 죽지 아니하리라 하는 성령의 지시를 받았더니	

사건 명	마태복음	마가복음	누가복음	요한복음
			27 성령의 감동으로 성전에 들어가매 마침 부모가 율법의 관례대로 행하고자 하여 그 아기 예수를 데리고 오는지라 28 시므온이 아기를 안고 하나님을 찬송하여 이르되 29 주재여 이제는 말씀하신 대로 종을 평안히 놓아 주시는도다 30 내 눈이 주의 구원을 보았사오니 31 이는 만민 앞에 예비하신 것이요 32 이방을 비추는 빛이요 주의 백성 이스라엘의 영광이니이다 하니 33 그의 부모가 그에 대한 말들을 놀랍게 여기더라 34 시므온이 그들에게 축복하고 그의 어머니 마리아에게 말하여 이르되 보라 이는 이스라엘 중 많은 사람을 패하거나 흥하게 하며 비방을 받는 표적이 되기 위하여 세움을 받았고 35 또 칼이 네 마음을 찌르듯 하리니 이는 여러 사람의 마음의 생각을 드러내려 함이니라 하더라 36 또 아셀 지파 바누엘의 딸 안나라 하는 선지자가 있어 나이가 매우 많았더라 그가 결혼한 후 일곱 해 동안 남편과 함께 살다가	

사건 명	마태복음	마가복음	누가복음	요한복음
			37 과부가 되고 팔십사 세가 되었더라 이 사람이 성전을 떠나지 아니하고 주야로 금식하며 기도함으로 섬기더니 38 마침 이 때에 나아와서 하나님께 감사하고 예루살렘의 속량을 바라는 모든 사람에게 그에 대하여 말하니라	
4. 동방박사 방문 **(베들레헴)**	㉮ 2:1–12 **동방으로부터 박사들이 경배하러 오다** 1 헤롯 왕 때에 예수께서 유대 베들레헴에서 나시매 동방으로부터 박사들이 예루살렘에 이르러 말하되 2 유대인의 왕으로 나신 이가 어디 계시냐 우리가 동방에서 그의 별을 보고 그에게 경배하러 왔노라 하니 3 헤롯 왕과 온 예루살렘이 듣고 소동한지라 4 왕이 모든 대제사장과 백성의 서기관들을 모아 그리스도가 어디서 나겠느냐 물으니 5 이르되 유대 베들레헴이오니 이는 선지자로 이렇게 기록된 바 6 또 유대 땅 베들레헴아 너는 유대 고을 중에서 가장 작지 아니하도다 네게서 한 다스리는 자가 나와서 내 백성 이스라엘의 목자가 되리라 하였음이니이다			

사건 명	마태복음	마가복음	누가복음	요한복음
	7 이에 헤롯이 가만히 박사들을 불러 별이 나타난 때를 자세히 묻고 8 베들레헴으로 보내며 이르되 가서 아기에 대하여 자세히 알아보고 찾거든 내게 고하여 나도 가서 그에게 경배하게 하라 9 박사들이 왕의 말을 듣고 갈새 동방에서 보던 그 별이 문득 앞서 인도하여 가다가 아기 있는 곳 위에 머물러 서 있는지라 10 그들이 별을 보고 매우 크게 기뻐하고 기뻐하더라 11 집에 들어가 아기와 그의 어머니 마리아가 함께 있는 것을 보고 엎드려 아기께 경배하고 보배합을 열어 황금과 유향과 몰약을 예물로 드리니라 12 그들은 꿈에 헤롯에게로 돌아가지 말라 지시하심을 받아 다른 길로 고국에 돌아가니라			
5. 애굽 피신과 베들레헴 유아 살해 1) 애굽 피신	**(마) 2:13–15** **애굽으로 피하다** 13 그들이 떠난 후에 주의 사자가 요셉에게 현몽하여 이르되 헤롯이 아기를 찾아 죽이려 하니 일어나 아기와 그의 어머니를 데리고 애굽으로 피하여 내가 네게 이르기까지 거기 있으라 하시니			

사건 명	마태복음	마가복음	누가복음	요한복음
	14 요셉이 일어나서 밤에 아기와 그의 어머니를 데리고 애굽으로 떠나가 15 헤롯이 죽기까지 거기 있었으니 이는 주께서 선지자를 통하여 말씀하신 바 애굽으로부터 내 아들을 불렀다 함을 이루려 하심이라			
2) 헤롯의 유아 살해	ⓜ 2:16–18 16 이에 헤롯이 박사들에게 속은 줄 알고 심히 노하여 사람을 보내어 베들레헴과 그 모든 지경 안에 있는 사내아이를 박사들에게 자세히 알아본 그 때를 기준하여 두 살부터 그 아래로 다 죽이니 17 이에 선지자 예레미야를 통하여 말씀하신 바 18 라마에서 슬퍼하며 크게 통곡하는 소리가 들리니 라헬이 그 자식을 위하여 애곡하는 것이라 그가 자식이 없으므로 위로 받기를 거절하였도다 함이 이루어졌느니라			
6. 나사렛 귀향과 예수의 유년 시절 **(나사렛)**	ⓜ 2:19–23 **애굽에서 이스라엘 땅으로** 19 헤롯이 죽은 후에 주의 사자가 애굽에서 요셉에게 현몽하여 이르되		ⓛ 2:39–40 39 주의 율법을 따라 모든 일을 마치고 갈릴리로 돌아가 본 동네 나사렛에 이르니라 40 아기가 자라며 강하여지고 지혜가 충만하며 하나님의 은혜가 그의 위에 있더라	

사건 명	마태복음	마가복음	누가복음	요한복음
	20 일어나 아기와 그의 어머니를 데리고 이스라엘 땅으로 가라 아기의 목숨을 찾던 자들이 죽었느니라 하시니 **21** 요셉이 일어나 아기와 그의 어머니를 데리고 이스라엘 땅으로 들어가니라 **22** 그러나 아켈라오가 그의 아버지 헤롯을 이어 유대의 임금 됨을 듣고 거기로 가기를 무서워하더니 꿈에 지시하심을 받아 갈릴리 지방으로 떠나가 **23** 나사렛이란 동네에 가서 사니 이는 선지자로 하신 말씀에 나사렛 사람이라 칭하리라 하심을 이루려 함이러라			
7. 소년 예수 예루살렘 방문과 그 후 성장(A.D. 7년/예루살렘)			**㉦ 2:41-52** **열두 살 시절의 예수** **41** 그의 부모가 해마다 유월절이 되면 예루살렘으로 가더니 **42** 예수께서 열두 살 되었을 때에 그들이 이 절기의 관례를 따라 올라갔다가 **43** 그 날들을 마치고 돌아갈 때에 아이 예수는 예루살렘에 머무셨더라 그 부모는 이를 알지 못하고 **44** 동행 중에 있는 줄로 생각하고 하룻길을 간 후 친족과 아는 자 중에서 찾되	

사건 명	마태복음	마가복음	누가복음	요한복음
			45 만나지 못하매 찾으면서 예루살렘에 돌아갔더니 46 사흘 후에 성전에서 만난즉 그가 선생들 중에 앉으사 그들에게 듣기도 하시며 묻기도 하시니 47 듣는 자가 다 그 지혜와 대답을 놀랍게 여기더라 48 그의 부모가 보고 놀라며 그의 어머니는 이르되 아이야 어찌하여 우리에게 이렇게 하였느냐 보라 네 아버지와 내가 근심하여 너를 찾았노라 49 예수께서 이르시되 어찌하여 나를 찾으셨나이까 내가 내 아버지 집에 있어야 될 줄을 알지 못하셨나이까 하시니 50 그 부모가 그가 하신 말씀을 깨닫지 못하더라 51 예수께서 함께 내려가사 나사렛에 이르러 순종하여 받드시더라 그 어머니는 이 모든 말을 마음에 두니라 52 예수는 지혜와 키가 자라가며 하나님과 사람에게 더욱 사랑스러워 가시더라	

3부

예수 사역 준비단계

(A.D. 26년 가을~27년 4월경)

사건 명	마태복음	마가복음	누가복음	요한복음
1. 세례 요한 등장과 증거(A.D. 26년/유대 광야)	(마) 3:1–12 **세례 요한이 천국을 전파하다(막 1:1–8;눅 3:1–18; 요 1:19–28)** 1 그 때에 세례 요한이 이르러 유대 광야에서 전파하여 말하되 2 회개하라 천국이 가까이 왔느니라 하였으니 3 그는 선지자 이사야를 통하여 말씀하신 자라 일렀으되 광야에 외치는 자의 소리가 있어 이르되 너희는 주의 길을 준비하라 그가 오실 길을 곧게 하라 하였느니라 4 이 요한은 낙타털 옷을 입고 허리에 가죽 띠를 띠고 음식은 메뚜기와 석청이었더라 5 이 때에 예루살렘과 온 유대와 요단 강 사방에서 다 그에게 나아와 6 자기들의 죄를 자복하고 요단 강에서 그에게 세례를 받더니 7 요한이 많은 바리새인들과 사두개인들이 세례 베푸는 데로 오는 것을 보고 이르되 독사의 자식들아 누가 너희를 가르쳐 임박한 진노를 피하라 하더냐 8 그러므로 회개에 합당한 열매를 맺고	(막) 1:1–8 **복음을 전파하다(마 3:1–12; 눅 3:1–9, 15–17; 요 1:19–23)** 1 하나님의 아들 예수 그리스도의 복음의 시작이라 2 선지자 이사야의 글에 보라 내가 내 사자를 네 앞에 보내노니 그가 네 길을 준비하리라 3 광야에 외치는 자의 소리가 있어 이르되 너희는 주의 길을 준비하라 그의 오실 길을 곧게 하라 기록된 것과 같이 4 세례 요한이 광야에 이르러 죄 사함을 받게 하는 회개의 세례를 전파하니 5 온 유대 지방과 예루살렘 사람이 다 나아가 자기 죄를 자복하고 요단 강에서 그에게 세례를 받더라 6 요한은 낙타털 옷을 입고 허리에 가죽 띠를 띠고 메뚜기와 석청을 먹더라 7 그가 전파하여 이르되 나보다 능력 많으신 이가 내 뒤에 오시나니 나는 굽혀 그의 신발 끈을 풀기도 감당하지 못하겠노라 8 나는 너희에게 물로 세례를 베풀었거니와 그는 너희에게 성령으로 세례를 베푸시리라	(눅) 3:1–20 **세례 요한의 전파 (마 3:1–12; 막 1:1–8; 요 1:19–28)** 1 디베료 황제가 통치한 지 열다섯 해 곧 본디오 빌라도가 유대의 총독으로, 헤롯이 갈릴리의 분봉 왕으로, 그 동생 빌립이 이두래와 드라고닛 지방의 분봉 왕으로, 루사니아가 아빌레네의 분봉 왕으로, 2 안나스와 가야바가 대제사장으로 있을 때에 하나님의 말씀이 빈 들에서 사가랴의 아들 요한에게 임한지라 3 요한이 요단 강 부근 각처에 와서 죄 사함을 받게 하는 회개의 세례를 전파하니 4 선지자 이사야의 책에 쓴 바 광야에서 외치는 자의 소리가 있어 이르되 너희는 주의 길을 준비하라 그의 오실 길을 곧게 하라 5 모든 골짜기가 메워지고 모든 산과 작은 산이 낮아지고 굽은 것이 곧아지고 험한 길이 평탄하여질 것이요 6 모든 육체가 하나님의 구원하심을 보리라 함과 같으니라 7 요한이 세례 받으러 나아오는 무리에게 이르되 독사의 자식들아 누가 너희에게 일러 장차 올 진노를 피하라 하더냐	

사건 명	마태복음	마가복음	누가복음	요한복음
	9 속으로 아브라함이 우리 조상이라고 생각하지 말라 내가 너희에게 이르노니 하나님이 능히 이 돌들로도 아브라함의 자손이 되게 하시리라 10 이미 도끼가 나무 뿌리에 놓였으니 좋은 열매를 맺지 아니하는 나무마다 찍혀 불에 던져지리라 11 나는 너희로 회개하게 하기 위하여 물로 세례를 베풀거니와 내 뒤에 오시는 이는 나보다 능력이 많으시니 나는 그의 신을 들기도 감당하지 못하겠노라 그는 성령과 불로 너희에게 세례를 베푸실 것이요 12 손에 키를 들고 자기의 타작 마당을 정하게 하사 알곡은 모아 곳간에 들이고 쭉정이는 꺼지지 않는 불에 태우시리라		8 그러므로 회개에 합당한 열매를 맺고 속으로 아브라함이 우리 조상이라 말하지 말라 내가 너희에게 이르노니 하나님이 능히 이 돌들로도 아브라함의 자손이 되게 하시리라 9 이미 도끼가 나무 뿌리에 놓였으니 좋은 열매 맺지 아니하는 나무마다 찍혀 불에 던져지리라 10 무리가 물어 이르되 그러면 우리가 무엇을 하리이까 11 대답하여 이르되 옷 두 벌 있는 자는 옷 없는 자에게 나눠 줄 것이요 먹을 것이 있는 자도 그렇게 할 것이니라 하고 12 세리들도 세례를 받고자 하여 와서 이르되 선생이여 우리는 무엇을 하리이까 하매 13 이르되 부과된 것 외에는 거두지 말라 하고 14 군인들도 물어 이르되 우리는 무엇을 하리이까 하매 이르되 사람에게서 강탈하지 말며 거짓으로 고발하지 말고 받는 급료를 족한 줄로 알라 하니라 15 백성들이 바라고 기다리므로 모든 사람들이 요한을 혹 그리스도신가 심중에 생각하니	

사건 명	마태복음	마가복음	누가복음	요한복음
			16 요한이 모든 사람에게 대답하여 이르되 나는 물로 너희에게 세례를 베풀거니와 나보다 능력이 많으신 이가 오시나니 나는 그의 신발끈을 풀기도 감당하지 못하겠노라 그는 성령과 불로 너희에게 세례를 베푸실 것이요 **17** 손에 키를 들고 자기의 타작 마당을 정하게 하사 알곡은 모아 곳간에 들이고 쭉정이는 꺼지지 않는 불에 태우시리라 **18** 또 그밖에 여러 가지로 권하여 백성에게 좋은 소식을 전하였으나 **19** 분봉 왕 헤롯은 그의 동생의 아내 헤로디아의 일과 또 자기가 행한 모든 악한 일로 말미암아 요한에게 책망을 받고 **20** 그 위에 한 가지 악을 더하여 요한을 옥에 가두니라	
2. 예수 수세(受洗)**와 공적 취임**(A.D. 27년/요단 강)	㉥ **3:13-17** **세례를 받으시다(막 1:9-11; 눅 3:21-22)** **13** 이 때에 예수께서 갈릴리로부터 요단 강에 이르러 요한에게 세례를 받으려 하시니 **14** 요한이 말려 이르되 내가 당신에게서 세례를 받아야 할 터인데 당신이 내게로 오시나이까	㉥ **1:9-11** **세례를 받으시다(마 3:13-17; 눅 3:21-22)** **9** 그 때에 예수께서 갈릴리 나사렛으로부터 와서 요단 강에서 요한에게 세례를 받으시고 **10** 곧 물에서 올라오실새 하늘이 갈라짐과 성령이 비둘기 같이 자기에게 내려오심을 보시더니	㉥ **3:21-22** **세례를 받으시다(마 3:13-17; 막 1:9-11)** **21** 백성이 다 세례를 받을새 예수도 세례를 받으시고 기도하실 때에 하늘이 열리며	

사건 명	마태복음	마가복음	누가복음	요한복음
	15 예수께서 대답하여 이르시되 이제 허락하라 우리가 이와 같이 하여 모든 의를 이루는 것이 합당하니라 하시니 이에 요한이 허락하는지라 **16** 예수께서 세례를 받으시고 곧 물에서 올라오실새 하늘이 열리고 하나님의 성령이 비둘기 같이 내려 자기 위에 임하심을 보시더니 **17** 하늘로부터 소리가 있어 말씀하시되 이는 내 사랑하는 아들이요 내 기뻐하는 자라 하시니라	**11** 하늘로부터 소리가 나기를 너는 내 사랑하는 아들이라 내가 너를 기뻐하노라 하시니라	**22** 성령이 비둘기 같은 형체로 그의 위에 강림하시더니 하늘로부터 소리가 나기를 너는 내 사랑하는 아들이라 내가 너를 기뻐하노라 하시니라	
3. 광야 시험(유대 광야)	**㉮ 4:1-11** **시험을 받으시다(막 1:12-13; 눅 4:1-13)** **1** 그 때에 예수께서 성령에게 이끌리어 마귀에게 시험을 받으러 광야로 가사 **2** 사십 일을 밤낮으로 금식하신 후에 주리신지라 **3** 시험하는 자가 예수께 나아와서 이르되 네가 만일 하나님의 아들이어든 명하여 이 돌들로 떡덩이가 되게 하라 **4** 예수께서 대답하여 이르시되 기록되었으되 사람이 떡으로만 살 것이 아니요 하나님의 입으로부터 나오는 모든 말씀으로 살 것이라 하였느니라 하시니	**㉯ 1:12-13** **시험을 받으시다(마 4:1-11; 눅 4:1-13)** **12** 성령이 곧 예수를 광야로 몰아내신지라 **13** 광야에서 사십 일을 계시면서 사탄에게 시험을 받으시며 들짐승과 함께 계시니 천사들이 수종들더라	**㉰ 4:1-13** **시험을 받으시다(마 4:1-11; 막 1:12-13)** **1** 예수께서 성령의 충만함을 입어 요단 강에서 돌아오사 광야에서 사십 일 동안 성령에게 이끌리시며 **2** 마귀에게 시험을 받으시더라 이 모든 날에 아무 것도 잡수시지 아니하시니 날 수가 다하매 주리신지라 **3** 마귀가 이르되 네가 만일 하나님의 아들이어든 이 돌들에게 명하여 떡이 되게 하라 **4** 예수께서 대답하시되 기록된 바 사람이 떡으로만 살 것이 아니라 하였느니라	

사건 명	마태복음	마가복음	누가복음	요한복음
	5 이에 마귀가 예수를 거룩한 성으로 데려다가 성전 꼭대기에 세우고 6 이르되 네가 만일 하나님의 아들이어든 뛰어내리라 기록되었으되 그가 너를 위하여 그의 사자들을 명하시리니 그들이 손으로 너를 받들어 발이 돌에 부딪치지 않게 하리로다 하였느니라 7 예수께서 이르시되 또 기록되었으되 주 너의 하나님을 시험하지 말라 하였느니라 하시니 8 마귀가 또 그를 데리고 지극히 높은 산으로 가서 천하 만국과 그 영광을 보여 9 이르되 만일 내게 엎드려 경배하면 이 모든 것을 네게 주리라 10 이에 예수께서 말씀하시되 사탄아 물러가라 기록되었으되 주 너의 하나님께 경배하고 다만 그를 섬기라 하였느니라 11 이에 마귀는 예수를 떠나고 천사들이 나아와서 수종드니라		5 마귀가 또 예수를 이끌고 올라가서 순식간에 천하 만국을 보이며 6 이르되 이 모든 권위와 그 영광을 내가 네게 주리라 이것은 내게 넘겨준 것이므로 내가 원하는 자에게 주노라 7 그러므로 네가 만일 내게 절하면 다 네 것이 되리라 8 예수께서 대답하여 이르시되 기록된 바 주 너의 하나님께 경배하고 다만 그를 섬기라 하였느니라 9 또 이끌고 예루살렘으로 가서 성전 꼭대기에 세우고 이르되 네가 만일 하나님의 아들이어든 여기서 뛰어내리라 10 기록되었으되 하나님이 너를 위하여 그 사자들을 명하사 너를 지키게 하시리라 하였고 11 또한 그들이 손으로 너를 받들어 네 발이 돌에 부딪치지 않게 하시리라 하였느니라 12 예수께서 대답하여 이르시되 주 너의 하나님을 시험하지 말라 하였느니라 13 마귀가 모든 시험을 다 한 후에 얼마 동안 떠나니라	

사건 명	마태복음	마가복음	누가복음	요한복음
4. 요한의 증거와 예수 처음 제자들 (요단 강 건너편 베다니) 1) 산헤드린 공회에 대한 세례 요한 답변				**요 1:19–28** **세례 요한의 증언 (마 3:1–12; 막 1:7–8; 눅 3:15–17)** **19** 유대인들이 예 루살렘에서 제사 장들과 레위인들 을 요한에게 보내 어 네가 누구냐 물 을 때에 요한의 증 언이 이러하니라 **20** 요한이 드러내 어 말하고 숨기지 아니하니 드러내 어 하는 말이 나는 그리스도가 아니라 한대 **21** 또 묻되 그러면 누구냐 네가 엘리 야냐 이르되 나는 아니라 또 묻되 네 가 그 선지자냐 대 답하되 아니라 **22** 또 말하되 누구 냐 우리를 보낸 이 들에게 대답하게 하라 너는 네게 대 하여 무엇이라 하 느냐 **23** 이르되 나는 선 지자 이사야의 말 과 같이 주의 길을 곧게 하라고 광야 에서 외치는 자의 소리로라 하니라 **24** 그들은 바리새 인들이 보낸 자라 **25** 또 물어 이르되 네가 만일 그리스 도도 아니요 엘리 야도 아니요 그 선 지자도 아닐진대 어찌하여 세례를 베푸느냐 **26** 요한이 대답하 되 나는 물로 세례 를 베풀거니와 너 희 가운데 너희가 알지 못하는 한 사 람이 섰으니

사건 명	마태복음	마가복음	누가복음	요한복음
				27 곧 내 뒤에 오시는 그이라 나는 그의 신발끈을 풀기도 감당하지 못하겠노라 하더라 **28** 이 일은 요한이 세례 베풀던 곳 요단 강 건너편 베다니에서 일어난 일이니라
2) 세례 요한의 예수 증거				**(요) 1:29-34** **하나님의 어린 양을 보라** **29** 이튿날 요한이 예수께서 자기에게 나아오심을 보고 이르되 보라 세상 죄를 지고 가는 하나님의 어린 양이로다 **30** 내가 전에 말하기를 내 뒤에 오는 사람이 있는데 나보다 앞선 것은 그가 나보다 먼저 계심이라 한 것이 이 사람을 가리킴이라 **31** 나도 그를 알지 못하였으나 내가 와서 물로 세례를 베푸는 것은 그를 이스라엘에 나타내려 함이라 하니라 **32** 요한이 또 증언하여 이르되 내가 보매 성령이 비둘기 같이 하늘로부터 내려와서 그의 위에 머물렀더라

사건 명	마태복음	마가복음	누가복음	요한복음
				33 나도 그를 알지 못하였으나 나를 보내어 물로 세례를 베풀라 하신 그이가 나에게 말씀하시되 성령이 내려서 누구 위에든지 머무는 것을 보거든 그가 곧 성령으로 세례를 베푸는 이인 줄 알라 하셨기에 **34** 내가 보고 그가 하나님의 아들이심을 증언하였노라 하니라
3) 예수의 초기 제자들				㉭ **1:35-51** **요한의 두 제자** **35** 또 이튿날 요한이 자기 제자 중 두 사람과 함께 섰다가 **36** 예수께서 거니심을 보고 말하되 보라 하나님의 어린 양이로다 **37** 두 제자가 그의 말을 듣고 예수를 따르거늘 **38** 예수께서 돌이켜 그 따르는 것을 보시고 물어 이르시되 무엇을 구하느냐 이르되 랍비여 어디 계시오니이까 하니(랍비는 번역하면 선생이라) **39** 예수께서 이르시되 와서 보라 그러므로 그들이 가서 계신 데를 보고 그 날 함께 거하니 때가 열 시쯤 되었더라 **40** 요한의 말을 듣고 예수를 따르는 두 사람 중의 하나는 시몬 베드로의 형제 안드레라

사건 명	마태복음	마가복음	누가복음	요한복음
				41 그가 먼저 자기의 형제 시몬을 찾아 말하되 우리가 메시야를 만났다 하고 (메시야는 번역하면 그리스도라) 42 데리고 예수께로 오니 예수께서 보시고 이르시되 네가 요한의 아들 시몬이니 장차 게바라 하리라 하시니라 (게바는 번역하면 베드로라) **빌립과 나다나엘을 부르시다** 43 이튿날 예수께서 갈릴리로 나가려 하시다가 빌립을 만나 이르시되 나를 따르라 하시니 44 빌립은 안드레와 베드로와 한 동네 벳새다 사람이라 45 빌립이 나다나엘을 찾아 이르되 모세가 율법에 기록하였고 여러 선지자가 기록한 그 이를 우리가 만났으니 요셉의 아들 나사렛 예수니라 46 나다나엘이 이르되 나사렛에서 무슨 선한 것이 날 수 있느냐 빌립이 이르되 와서 보라 하니라 47 예수께서 나다나엘이 자기에게 오는 것을 보시고 그를 가리켜 이르시되 보라 이는 참으로 이스라엘 사람이라 그 속에 간사한 것이 없도다

사건 명	마태복음	마가복음	누가복음	요한복음
				48 나다나엘이 이르되 어떻게 나를 아시나이까 예수께서 대답하여 이르시되 빌립이 너를 부르기 전에 네가 무화과나무 아래에 있을 때에 보았노라 **49** 나다나엘이 대답하되 랍비여 당신은 하나님의 아들이시요 당신은 이스라엘의 임금이로소이다 **50** 예수께서 대답하여 이르시되 내가 너를 무화과나무 아래에서 보았다 하므로 믿느냐 이보다 더 큰 일을 보리라 **51** 또 이르시되 진실로 진실로 너희에게 이르노니 하늘이 열리고 하나님의 사자들이 인자 위에 오르락 내리락 하는 것을 보리라 하시니라
5. 갈릴리 가나 첫 이적과 가버나움 이주(갈릴리 가나와 가버나움)				**㉭ 2:1-12** **가나의 혼례** **1** 사흘째 되던 날 갈릴리 가나에 혼례가 있어 예수의 어머니도 거기 계시고 **2** 예수와 그 제자들도 혼례에 청함을 받았더니 **3** 포도주가 떨어진지라 예수의 어머니가 예수에게 이르되 저들에게 포도주가 없다 하니 **4** 예수께서 이르시되 여자여 나와 무슨 상관이 있나이까 내 때가 아직 이르지 아니하였나이다

사건 명	마태복음	마가복음	누가복음	요한복음
				5 그의 어머니가 하인들에게 이르되 너희에게 무슨 말씀을 하시든지 그대로 하라 하니라 6 거기에 유대인의 정결 예식을 따라 두세 통 드는 돌항아리 여섯이 놓였는지라 7 예수께서 그들에게 이르시되 항아리에 물을 채우라 하신즉 아귀까지 채우니 8 이제는 떠서 연회장에게 갖다 주라 하시매 갖다 주었더니 9 연회장은 물로 된 포도주를 맛보고도 어디서 났는지 알지 못하되 물 떠온 하인들은 알더라 연회장이 신랑을 불러 10 말하되 사람마다 먼저 좋은 포도주를 내고 취한 후에 낮은 것을 내거늘 그대는 지금까지 좋은 포도주를 두었도다 하니라 11 예수께서 이 첫 표적을 갈릴리 가나에서 행하여 그의 영광을 나타내시매 제자들이 그를 믿으니라 12 그 후에 예수께서 그 어머니와 형제들과 제자들과 함께 가버나움으로 내려가셨으나 거기에 여러 날 계시지는 아니하시니라

4부

예수의 1차(초기) 유대 사역

(A.D. 27년 4월경~5월경)

사건 명	마태복음	마가복음	누가복음	요한복음
1. 유월절 1차 방문과 성전 숙정(A.D. 27년/예루살렘)				㉭ 2:13-25 **성전을 깨끗하게 하시다(마 21:12-13; 막 11:15-17; 눅 19:45-46)** 13 유대인의 유월절이 가까운지라 예수께서 예루살렘으로 올라가셨더니 14 성전 안에서 소와 양과 비둘기 파는 사람들과 돈 바꾸는 사람들이 앉아 있는 것을 보시고 15 노끈으로 채찍을 만드사 양이나 소를 다 성전에서 내쫓으시고 돈 바꾸는 사람들의 돈을 쏟으시며 상을 엎으시고 16 비둘기 파는 사람들에게 이르시되 이것을 여기서 가져가라 내 아버지의 집으로 장사하는 집을 만들지 말라 하시니 17 제자들이 성경 말씀에 주의 전을 사모하는 열심이 나를 삼키리라 한 것을 기억하더라 18 이에 유대인들이 대답하여 예수께 말하기를 네가 이런 일을 행하니 무슨 표적을 우리에게 보이겠느냐 19 예수께서 대답하여 이르시되 너희가 이 성전을 헐라 내가 사흘 동안에 일으키리라 20 유대인들이 이르되 이 성전은 사십육 년 동안에 지었거늘 네가 삼 일 동안에 일으키겠느냐 하더라

사건 명	마태복음	마가복음	누가복음	요한복음
				21 그러나 예수는 성전된 자기 육체를 가리켜 말씀하신 것이라 22 죽은 자 가운데서 살아나신 후에야 제자들이 이 말씀하신 것을 기억하고 성경과 예수께서 하신 말씀을 믿었더라 **예수는 사람의 마음속을 아신다** 23 유월절에 예수께서 예루살렘에 계시니 많은 사람이 그의 행하시는 표적을 보고 그의 이름을 믿었으나 24 예수는 그의 몸을 그들에게 의탁하지 아니하셨으니 이는 친히 모든 사람을 아심이요 25 또 사람에 대하여 누구의 증언도 받으실 필요가 없었으니 이는 그가 친히 사람의 속에 있는 것을 아셨음이니라
2. 니고데모 대화 (유대)				**㉾ 3:1–21** **예수와 니고데모** 1 그런데 바리새인 중에 니고데모라 하는 사람이 있으니 유대인의 지도자라 2 그가 밤에 예수께 와서 이르되 랍비여 우리가 당신은 하나님께로부터 오신 선생인 줄 아나이다 하나님이 함께 하시지 아니하시면 당신이 행하시는 이 표적을 아무도 할 수 없음이니이다

사건 명	마태복음	마가복음	누가복음	요한복음
				3 예수께서 대답하여 이르시되 진실로 진실로 네게 이르노니 사람이 거듭나지 아니하면 하나님의 나라를 볼 수 없느니라 4 니고데모가 이르되 사람이 늙으면 어떻게 날 수 있사옵나이까 두 번째 모태에 들어갔다가 날 수 있사옵나이까 5 예수께서 대답하시되 진실로 진실로 네게 이르노니 사람이 물과 성령으로 나지 아니하면 하나님의 나라에 들어갈 수 없느니라 6 육으로 난 것은 육이요 영으로 난 것은 영이니 7 내가 네게 거듭나야 하겠다 하는 말을 놀랍게 여기지 말라 8 바람이 임의로 불매 네가 그 소리는 들어도 어디서 와서 어디로 가는지 알지 못하나니 성령으로 난 사람도 다 그러하니라 9 니고데모가 대답하여 이르되 어찌 그러한 일이 있을 수 있나이까 10 예수께서 그에게 대답하여 이르시되 너는 이스라엘의 선생으로서 이러한 것들을 알지 못하느냐

사건 명	마태복음	마가복음	누가복음	요한복음
				11 진실로 진실로 네게 이르노니 우리는 아는 것을 말하고 본 것을 증언하노라 그러나 너희가 우리의 증언을 받지 아니하는도다 **12** 내가 땅의 일을 말하여도 너희가 믿지 아니하거든 하물며 하늘의 일을 말하면 어떻게 믿겠느냐 **13** 하늘에서 내려온 자 곧 인자 외에는 하늘에 올라간 자가 없느니라 **14** 모세가 광야에서 뱀을 든 것 같이 인자도 들려야 하리니 **15** 이는 그를 믿는 자마다 영생을 얻게 하려 하심이니라 **16** 하나님이 세상을 이처럼 사랑하사 독생자를 주셨으니 이는 그를 믿는 자마다 멸망하지 않고 영생을 얻게 하려 하심이라 **17** 하나님이 그 아들을 세상에 보내신 것은 세상을 심판하려 하심이 아니요 그로 말미암아 세상이 구원을 받게 하려 하심이라 **18** 그를 믿는 자는 심판을 받지 아니하는 것이요 믿지 아니하는 자는 하나님의 독생자의 이름을 믿지 아니하므로 벌써 심판을 받은 것이니라

사건 명	마태복음	마가복음	누가복음	요한복음
				19 그 정죄는 이것이니 곧 빛이 세상에 왔으되 사람들이 자기 행위가 악하므로 빛보다 어둠을 더 사랑한 것이니라 20 악을 행하는 자마다 빛을 미워하여 빛으로 오지 아니하나니 이는 그 행위가 드러날까 함이요 21 진리를 따르는 자는 빛으로 오나니 이는 그 행위가 하나님 안에서 행한 것임을 나타내려 함이라 하시니라
3. 세례 요한의 겸손과 예수 재 증언 1) 세례 요한 겸손				**㉠ 3:22-30** **그는 흥하고 나는 쇠하여야 하리라** 22 그 후에 예수께서 제자들과 유대 땅으로 가서 거기 함께 유하시며 세례를 베푸시더라 23 요한도 살렘 가까운 애논에서 세례를 베푸니 거기 물이 많음이라 그러므로 사람들이 와서 세례를 받더라 24 요한이 아직 옥에 갇히지 아니하였더라 25 이에 요한의 제자 중에서 한 유대인과 더불어 정결 예식에 대하여 변론이 되었더니

사건 명	마태복음	마가복음	누가복음	요한복음
				26 그들이 요한에게 가서 이르되 랍비여 선생님과 함께 요단 강 저편에 있던 이 곧 선생님이 증언하시던 이가 세례를 베풀매 사람이 다 그에게로 가더이다 **27** 요한이 대답하여 이르되 만일 하늘에서 주신 바 아니면 사람이 아무것도 받을 수 없느니라 **28** 내가 말한 바 나는 그리스도가 아니요 그의 앞에 보내심을 받은 자라고 한 것을 증언할 자는 너희니라 **29** 신부를 취하는 자는 신랑이나 서서 신랑의 음성을 듣는 친구가 크게 기뻐하나니 나는 이러한 기쁨으로 충만하였노라 **30** 그는 흥하여야 하겠고 나는 쇠하여야 하리라 하니라
2) 예수 재 증언				**㉭ 3:31–36** **하늘로부터 오시는 이** **31** 위로부터 오시는 이는 만물 위에 계시고 땅에서 난 이는 땅에 속하여 땅에 속한 것을 말하느니라 하늘로부터 오시는 이는 만물 위에 계시나니 **32** 그가 친히 보고 들은 것을 증언하되 그의 증언을 받는 자가 없도다

사건 명	마태복음	마가복음	누가복음	요한복음
				33 그의 증언을 받는 자는 하나님이 참되시다는 것을 인쳤느니라 34 하나님이 보내신 이는 하나님의 말씀을 하나니 이는 하나님이 성령을 한량 없이 주심이니라 35 아버지께서 아들을 사랑하사 만물을 다 그의 손에 주셨으니 36 아들을 믿는 자에게는 영생이 있고 아들에게 순종하지 아니하는 자는 영생을 보지 못하고 도리어 하나님의 진노가 그 위에 머물러 있느니라
4. 사마리아를 통과해 갈릴리로 가심(사마리아) 1) 바리새인과의 충돌 피해 갈릴리로 가심				**ⓨ 4:1–4** **사마리아 여자와 말씀하시다** 1 예수께서 제자를 삼고 세례를 베푸시는 것이 요한보다 많다 하는 말을 바리새인들이 들은 줄을 주께서 아신지라 2 (예수께서 친히 세례를 베푸신 것이 아니요 제자들이 베푼 것이라) 3 유대를 떠나사 다시 갈릴리로 가실새 4 사마리아를 통과하여야 하겠는지라

사건 명	마태복음	마가복음	누가복음	요한복음
2) 중간 통과지 사마리아 전도				㊊ **4:5-42** **5** 사마리아에 있는 수가라 하는 동네에 이르시니 야곱이 그 아들 요셉에게 준 땅이 가깝고 **6** 거기 또 야곱의 우물이 있더라 예수께서 길 가시다가 피곤하여 우물 곁에 그대로 앉으시니 때가 여섯 시쯤 되었더라 **7** 사마리아 여자 한 사람이 물을 길으러 왔으매 예수께서 물을 좀 달라 하시니 **8** 이는 제자들이 먹을 것을 사러 그 동네에 들어갔음이러라 **9** 사마리아 여자가 이르되 당신은 유대인으로서 어찌하여 사마리아 여자인 나에게 물을 달라 하나이까 하니 이는 유대인이 사마리아인과 상종하지 아니함이러라 **10** 예수께서 대답하여 이르시되 네가 만일 하나님의 선물과 또 네게 물 좀 달라 하는 이가 누구인 줄 알았더라면 네가 그에게 구하였을 것이요 그가 생수를 네게 주었으리라 **11** 여자가 이르되 주여 물 길을 그릇도 없고 이 우물은 깊은데 어디서 당신이 그 생수를 얻겠사옵나이까

사건 명	마태복음	마가복음	누가복음	요한복음
				12 우리 조상 야곱이 이 우물을 우리에게 주셨고 또 여기서 자기와 자기 아들들과 짐승이 다 마셨는데 당신이 야곱보다 더 크니이까 13 예수께서 대답하여 이르시되 이 물을 마시는 자마다 다시 목마르려니와 14 내가 주는 물을 마시는 자는 영원히 목마르지 아니하리니 내가 주는 물은 그 속에서 영생하도록 솟아나는 샘물이 되리라 15 여자가 이르되 주여 그런 물을 내게 주사 목마르지도 않고 또 여기 물 길으러 오지도 않게 하옵소서 16 이르시되 가서 네 남편을 불러 오라 17 여자가 대답하여 이르되 나는 남편이 없나이다 예수께서 이르시되 네가 남편이 없다 하는 말이 옳도다 18 너에게 남편 다섯이 있었고 지금 있는 자도 네 남편이 아니니 네 말이 참되도다 19 여자가 이르되 주여 내가 보니 선지자로소이다 20 우리 조상들은 이 산에서 예배하였는데 당신들의 말은 예배할 곳이 예루살렘에 있다 하더이다

사건 명	마태복음	마가복음	누가복음	요한복음
				21 예수께서 이르시되 여자여 내 말을 믿으라 이 산에서도 말고 예루살렘에서도 말고 너희가 아버지께 예배할 때가 이르리라 22 너희는 알지 못하는 것을 예배하고 우리는 아는 것을 예배하노니 이는 구원이 유대인에게서 남이라 23 아버지께 참되게 예배하는 자들은 영과 진리로 예배할 때가 오나니 곧 이 때라 아버지께서는 자기에게 이렇게 예배하는 자들을 찾으시느니라 24 하나님은 영이시니 예배하는 자가 영과 진리로 예배할지니라 25 여자가 이르되 메시야 곧 그리스도라 하는 이가 오실 줄을 내가 아노니 그가 오시면 모든 것을 우리에게 알려 주시리이다 26 예수께서 이르시되 네게 말하는 내가 그라 하시니라 27 이 때에 제자들이 돌아와서 예수께서 여자와 말씀하시는 것을 이상히 여겼으나 무엇을 구하시나이까 어찌하여 그와 말씀하시나이까 묻는 자가 없더라 28 여자가 물동이를 버려 두고 동네로 들어가서 사람들에게 이르되

사건 명	마태복음	마가복음	누가복음	요한복음
				29 내가 행한 모든 일을 내게 말한 사람을 와서 보라 이는 그리스도가 아니냐 하니 30 그들이 동네에서 나와 예수께로 오더라 31 그 사이에 제자들이 청하여 이르되 랍비여 잡수소서 32 이르시되 내게는 너희가 알지 못하는 먹을 양식이 있느니라 33 제자들이 서로 말하되 누가 잡수실 것을 갖다 드렸는가 하니 34 예수께서 이르시되 나의 양식은 나를 보내신 이의 뜻을 행하며 그의 일을 온전히 이루는 이것이니라 35 너희는 넉 달이 지나야 추수할 때가 이르겠다 하지 아니하느냐 그러나 나는 너희에게 이르노니 너희 눈을 들어 밭을 보라 희어져 추수하게 되었도다 36 거두는 자가 이미 삯도 받고 영생에 이르는 열매를 모으나니 이는 뿌리는 자와 거두는 자가 함께 즐거워하게 하려 함이라 37 그런즉 한 사람이 심고 다른 사람이 거둔다 하는 말이 옳도다

사건 명	마태복음	마가복음	누가복음	요한복음
				38 내가 너희로 노력하지 아니한 것을 거두러 보내었노니 다른 사람들은 노력하였고 너희는 그들이 노력한 것에 참여하였느니라 39 여자의 말이 내가 행한 모든 것을 그가 내게 말하였다 증언하므로 그 동네 중에 많은 사마리아인이 예수를 믿는지라 40 사마리아인들이 예수께 와서 자기들과 함께 유하시기를 청하니 거기서 이틀을 유하시매 41 예수의 말씀으로 말미암아 믿는 자가 더욱 많아 42 그 여자에게 말하되 이제 우리가 믿는 것은 네 말로 인함이 아니니 이는 우리가 친히 듣고 그가 참으로 세상의 구주신 줄 앎이라 하였더라

5부

예수의 1차 갈릴리 사역

(A.D. 27년 6월경~28년 봄 산상수훈)

사건 명	마태복음	마가복음	누가복음	요한복음
1. 갈릴리 사역 개시(A.D. 27년/갈릴리)	㉮ 4:12-17 **비로소 천국을 전파하시다(막 1:14-15; 눅 4:14-15)** 12 예수께서 요한이 잡혔음을 들으시고 갈릴리로 물러가셨다가 13 나사렛을 떠나 스불론과 납달리 지경 해변에 있는 가버나움에 가서 사시니 14 이는 선지자 이사야를 통하여 하신 말씀을 이루려 하심이라 일렀으되 15 스불론 땅과 납달리 땅과 요단 강 저편 해변 길과 이방의 갈릴리여 16 흑암에 앉은 백성이 큰 빛을 보았고 사망의 땅과 그늘에 앉은 자들에게 빛이 비치었도다 하였느니라 17 이 때부터 예수께서 비로소 전파하여 이르시되 회개하라 천국이 가까이 왔느니라 하시더라	㉯ 1:14-15 **갈릴리에서 복음을 전파하시다(마 4:12-17; 눅 4:14-15)** 14 요한이 잡힌 후 예수께서 갈릴리에 오셔서 하나님의 복음을 전파하여 15 이르시되 때가 찼고 하나님의 나라가 가까이 왔으니 회개하고 복음을 믿으라 하시더라	㉰ 4:14-15 **갈릴리 여러 회당에서 가르치시다(마 4:12-17; 막 1:14-15)** 14 예수께서 성령의 능력으로 갈릴리에 돌아가시니 그 소문이 사방에 퍼졌고 15 친히 그 여러 회당에서 가르치시매 뭇 사람에게 칭송을 받으시더라	㉱ 4: 43-45 **왕의 신하의 아들을 고치시다(마 8:5-13; 눅 7:1-10)** 43 이틀이 지나매 예수께서 거기를 떠나 갈릴리로 가시며 44 친히 증언하시기를 선지자가 고향에서는 높임을 받지 못한다 하시고 45 갈릴리에 이르시매 갈릴리인들이 그를 영접하니 이는 자기들도 명절에 갔다가 예수께서 명절중 예루살렘에서 하신 모든 일을 보았음이더라
2. 왕의 신하 아들 치유(갈릴리 가나)				㉱ 4:46-54 46 예수께서 다시 갈릴리 가나에 이르시니 전에 물로 포도주를 만드신 곳이라 왕의 신하가 있어 그의 아들이 가버나움에서 병들었더니 47 그가 예수께서 유대로부터 갈릴리로 오셨다는 것을 듣고 가서 청하되 내려오셔서 내 아들의 병을 고쳐 주소서 하니 그가 거의 죽게 되었음이라

사건 명	마태복음	마가복음	누가복음	요한복음
				48 예수께서 이르시되 너희는 표적과 기사를 보지 못하면 도무지 믿지 아니하리라 49 신하가 이르되 주여 내 아이가 죽기 전에 내려오소서 50 예수께서 이르시되 가라 네 아들이 살아 있다 하시니 그 사람이 예수께서 하신 말씀을 믿고 가더니 51 내려가는 길에서 그 종들이 오다가 만나서 아이가 살아 있다 하거늘 52 그 낫기 시작한 때를 물은즉 어제 일곱 시에 열기가 떨어졌나이다 하는지라 53 그의 아버지가 예수께서 네 아들이 살아 있다 말씀하신 그 때인 줄 알고 자기와 그 온 집안이 다 믿으니라 54 이것은 예수께서 유대에서 갈릴리로 오신 후에 행하신 두 번째 표적이니라
3. 나사렛 배척			**㉭ 4:16–30** **나사렛에서 배척을 받으시다(마 13:53–58; 막 6:1–6)** 16 예수께서 그 자라나신 곳 나사렛에 이르사 안식일에 늘 하시던 대로 회당에 들어가사 성경을 읽으려고 서시매	

사건 명	마태복음	마가복음	누가복음	요한복음
			17 선지자 이사야의 글을 드리거늘 책을 펴서 이렇게 기록된 데를 찾으시니 곧 **18** 주의 성령이 내게 임하셨으니 이는 가난한 자에게 복음을 전하게 하시려고 내게 기름을 부으시고 나를 보내사 포로 된 자에게 자유를, 눈 먼 자에게 다시 보게 함을 전파하며 눌린 자를 자유롭게 하고 **19** 주의 은혜의 해를 전파하게 하려 하심이라 하였더라 **20** 책을 덮어 그 맡은 자에게 주시고 앉으시니 회당에 있는 자들이 다 주목하여 보더라 **21** 이에 예수께서 그들에게 말씀하시되 이 글이 오늘 너희 귀에 응하였느니라 하시니 **22** 그들이 다 그를 증언하고 그 입으로 나오는 바 은혜로운 말을 놀랍게 여겨 이르되 이 사람이 요셉의 아들이 아니냐 **23** 예수께서 그들에게 이르시되 너희가 반드시 의사야 너 자신을 고치라 하는 속담을 인용하여 내게 말하기를 우리가 들은 바 가버나움에서 행한 일을 네 고향 여기서도 행하라 하리라	

사건 명	마태복음	마가복음	누가복음	요한복음
			24 또 이르시되 내가 진실로 너희에게 이르노니 선지자가 고향에서는 환영을 받는 자가 없느니라 25 내가 참으로 너희에게 이르노니 엘리야 시대에 하늘이 삼 년 육 개월간 닫히어 온 땅에 큰 흉년이 들었을 때에 이스라엘에 많은 과부가 있었으되 26 엘리야가 그 중 한 사람에게도 보내심을 받지 않고 오직 시돈 땅에 있는 사렙다의 한 과부에게 뿐이었으며 27 또 선지자 엘리사 때에 이스라엘에 많은 나병환자가 있었으되 그 중의 한 사람도 깨끗함을 얻지 못하고 오직 수리아 사람 나아만뿐이었느니라 28 회당에 있는 자들이 이것을 듣고 다 크게 화가 나서 29 일어나 동네 밖으로 쫓아내어 그 동네가 건설된 산 낭떠러지까지 끌고 가서 밀쳐 떨어뜨리고자 하되 30 예수께서 그들 가운데로 지나서 가시니라	

사건 명	마태복음	마가복음	누가복음	요한복음
4. 네 명의 제자 선택(갈릴리)	ⓜ 4:18–22 **어부들을 부르시다(막 1:16–20; 눅 5:1–11)** 18 갈릴리 해변에 다니시다가 두 형제 곧 베드로라 하는 시몬과 그의 형제 안드레가 바다에 그물 던지는 것을 보시니 그들은 어부라 19 말씀하시되 나를 따라오라 내가 너희를 사람을 낚는 어부가 되게 하리라 하시니 20 그들이 곧 그물을 버려 두고 예수를 따르니라 21 거기서 더 가시다가 다른 두 형제 곧 세베대의 아들 야고보와 그의 형제 요한이 그의 아버지 세베대와 함께 배에서 그물 깁는 것을 보시고 부르시니 22 그들이 곧 배와 아버지를 버려 두고 예수를 따르니라	ⓜ 1:16–20 **어부들을 부르시다(마 4:18–22; 눅 5:1–11)** 16 갈릴리 해변으로 지나가시다가 시몬과 그 형제 안드레가 바다에 그물 던지는 것을 보시니 그들은 어부라 17 예수께서 이르시되 나를 따라오라 내가 너희로 사람을 낚는 어부가 되게 하리라 하시니 18 곧 그물을 버려두고 따르니라 19 조금 더 가시다가 세베대의 아들 야고보와 그 형제 요한을 보시니 그들도 배에 있어 그물을 깁는데 20 곧 부르시니 그 아버지 세베대를 품꾼들과 함께 배에 버려 두고 예수를 따라가니라	ⓝ 5:1–11 **어부들이 예수를 따르다(마 4:18–22; 막 1:16–20)** 1 무리가 몰려와서 하나님의 말씀을 들을새 예수는 게네사렛 호숫가에 서서 2 호숫가에 배 두 척이 있는 것을 보시니 어부들은 배에서 나와서 그물을 씻는지라 3 예수께서 한 배에 오르시니 그 배는 시몬의 배라 육지에서 조금 떼기를 청하시고 앉으사 배에서 무리를 가르치시더니 4 말씀을 마치시고 시몬에게 이르시되 깊은 데로 가서 그물을 내려 고기를 잡으라 5 시몬이 대답하여 이르되 선생님 우리들이 밤이 새도록 수고하였으되 잡은 것이 없지마는 말씀에 의지하여 내가 그물을 내리리이다 하고 6 그렇게 하니 고기를 잡은 것이 심히 많아 그물이 찢어지는지라 7 이에 다른 배에 있는 동무들에게 손짓하여 와서 도와 달라 하니 그들이 와서 두 배에 채우매 잠기게 되었더라	

사건 명	마태복음	마가복음	누가복음	요한복음
			8 시몬 베드로가 이를 보고 예수의 무릎 아래에 엎드려 이르되 주여 나를 떠나소서 나는 죄인이로소이다 하니 9 이는 자기 및 자기와 함께 있는 모든 사람이 고기 잡힌 것으로 말미암아 놀라고 10 세베대의 아들로서 시몬의 동업자인 야고보와 요한도 놀랐음이라 예수께서 시몬에게 이르시되 무서워하지 말라 이제 후로는 네가 사람을 취하리라 하시니 11 그들이 배들을 육지에 대고 모든 것을 버려 두고 예수를 따르니라	
5. 가버나움 회당 축귀		막 1:21–28 **더러운 귀신 들린 사람을 고치시다 (눅 4:31–37)** 21 그들이 가버나움에 들어가니라 예수께서 곧 안식일에 회당에 들어가 가르치시매 22 뭇 사람이 그의 교훈에 놀라니 이는 그가 가르치시는 것이 권위 있는 자와 같고 서기관들과 같지 아니함일러라 23 마침 그들의 회당에 더러운 귀신 들린 사람이 있어 소리 질러 이르되	눅 4:31–37 **더러운 귀신 들린 사람을 고치시다 (막 1:21–28)** 31 갈릴리의 가버나움 동네에 내려오사 안식일에 가르치시매 32 그들이 그 가르치심에 놀라니 이는 그 말씀이 권위가 있음이러라 33 회당에 더러운 귀신 들린 사람이 있어 크게 소리 질러 이르되 34 아 나사렛 예수여 우리가 당신과 무슨 상관이 있나이까 우리를 멸하러 왔나이까 나는 당신이 누구인 줄 아노니 하나님의 거룩한 자니이다	

사건 명	마태복음	마가복음	누가복음	요한복음
		24 나사렛 예수여 우리가 당신과 무슨 상관이 있나이까 우리를 멸하러 왔나이까 나는 당신이 누구인 줄 아노니 하나님의 거룩한 자니이다 25 예수께서 꾸짖어 이르시되 잠잠하고 그 사람에게서 나오라 하시니 26 더러운 귀신이 그 사람에게 경련을 일으키고 큰 소리를 지르며 나오는지라 27 다 놀라 서로 물어 이르되 이는 어찜이냐 권위 있는 새 교훈이로다 더러운 귀신들에게 명한즉 순종하는도다 하더라 28 예수의 소문이 곧 온 갈릴리 사방에 퍼지더라	35 예수께서 꾸짖어 이르시되 잠잠하고 그 사람에게서 나오라 하시니 귀신이 그 사람을 무리 중에 넘어뜨리고 나오되 그 사람은 상하지 아니한지라 36 다 놀라 서로 말하여 이르되 이 어떠한 말씀인고 권위와 능력으로 더러운 귀신을 명하매 나가는도다 하더라 37 이에 예수의 소문이 그 근처 사방에 퍼지니라	
6. 베드로 장모 치유와 병자들 치유 1) 베드로 장모 치유	**㉮ 8:14-15** **많은 사람들을 다 고치시다(막 1:29-34; 눅 4:38-41)** 14 예수께서 베드로의 집에 들어가사 그의 장모가 열병으로 앓아 누운 것을 보시고 15 그의 손을 만지시니 열병이 떠나가고 여인이 일어나서 예수께 수종들더라	**㉯ 1:29-31** **많은 사람을 고치시다(마 8:14-17; 눅 4:38-41)** 29 회당에서 나와 곧 야고보와 요한과 함께 시몬과 안드레의 집에 들어가시니 30 시몬의 장모가 열병으로 누워 있는지라 사람들이 곧 그 여자에 대하여 예수께 여짜온대 31 나아가사 그 손을 잡아 일으키시니 열병이 떠나고 여자가 그들에게 수종드니라	**㉰ 4:38-39** **온갖 병자들을 고치시다(마 8:14-17; 막 1:29-34)** 38 예수께서 일어나 회당에서 나가사 시몬의 집에 들어가시니 시몬의 장모가 중한 열병을 앓고 있는지라 사람들이 그를 위하여 예수께 구하니 39 예수께서 가까이 서서 열병을 꾸짖으신대 병이 떠나고 여자가 곧 일어나 그들에게 수종드니라	

사건 명	마태복음	마가복음	누가복음	요한복음
2) 각종 병자 치유	㊕ 8:16-17 16 저물매 사람들이 귀신 들린 자를 많이 데리고 예수께 오거늘 예수께서 말씀으로 귀신들을 쫓아 내시고 병든 자들을 다 고치시니 17 이는 선지자 이사야를 통하여 하신 말씀에 우리의 연약한 것을 친히 담당하시고 병을 짊어지셨도다 함을 이루려 하심이더라	㊘ 1:32-34 32 저물어 해 질 때에 모든 병자와 귀신 들린 자를 예수께 데려오니 33 온 동네가 그 문 앞에 모였더라 34 예수께서 각종 병이 든 많은 사람을 고치시며 많은 귀신을 내쫓으시되 귀신이 자기를 알므로 그 말하는 것을 허락하지 아니하시니라	㊗ 4:40-41 40 해 질 무렵에 사람들이 온갖 병자들을 데리고 나아오매 예수께서 일일이 그 위에 손을 얹으사 고치시니 41 여러 사람에게서 귀신들이 나가며 소리 질러 이르되 당신은 하나님의 아들이니이다 예수께서 꾸짖으사 그들이 말함을 허락하지 아니하시니 이는 자기를 그리스도인 줄 앎이러라	
7. 1차 갈릴리 순회 전도 개시(갈릴리)	㊕ 4:23-25 **가르치시며 전파하시며 고치시다(눅 6:17-19)** 23 예수께서 온 갈릴리에 두루 다니사 그들의 회당에서 가르치시며 천국 복음을 전파하시며 백성 중의 모든 병과 모든 약한 것을 고치시니 24 그의 소문이 온 수리아에 퍼진지라 사람들이 모든 앓는 자 곧 각종 병에 걸려서 고통 당하는 자, 귀신 들린 자, 간질하는 자, 중풍병자들을 데려오니 그들을 고치시더라 25 갈릴리와 데가볼리와 예루살렘과 유대와 요단 강 건너편에서 수많은 무리가 따르니라	㊘ 1:35-39 **전도 여행을 떠나시다(눅 4:42-44)** 35 새벽 아직도 밝기 전에 예수께서 일어나 나가 한적한 곳으로 가사 거기서 기도하시더니 36 시몬과 및 그와 함께 있는 자들이 예수의 뒤를 따라가 37 만나서 이르되 모든 사람이 주를 찾나이다 38 이르시되 우리가 다른 가까운 마을들로 가자 거기서도 전도하리니 내가 이를 위하여 왔노라 하시고 39 이에 온 갈릴리에 다니시며 그들의 여러 회당에서 전도하시고 또 귀신들을 내쫓으시더라	㊗ 4:42-44 **복음을 전하러 떠나시다(막 1:35-39)** 42 날이 밝으매 예수께서 나오사 한적한 곳에 가시니 무리가 찾다가 만나서 자기들에게서 떠나시지 못하게 만류하려 하매 43 예수께서 이르시되 내가 다른 동네들에서도 하나님의 나라 복음을 전하여야 하리니 나는 이 일을 위해 보내심을 받았노라 하시고 44 갈릴리 여러 회당에서 전도하시더라	

사건 명	마태복음	마가복음	누가복음	요한복음
8. 갈릴리 한 동네에서 문둥병자 치유	(마) 8:1–4 **나병환자를 깨끗하게 하시다(막 1:40–45; 눅 5:12–16)** 1 예수께서 산에서 내려 오시니 수많은 무리가 따르니라 2 한 나병환자가 나아와 절하며 이르되 주여 원하시면 저를 깨끗하게 하실 수 있나이다 하거늘 3 예수께서 손을 내밀어 그에게 대시며 이르시되 내가 원하노니 깨끗함을 받으라 하시니 즉시 그의 나병이 깨끗하여진지라 4 예수께서 이르시되 삼가 아무에게도 이르지 말고 다만 가서 제사장에게 네 몸을 보이고 모세가 명한 예물을 드려 그들에게 입증하라 하시니라	(막) 1:40–45 **나병환자를 깨끗하게 하시다(마 8:1–4; 눅 5:12–16)** 40 한 나병환자가 예수께 와서 꿇어 엎드려 간구하여 이르되 원하시면 저를 깨끗하게 하실 수 있나이다 41 예수께서 불쌍히 여기사 손을 내밀어 그에게 대시며 이르시되 내가 원하노니 깨끗함을 받으라 하시니 42 곧 나병이 그 사람에게서 떠나가고 깨끗하여진지라 43 곧 보내시며 엄히 경고하사 44 이르시되 삼가 아무에게 아무 말도 하지 말고 가서 네 몸을 제사장에게 보이고 네가 깨끗하게 되었으니 모세가 명한 것을 드려 그들에게 입증하라 하셨더라 45 그러나 그 사람이 나가서 이 일을 많이 전파하여 널리 퍼지게 하니 그러므로 예수께서 다시는 드러나게 동네에 들어가지 못하시고 오직 바깥 한적한 곳에 계셨으나 사방에서 사람들이 그에게로 나아오더라	(눅) 5:12–16 **나병 들린 사람을 깨끗하게 하시다(마 8:1–4; 막 1:40–45)** 12 예수께서 한 동네에 계실 때에 온 몸에 나병 들린 사람이 있어 예수를 보고 엎드려 구하여 이르되 주여 원하시면 나를 깨끗하게 하실 수 있나이다 하니 13 예수께서 손을 내밀어 그에게 대시며 이르시되 내가 원하노니 깨끗함을 받으라 하신대 나병이 곧 떠나니라 14 예수께서 그를 경고하시되 아무에게도 이르지 말고 가서 제사장에게 네 몸을 보이고 또 네가 깨끗하게 됨으로 인하여 모세가 명한 대로 예물을 드려 그들에게 입증하라 하셨더니 15 예수의 소문이 더욱 퍼지매 수많은 무리가 말씀도 듣고 자기 병도 고침을 받고자 하여 모여 오되 16 예수는 물러가사 한적한 곳에서 기도하시니라	

사건 명	마태복음	마가복음	누가복음	요한복음
9. 가버나움 중풍병자 치유	㊉ 9:1-8 **중풍병자를 고치시다(막 2:1-12; 눅 5:17-26)** 1 예수께서 배에 오르사 건너가 본 동네에 이르시니 2 침상에 누운 중풍병자를 사람들이 데리고 오거늘 예수께서 그들의 믿음을 보시고 중풍병자에게 이르시되 작은 자야 안심하라 네 죄 사함을 받았느니라 3 어떤 서기관들이 속으로 이르되 이 사람이 신성을 모독하도다 4 예수께서 그 생각을 아시고 이르시되 너희가 어찌하여 마음에 악한 생각을 하느냐 5 네 죄 사함을 받았느니라 하는 말과 일어나 걸어가라 하는 말 중에 어느 것이 쉽겠느냐 6 그러나 인자가 세상에서 죄를 사하는 권능이 있는 줄을 너희로 알게 하려 하노라 하시고 중풍병자에게 말씀하시되 일어나 네 침상을 가지고 집으로 가라 하시니 7 그가 일어나 집으로 돌아가거늘 8 무리가 보고 두려워하며 이런 권능을 사람에게 주신 하나님께 영광을 돌리니라	㊍ 2:1-12 **중풍병자를 고치시다(마 9:1-8; 눅 5:17-26)** 1 수 일 후에 예수께서 다시 가버나움에 들어가시니 집에 계시다는 소문이 들린지라 2 많은 사람이 모여서 문 앞까지도 들어설 자리가 없게 되었는데 예수께서 그들에게 도를 말씀하시더니 3 사람들이 한 중풍병자를 네 사람에게 메워 가지고 예수께로 올새 4 무리들 때문에 예수께 데려갈 수 없으므로 그 계신 곳의 지붕을 뜯어 구멍을 내고 중풍병자가 누운 상을 달아 내리니 5 예수께서 그들의 믿음을 보시고 중풍병자에게 이르시되 작은 자야 네 죄 사함을 받았느니라 하시니 6 어떤 서기관들이 거기 앉아서 마음에 생각하기를 7 이 사람이 어찌 이렇게 말하는가 신성모독이로다 오직 하나님 한 분 외에는 누가 능히 죄를 사하겠느냐 8 그들이 속으로 이렇게 생각하는 줄을 예수께서 곧 중심에 아시고 이르시되 어찌하여 이것을 마음에 생각하느냐	㊇ 5:17-26 **중풍병자를 고치시다(마 9:1-8; 막 2:1-12)** 17 하루는 가르치실 때에 갈릴리의 각 마을과 유대와 예루살렘에서 온 바리새인과 율법교사들이 앉았는데 병을 고치는 주의 능력이 예수와 함께 하더라 18 한 중풍병자를 사람들이 침상에 메고 와서 예수 앞에 들여놓고자 하였으나 19 무리 때문에 메고 들어갈 길을 얻지 못한지라 지붕에 올라가 기와를 벗기고 병자를 침상째 무리 가운데로 예수 앞에 달아 내리니 20 예수께서 그들의 믿음을 보시고 이르시되 이 사람아 네 죄 사함을 받았느니라 하시니 21 서기관과 바리새인들이 생각하여 이르되 이 신성 모독 하는 자가 누구냐 오직 하나님 외에 누가 능히 죄를 사하겠느냐 22 예수께서 그 생각을 아시고 대답하여 이르시되 너희 마음에 무슨 생각을 하느냐 23 네 죄 사함을 받았느니라 하는 말과 일어나 걸어가라 하는 말이 어느 것이 쉽겠느냐	

사건 명	마태복음	마가복음	누가복음	요한복음
		9 중풍병자에게 네 죄 사함을 받았느니라 하는 말과 일어나 네 상을 가지고 걸어가라 하는 말 중에서 어느 것이 쉽겠느냐 10 그러나 인자가 땅에서 죄를 사하는 권세가 있는 줄을 너희로 알게 하려 하노라 하시고 중풍병자에게 말씀하시되 11 내가 네게 이르노니 일어나 네 상을 가지고 집으로 가라 하시니 12 그가 일어나 곧 상을 가지고 모든 사람 앞에서 나가거늘 그들이 다 놀라 하나님께 영광을 돌리며 이르되 우리가 이런 일을 도무지 보지 못하였다 하더라	24 그러나 인자가 땅에서 죄를 사하는 권세가 있는 줄을 너희로 알게 하리라 하시고 중풍병자에게 말씀하시되 내가 네게 이르노니 일어나 네 침상을 가지고 집으로 가라 하시매 25 그 사람이 그들 앞에서 곧 일어나 그 누웠던 것을 가지고 하나님께 영광을 돌리며 자기 집으로 돌아가니 26 모든 사람이 놀라 하나님께 영광을 돌리며 심히 두려워하여 이르되 오늘 우리가 놀라운 일을 보았다 하니라	
10. 세리 마태 제자 선택(가버나움)	(마) 9:9-13 **마태를 부르시다(막 2:13-17; 눅 5:27-32)** 9 예수께서 그 곳을 떠나 지나가시다가 마태라 하는 사람이 세관에 앉아 있는 것을 보시고 이르시되 나를 따르라 하시니 일어나 따르니라 10 예수께서 마태의 집에서 앉아 음식을 잡수실 때에 많은 세리와 죄인들이 와서 예수와 그의 제자들과 함께 앉았더니	(막) 2:13-17 **레위를 부르시다(마 9:9-13; 눅 5:27-32)** 13 예수께서 다시 바닷가에 나가시매 큰 무리가 나왔거늘 예수께서 그들을 가르치시니라 14 또 지나가시다가 알패오의 아들 레위가 세관에 앉아 있는 것을 보시고 그에게 이르시되 나를 따르라 하시니 일어나 따르니라	(눅) 5:27-32 **레위가 예수를 따르다(마 9:9-17; 막 2:13-22)** 27 그 후에 예수께서 나가사 레위라 하는 세리가 세관에 앉아 있는 것을 보시고 나를 따르라 하시니 28 그가 모든 것을 버리고 일어나 따르니라 29 레위가 예수를 위하여 자기 집에서 큰 잔치를 하니 세리와 다른 사람이 많이 함께 앉아 있는지라	

사건 명	마태복음	마가복음	누가복음	요한복음
	11 바리새인들이 보고 그의 제자들에게 이르되 어찌하여 너희 선생은 세리와 죄인들과 함께 잡수시느냐 12 예수께서 들으시고 이르시되 건강한 자에게는 의사가 쓸 데 없고 병든 자에게라야 쓸 데 있느니라 13 너희는 가서 내가 긍휼을 원하고 제사를 원하지 아니하노라 하신 뜻이 무엇인지 배우라 나는 의인을 부르러 온 것이 아니요 죄인을 부르러 왔노라 하시니라	15 그의 집에 앉아 잡수실 때에 많은 세리와 죄인들이 예수와 그의 제자들과 함께 앉았으니 이는 그러한 사람들이 많이 있어서 예수를 따름이러라 16 바리새인의 서기관들이 예수께서 죄인 및 세리들과 함께 잡수시는 것을 보고 그의 제자들에게 이르되 어찌하여 세리 및 죄인들과 함께 먹는가 17 예수께서 들으시고 그들에게 이르시되 건강한 자에게는 의사가 쓸 데 없고 병든 자에게라야 쓸 데 있느니라 나는 의인을 부르러 온 것이 아니요 죄인을 부르러 왔노라 하시니라	30 바리새인과 그들의 서기관들이 그 제자들을 비방하여 이르되 너희가 어찌하여 세리와 죄인과 함께 먹고 마시느냐 31 예수께서 대답하여 이르시되 건강한 자에게는 의사가 쓸 데 없고 병든 자에게라야 쓸 데 있나니 32 내가 의인을 부르러 온 것이 아니요 죄인을 불러 회개시키러 왔노라	
11. 세 가지 비유로 잘못된 금식 지적	**㉺ 9:14-17** **금식 논쟁(막 2:18-22; 눅 5:33-39)** 14 그 때에 요한의 제자들이 예수께 나아와 이르되 우리와 바리새인들은 금식하는데 어찌하여 당신의 제자들은 금식하지 아니하나이까 15 예수께서 그들에게 이르시되 혼인집 손님들이 신랑과 함께 있을 동안에 슬퍼할 수 있느냐 그러나 신랑을 빼앗길 날이 이르리니 그 때에는 금식할 것이니라	**㉻ 2:18-22** **금식 논쟁(마 9:14-17; 눅 5:33-39)** 18 요한의 제자들과 바리새인들이 금식하고 있는지라 사람들이 예수께 와서 말하되 요한의 제자들과 바리새인의 제자들은 금식하는데 어찌하여 당신의 제자들은 금식하지 아니하나이까	**㉾ 5:33-39** 33 그들이 예수께 말하되 요한의 제자는 자주 금식하며 기도하고 바리새인의 제자들도 또한 그리하되 당신의 제자들은 먹고 마시나이다 34 예수께서 그들에게 이르시되 혼인 집 손님들이 신랑과 함께 있을 때에 너희가 그 손님으로 금식하게 할 수 있느냐 35 그러나 그 날에 이르러 그들이 신랑을 빼앗기리니 그 날에는 금식할 것이니라	

사건 명	마태복음	마가복음	누가복음	요한복음
	16 생베 조각을 낡은 옷에 붙이는 자가 없나니 이는 기운 것이 그 옷을 당기어 해어짐이 더하게 됨이요 17 새 포도주를 낡은 가죽 부대에 넣지 아니하나니 그렇게 하면 부대가 터져 포도주도 쏟아지고 부대도 버리게 됨이라 새 포도주는 새 부대에 넣어야 둘이 다 보전되느니라	19 예수께서 그들에게 이르시되 혼인 집 손님들이 신랑과 함께 있을 때에 금식할 수 있느냐 신랑과 함께 있을 동안에는 금식할 수 없느니라 20 그러나 신랑을 빼앗길 날이 이르리니 그 날에는 금식할 것이니라 21 생베 조각을 낡은 옷에 붙이는 자가 없나니 만일 그렇게 하면 기운 새것이 낡은 그것을 당기어 해어짐이 더하게 되느니라 22 새 포도주를 낡은 가죽 부대에 넣는 자가 없나니 만일 그렇게 하면 새 포도주가 부대를 터뜨려 포도주와 부대를 버리게 되리라 오직 새 포도주는 새 부대에 넣느니라 하시니라	36 또 비유하여 이르시되 새 옷에서 한 조각을 찢어 낡은 옷에 붙이는 자가 없나니 만일 그렇게 하면 새 옷을 찢을 뿐이요 또 새 옷에서 찢은 조각이 낡은 것에 어울리지 아니하리라 37 새 포도주를 낡은 가죽 부대에 넣는 자가 없나니 만일 그렇게 하면 새 포도주가 부대를 터뜨려 포도주가 쏟아지고 부대도 못쓰게 되리라 38 새 포도주는 새 부대에 넣어야 할 것이니라 39 묵은 포도주를 마시고 새 것을 원하는 자가 없나니 이는 묵은 것이 좋다 함이니라	
12. 2차 유월절 예루살렘 방문과 베데스다 병자 치유 **(A.D. 28년/예루살렘)** 1) 베데스다 병자 치유				㉭ 5:1–9 **오래된 병을 고치시다** 1 그 후에 유대인의 명절이 되어 예수께서 예루살렘에 올라가시니라 2 예루살렘에 있는 양문 곁에 히브리 말로 베데스다라 하는 못이 있는데 거기 행각 다섯이 있고 3 그 안에 많은 병자, 맹인, 다리 저는 사람, 혈기 마른 사람들이 누워 [물의 움직임을 기다리니

사건 명	마태복음	마가복음	누가복음	요한복음
				4 이는 천사가 가끔 못에 내려와 물을 움직이게 하는데 움직인 후에 먼저 들어가는 자는 어떤 병에 걸렸든지 낫게 됨이러라] **5** 거기 서른여덟 해 된 병자가 있더라 **6** 예수께서 그 누운 것을 보시고 병이 벌써 오래된 줄 아시고 이르시되 네가 낫고자 하느냐 **7** 병자가 대답하되 주여 물이 움직일 때에 나를 못에 넣어 주는 사람이 없어 내가 가는 동안에 다른 사람이 먼저 내려가나이다 **8** 예수께서 이르시되 일어나 네 자리를 들고 걸어가라 하시니 **9** 그 사람이 곧 나아서 자리를 들고 걸어가니라 이 날은 안식일이니
2) 안식일 논쟁				**요 5:10-18** **10** 유대인들이 병 나은 사람에게 이르되 안식일인데 네가 자리를 들고 가는 것이 옳지 아니하니라 **11** 대답하되 나를 낫게 한 그가 자리를 들고 걸어가라 하더라 하니 **12** 그들이 묻되 너에게 자리를 들고 걸어가라 한 사람이 누구냐 하되

사건 명	마태복음	마가복음	누가복음	요한복음
				13 고침을 받은 사람은 그가 누구인지 알지 못하니 이는 거기 사람이 많으므로 예수께서 이미 피하셨음이라 14 그 후에 예수께서 성전에서 그 사람을 만나 이르시되 보라 네가 나았으니 더 심한 것이 생기지 않게 다시는 죄를 범하지 말라 하시니 15 그 사람이 유대인들에게 가서 자기를 고친 이는 예수라 하니라 16 그러므로 안식일에 이러한 일을 행하신다 하여 유대인들이 예수를 박해하게 된지라 17 예수께서 그들에게 이르시되 내 아버지께서 이제까지 일하시니 나도 일한다 하시매 18 유대인들이 이로 말미암아 더욱 예수를 죽이고자 하니 이는 안식일을 범할 뿐만 아니라 하나님을 자기의 친 아버지라 하여 자기를 하나님과 동등으로 삼으심이러라

사건 명	마태복음	마가복음	누가복음	요한복음
3) 자신과 하나님이 동등하심 선언				ⓨ 5:19–29 **아들의 권한** **19** 그러므로 예수께서 그들에게 이르시되 내가 진실로 진실로 너희에게 이르노니 아들이 아버지께서 하시는 일을 보지 않고는 아무 것도 스스로 할 수 없나니 아버지께서 행하시는 그것을 아들도 그와 같이 행하느니라 **20** 아버지께서 아들을 사랑하사 자기가 행하시는 것을 다 아들에게 보이시고 또 그보다 더 큰 일을 보이사 너희로 놀랍게 여기게 하시리라 **21** 아버지께서 죽은 자들을 일으켜 살리심 같이 아들도 자기가 원하는 자들을 살리느니라 **22** 아버지께서 아무도 심판하지 아니하시고 심판을 다 아들에게 맡기셨으니 **23** 이는 모든 사람으로 아버지를 공경하는 것 같이 아들을 공경하게 하려 하심이라 아들을 공경하지 아니하는 자는 그를 보내신 아버지도 공경하지 아니하느니라 **24** 내가 진실로 진실로 너희에게 이르노니 내 말을 듣고 또 나 보내신 이를 믿는 자는 영생을 얻었고 심판에 이르지 아니하나니 사망에서 생명으로 옮겼느니라

사건 명	마태복음	마가복음	누가복음	요한복음
				25 진실로 진실로 너희에게 이르노니 죽은 자들이 하나님의 아들의 음성을 들을 때가 오나니 곧 이 때라 듣는 자는 살아나리라 **26** 아버지께서 자기 속에 생명이 있음 같이 아들에게도 생명을 주어 그 속에 있게 하셨고 **27** 또 인자됨으로 말미암아 심판하는 권한을 주셨느니라 **28** 이를 놀랍게 여기지 말라 무덤 속에 있는 자가 다 그의 음성을 들을 때가 오나니 **29** 선한 일을 행한 자는 생명의 부활로, 악한 일을 행한 자는 심판의 부활로 나오리라
4) 하나님과 동등하심 근거 제시				**㉭ 5:30-47** **예수를 믿게 하는 증언** **30** 내가 아무 것도 스스로 할 수 없노라 듣는 대로 심판하노니 나는 나의 뜻대로 하려 하지 않고 나를 보내신 이의 뜻대로 하려 하므로 내 심판은 의로우니라 **31** 내가 만일 나를 위하여 증언하면 내 증언은 참되지 아니하되 **32** 나를 위하여 증언하시는 이가 따로 있으니 나를 위하여 증언하시는 그 증언이 참인 줄 아노라

사건 명	마태복음	마가복음	누가복음	요한복음
				33 너희가 요한에 게 사람을 보내매요 한이 진리에 대하여 증언하였느니라 34 그러나 나는 사 람에게서 증언을 취하지 아니하노라 다만 이 말을 하는 것은 너희로 구원 을 받게 하려 함이 니라 35 요한은 켜서 비 추이는 등불이라 너희가 한때 그 빛 에 즐거이 있기를 원하였거니와 36 내게는 요한의 증거보다 더 큰 증 거가 있으니 아버 지께서 내게 주사 이루게 하시는 역 사 곧 내가 하는 그 역사가 아버지께서 나를 보내신 것을 나를 위하여 증언 하는 것이요 37 또한 나를 보내 신 아버지께서 친 히 나를 위하여 증 언하셨느니라 너희 는 아무 때에도 그 음성을 듣지 못하 였고 그 형상을 보 지 못하였으며 38 그 말씀이 너희 속에 거하지 아니 하니 이는 그가 보 내신 이를 믿지 아 니함이라 39 너희가 성경에서 영생을 얻는 줄 생 각하고 성경을 연구 하거니와 이 성경이 곧 내게 대하여 증 언하는 것이니라 40 그러나 너희가 영생을 얻기 위하 여 내게 오기를 원 하지 아니하는도다

사건 명	마태복음	마가복음	누가복음	요한복음
				41 나는 사람에게서 영광을 취하지 아니하노라 42 다만 하나님을 사랑하는 것이 너희 속에 없음을 알았노라 43 나는 내 아버지의 이름으로 왔으매 너희가 영접하지 아니하나 만일 다른 사람이 자기 이름으로 오면 영접하리라 44 너희가 서로 영광을 취하고 유일하신 하나님께로부터 오는 영광은 구하지 아니하니 어찌 나를 믿을 수 있느냐 45 내가 너희를 아버지께 고발할까 생각하지 말라 너희를 고발하는 이가 있으니 곧 너희가 바라는 자 모세니라 46 모세를 믿었더라면 또 나를 믿었으리니 이는 그가 내게 대하여 기록하였음이라 47 그러나 그의 글도 믿지 아니하거든 어찌 내 말을 믿겠느냐 하시니라
13. 안식일 밀 이삭 사건	㉶ 12:1–8 **안식일에 밀 이삭을 자르다(막 2:23–28; 눅 6:1–5)** 1 그 때에 예수께서 안식일에 밀밭 사이로 가실새 제자들이 시장하여 이삭을 잘라 먹으니	㉳ 2:23–28 **안식일에 밀 이삭을 자르다(마 12:1–8; 눅 6:1–5)** 23 안식일에 예수께서 밀밭 사이로 지나가실새 그의 제자들이 길을 열며 이삭을 자르니	㉯ 6:1–5 **안식일에 밀 이삭을 자르다(마 12:1–8; 막 2:23–28)** 1 안식일에 예수께서 밀밭 사이로 지나가실새 제자들이 이삭을 잘라 손으로 비비어 먹으니 2 어떤 바리새인들이 말하되 어찌하여 안식일에 하지 못할 일을 하느냐	

사건 명	마태복음	마가복음	누가복음	요한복음
	2 바리새인들이 보고 예수께 말하되 보시오 당신의 제자들이 안식일에 하지 못할 일을 하나이다 3 예수께서 이르시되 다윗이 자기와 그 함께 한 자들이 시장할 때에 한 일을 읽지 못하였느냐 4 그가 하나님의 전에 들어가서 제사장 외에는 자기나 그 함께 한 자들이 먹어서는 안 되는 진설병을 먹지 아니하였느냐 5 또 안식일에 제사장들이 성전 안에서 안식을 범하여도 죄가 없음을 너희가 율법에서 읽지 못하였느냐 6 내가 너희에게 이르노니 성전보다 더 큰 이가 여기 있느니라 7 나는 자비를 원하고 제사를 원하지 아니하노라 하신 뜻을 너희가 알았더라면 무죄한 자를 정죄하지 아니하였으리라 8 인자는 안식일의 주인이니라 하시니라	24 바리새인들이 예수께 말하되 보시오 저들이 어찌하여 안식일에 하지 못할 일을 하나이까 25 예수께서 이르시되 다윗이 자기와 및 함께 한 자들이 먹을 것이 없어 시장할 때에 한 일을 읽지 못하였느냐 26 그가 아비아달 대제사장 때에 하나님의 전에 들어가서 제사장 외에는 먹어서는 안 되는 진설병을 먹고 함께 한 자들에게도 주지 아니하였느냐 27 또 이르시되 안식일이 사람을 위하여 있는 것이요 사람이 안식일을 위하여 있는 것이 아니니 28 이러므로 인자는 안식일에도 주인이니라	3 예수께서 대답하여 이르시되 다윗이 자기 및 자기와 함께 한 자들이 시장할 때에 한 일을 읽지 못하였느냐 4 그가 하나님의 전에 들어가서 다만 제사장 외에는 먹어서는 안 되는 진설병을 먹고 함께 한 자들에게도 주지 아니하였느냐 5 또 이르시되 인자는 안식일의 주인이니라 하시더라	
14. 안식일 손 마른 자 치유(갈릴리)	㉮ 12:9-14 **안식일에 손 마른 사람을 고치시다(막 3:1-6; 눅 6:6-11)** 9 거기에서 떠나 그들의 회당에 들어가시니	㉯ 3:1-6 **안식일에 손 마른 사람을 고치시니(마 12:9-14; 눅 6:6-11)** 1 예수께서 다시 회당에 들어가시니 한쪽 손 마른 사람이 거기 있는지라	㉰ 6:6-11 **안식일에 손 마른 사람을 고치시다(마 12:9-14; 막 3:1-6)** 6 또 다른 안식일에 예수께서 회당에 들어가사 가르치실새 거기 오른손 마른 사람이 있는지라	

사건 명	마태복음	마가복음	누가복음	요한복음
	10 한쪽 손 마른 사람이 있는지라 사람들이 예수를 고발하려 하여 물어 이르되 안식일에 병 고치는 것이 옳으니이까 11 예수께서 이르시되 너희 중에 어떤 사람이 양 한 마리가 있어 안식일에 구덩이에 빠졌으면 끌어내지 않겠느냐 12 사람이 양보다 얼마나 더 귀하냐 그러므로 안식일에 선을 행하는 것이 옳으니라 하시고 13 이에 그 사람에게 이르시되 손을 내밀라 하시니 그가 내밀매 다른 손과 같이 회복되어 성하더라 14 바리새인들이 나가서 어떻게 하여 예수를 죽일까 의논하거늘	2 사람들이 예수를 고발하려 하여 안식일에 그 사람을 고치시는가 주시하고 있거늘 3 예수께서 손 마른 사람에게 이르시되 한 가운데에 일어서라 하시고 4 그들에게 이르시되 안식일에 선을 행하는 것과 악을 행하는 것, 생명을 구하는 것과 죽이는 것, 어느 것이 옳으냐 하시니 그들이 잠잠하거늘 5 그들의 마음이 완악함을 탄식하사 노하심으로 그들을 둘러 보시고 그 사람에게 이르시되 네 손을 내밀라 하시니 내밀매 그 손이 회복되었더라 6 바리새인들이 나가서 곧 헤롯당과 함께 어떻게 하여 예수를 죽일까 의논하니라	7 서기관과 바리새인들이 예수를 고발할 증거를 찾으려 하여 안식일에 병을 고치시는가 엿보니 8 예수께서 그들의 생각을 아시고 손 마른 사람에게 이르시되 일어나 한가운데 서라 하시니 그가 일어나 서거늘 9 예수께서 그들에게 이르시되 내가 너희에게 묻노니 안식일에 선을 행하는 것과 악을 행하는 것, 생명을 구하는 것과 죽이는 것, 어느 것이 옳으냐 하시며 10 무리를 둘러보시고 그 사람에게 이르시되 네 손을 내밀라 하시니 그가 그리하매 그 손이 회복된지라 11 그들은 노기가 가득하여 예수를 어떻게 할까 하고 서로 의논하니라	
15. 갈릴리 바닷가 큰 무리 회집과 각종 병자 치유	㉮ 12:15–21 15 예수께서 아시고 거기를 떠나가시니 많은 사람이 따르는지라 예수께서 그들의 병을 다 고치시고 16 자기를 나타내지 말라 경고하셨으니 17 이는 선지자 이사야를 통하여 말씀하신 바	㉯ 3:7–12 **많은 무리가 나아오다** 7 예수께서 제자들과 함께 바다로 물러가시니 갈릴리에서 큰 무리가 따르며 8 유대와 예루살렘과 이두매와 요단강 건너편과 또 두로와 시돈 근처에서 많은 무리가 그가 하신 큰 일을 듣고 나아오는지라		

사건 명	마태복음	마가복음	누가복음	요한복음
	18 보라 내가 택한 종 곧 내 마음에 기뻐하는 바 내가 사랑하는 자로다 내가 내 영을 그에게 줄 터이니 그가 심판을 이방에 알게 하리라 19 그는 다투지도 아니하며 들레지도 아니하리니 아무도 길에서 그 소리를 듣지 못하리라 20 상한 갈대를 꺾지 아니하며 꺼져 가는 심지를 끄지 아니하기를 심판하여 이길 때까지 하리니 21 또한 이방들이 그의 이름을 바라리라 함을 이루려 하심이니라	9 예수께서 무리가 에워싸 미는 것을 피하기 위하여 작은 배를 대기하도록 제자들에게 명하셨으니 10 이는 많은 사람을 고치셨으므로 병으로 고생하는 자들이 예수를 만지고자 하여 몰려왔음이더라 11 더러운 귀신들도 어느 때든지 예수를 보면 그 앞에 엎드려 부르짖어 이르되 당신은 하나님의 아들이니이다 하니 12 예수께서 자기를 나타내지 말라고 많이 경고하시니라		
16. 예수의 12제자 임명(가버나움 부근)	(마) 10:1–4 **열두 제자를 부르시다(막 3:13–19; 눅 6:12–16)** 1 예수께서 그의 열두 제자를 부르사 더러운 귀신을 쫓아내며 모든 병과 모든 약한 것을 고치는 권능을 주시니라 **열두 제자에게 명하여 이르시다(막 6:7–13; 눅 9:1–6)** 2 열두 사도의 이름은 이러하니 베드로라 하는 시몬을 비롯하여 그의 형제 안드레와 세베대의 아들 야고보와 그의 형제 요한, 3 빌립과 바돌로매, 도마와 세리 마태, 알패오의 아들 야고보와 다대오,	(막) 3:13–19 **열두 제자를 세우시다(마 10:1–4; 눅 6:12–16)** 13 또 산에 오르사 자기가 원하는 자들을 부르시니 나아온지라 14 이에 열둘을 세우셨으니 이는 자기와 함께 있게 하시고 또 보내사 전도도 하며 15 귀신을 내쫓는 권능도 가지게 하려 하심이러라 16 이 열둘을 세우셨으니 시몬에게는 베드로란 이름을 더하셨고 17 또 세베대의 아들 야고보와 야고보의 형제 요한이니 이 둘에게는 보아너게 곧 우레의 아들이란 이름을 더하셨으며	(눅) 6:12–16 **열두 제자를 사도로 택하시다(마 10:1–4; 4:23–25; 막 3:13–19)** 12 이 때에 예수께서 기도하시러 산으로 가사 밤이 새도록 하나님께 기도하시고 13 밝으매 그 제자들을 부르사 그 중에서 열둘을 택하여 사도라 칭하셨으니 14 곧 베드로라고도 이름을 주신 시몬과 그의 동생 안드레와 야고보와 요한과 빌립과 바돌로매와 15 마태와 도마와 알패오의 아들 야고보와 셀롯이라는 시몬과	

사건 명	마태복음	마가복음	누가복음	요한복음
	4 가나나인 시몬 및 가룟 유다 곧 예수를 판 자라	18 또 안드레와 빌립과 바돌로매와 마태와 도마와 알패오의 아들 야고보와 및 다대오와 가나나인 시몬이며 19 또 가룟 유다니 이는 예수를 판 자더라	16 야고보의 아들 유다와 예수를 파는 자 될 가룟 유다라	
17. 산상수훈 1) 산상수훈 대상과 장소, 팔복(A.D. 28년/가버나움 부근 산?)	(마) 5:1–12 **복이 있는 사람(눅 6:20–23)** 1 예수께서 무리를 보시고 산에 올라가 앉으시니 제자들이 나아온지라 2 입을 열어 가르쳐 이르시되 3 심령이 가난한 자는 복이 있나니 천국이 그들의 것임이요 4 애통하는 자는 복이 있나니 그들이 위로를 받을 것임이요 5 온유한 자는 복이 있나니 그들이 땅을 기업으로 받을 것임이요 6 의에 주리고 목마른 자는 복이 있나니 그들이 배부를 것임이요 7 긍휼히 여기는 자는 복이 있나니 그들이 긍휼히 여김을 받을 것임이요 8 마음이 청결한 자는 복이 있나니 그들이 하나님을 볼 것임이요 9 화평하게 하는 자는 복이 있나니 그들이 하나님의 아들이라 일컬음을 받을 것임이요		(눅) 6:17–26 17 예수께서 그들과 함께 내려오사 평지에 서시니 그 제자의 많은 무리와 예수의 말씀도 듣고 병 고침을 받으려고 유대 사방과 예루살렘과 두로와 시돈의 해안으로부터 온 많은 백성도 있더라 18 더러운 귀신에게 고난 받는 자들도 고침을 받은지라 19 온 무리가 예수를 만지려고 힘쓰니 이는 능력이 예수께로부터 나와서 모든 사람을 낫게 함이러라 **복과 화를 선포하시다(마 5:1–12)** 20 예수께서 눈을 들어 제자들을 보시고 이르시되 너희 가난한 자는 복이 있나니 하나님의 나라가 너희 것임이요 21 지금 주린 자는 복이 있나니 너희가 배부름을 얻을 것임이요 지금 우는 자는 복이 있나니 너희가 웃을 것임이요	

사건 명	마태복음	마가복음	누가복음	요한복음
	10 의를 위하여 박해를 받은 자는 복이 있나니 천국이 그들의 것임이라 **11** 나로 말미암아 너희를 욕하고 박해하고 거짓으로 너희를 거슬러 모든 악한 말을 할 때에는 너희에게 복이 있나니 **12** 기뻐하고 즐거워하라 하늘에서 너희의 상이 큼이라 너희 전에 있던 선지자들도 이같이 박해하였느니라		**22** 인자로 말미암아 사람들이 너희를 미워하며 멀리하고 욕하고 너희 이름을 악하다 하여 버릴 때에는 너희에게 복이 있도다 **23** 그 날에 기뻐하고 뛰놀라 하늘에서 너희 상이 큼이라 그들의 조상들이 선지자들에게 이와 같이 하였느니라 **24** 그러나 화 있을진저 너희 부요한 자여 너희는 너희의 위로를 이미 받았도다 **25** 화 있을진저 너희 지금 배부른 자여 너희는 주리리로다 화 있을진저 너희 지금 웃는 자여 너희가 애통하며 울리로다 **26** 모든 사람이 너희를 칭찬하면 화가 있도다 그들의 조상들이 거짓 선지자들에게 이와 같이 하였느니라	
2) 세상의 빛과 소금이 되는 그리스도인	㉮ **5:13-16** **소금이요 빛이라(막 9:50; 눅 14:34-35)** **13** 너희는 세상의 소금이니 소금이 만일 그 맛을 잃으면 무엇으로 짜게 하리요 후에는 아무 쓸데 없어 다만 밖에 버려져 사람에게 밟힐 뿐이니라 **14** 너희는 세상의 빛이라 산 위에 있는 동네가 숨겨지지 못할 것이요			

사건 명	마태복음	마가복음	누가복음	요한복음
	15 사람이 등불을 켜서 말 아래에 두지 아니하고 등경 위에 두나니 이러므로 집 안 모든 사람에게 비치느니라 16 이같이 너희 빛이 사람 앞에 비치게 하여 그들로 너희 착한 행실을 보고 하늘에 계신 너희 아버지께 영광을 돌리게 하라			
3) 율법의 완성자 예수	㉮ **5:17-20** **예수와 율법** 17 내가 율법이나 선지자를 폐하러 온 줄로 생각하지 말라 폐하러 온 것이 아니요 완전하게 하려 함이라 18 진실로 너희에게 이르노니 천지가 없어지기 전에는 율법의 일점 일획도 결코 없어지지 아니하고 다 이루리라 19 그러므로 누구든지 이 계명 중의 지극히 작은 것 하나라도 버리고 또 그같이 사람을 가르치는 자는 천국에서 지극히 작다 일컬음을 받을 것이요 누구든지 이를 행하며 가르치는 자는 천국에서 크다 일컬음을 받으리라 20 내가 너희에게 이르노니 너희 의가 서기관과 바리새인보다 더 낫지 못하면 결코 천국에 들어가지 못하리라			

사건 명	마태복음	마가복음	누가복음	요한복음
4) 새로운 교훈들 6가지(살인, 간음, 이혼, 맹세, 복수, 이웃사랑)	㉠ 5:21-48 **노하지 말라** **21** 옛 사람에게 말한 바 살인하지 말라 누구든지 살인하면 심판을 받게 되리라 하였다는 것을 너희가 들었으나 **22** 나는 너희에게 이르노니 형제에게 노하는 자마다 심판을 받게 되고 형제를 대하여 라가라 하는 자는 공회에 잡혀가게 되고 미련한 놈이라 하는 자는 지옥 불에 들어가게 되리라 **23** 그러므로 예물을 제단에 드리려다가 거기서 네 형제에게 원망들을 만한 일이 있는 것이 생각나거든 **24** 예물을 제단 앞에 두고 먼저 가서 형제와 화목하고 그 후에 와서 예물을 드리라 **25** 너를 고발하는 자와 함께 길에 있을 때에 급히 사화하라 그 고발하는 자가 너를 재판관에게 내어 주고 재판관이 옥리에게 내어 주어 옥에 가둘까 염려하라 **26** 진실로 네게 이르노니 네가 한 푼이라도 남김이 없이 다 갚기 전에는 결코 거기서 나오지 못하리라		㉡ 6:27-30 **원수를 사랑하라** **(마 5:38-48; 7:1-5,12 상, 17-20; 12:34 하-35)** **27** 그러나 너희 듣는 자에게 내가 이르노니 너희 원수를 사랑하며 너희를 미워하는 자를 선대하며 **28** 너희를 저주하는 자를 위하여 축복하며 너희를 모욕하는 자를 위하여 기도하라 **29** 너의 이 뺨을 치는 자에게 저 뺨도 돌려대며 네 겉옷을 빼앗는 자에게 속옷도 거절하지 말라 **30** 네게 구하는 자에게 주며 네 것을 가져가는 자에게 다시 달라 하지 말며 ㉡ 6:32-36 **32** 너희가 만일 너희를 사랑하는 자만을 사랑하면 칭찬 받을 것이 무엇이냐 죄인들도 사랑하는 자는 사랑하느니라 **33** 너희가 만일 선대하는 자만을 선대하면 칭찬 받을 것이 무엇이냐 죄인들도 이렇게 하느니라 **34** 너희가 받기를 바라고 사람들에게 꾸어 주면 칭찬 받을 것이 무엇이냐 죄인들도 그만큼 받고자 하여 죄인에게 꾸어 주느니라	

사건 명	마태복음	마가복음	누가복음	요한복음
	간음하지 말라(마 19:9; 막 10:11-12; 눅 16:18) 27 또 간음하지 말라 하였다는 것을 너희가 들었으나 28 나는 너희에게 이르노니 음욕을 품고 여자를 보는 자마다 마음에 이미 간음하였느니라 29 만일 네 오른 눈이 너로 실족하게 하거든 빼어 내버리라 네 백체 중 하나가 없어지고 온 몸이 지옥에 던져지지 않는 것이 유익하며 30 또한 만일 네 오른손이 너로 실족하게 하거든 찍어 내버리라 네 백체 중 하나가 없어지고 온 몸이 지옥에 던져지지 않는 것이 유익하니라 31 또 일렀으되 누구든지 아내를 버리려거든 이혼 증서를 줄 것이라 하였으나 32 나는 너희에게 이르노니 누구든지 음행한 이유 없이 아내를 버리면 이는 그로 간음하게 함이요 또 누구든지 버림받은 여자에게 장가드는 자도 간음함이니라 **맹세하지 말라** 33 또 옛 사람에게 말한 바 헛 맹세를 하지 말고 네 맹세한 것을 주께 지키라 하였다는 것을 너희가 들었으나		35 오직 너희는 원수를 사랑하고 선대하며 아무 것도 바라지 말고 꾸어 주라 그리하면 너희 상이 클 것이요 또 지극히 높으신 이의 아들이 되리니 그는 은혜를 모르는 자와 악한 자에게도 인자하시니라 36 너희 아버지의 자비로우심 같이 너희도 자비로운 자가 되라	

사건 명	마태복음	마가복음	누가복음	요한복음
	34 나는 너희에게 이르노니 도무지 맹세하지 말지니 하늘로도 하지 말라 이는 하나님의 보좌임이요 35 땅으로도 하지 말라 이는 하나님의 발등상임이요 예루살렘으로도 하지 말라 이는 큰 임금의 성임이요 36 네 머리로도 하지 말라 이는 네가 한 터럭도 희고 검게 할 수 없음이라 37 오직 너희 말은 옳다 옳다, 아니라 아니라 하라 이에서 지나는 것은 악으로부터 나느니라 **악한 자를 대적하지 말라(눅 6:29–30)** 38 또 눈은 눈으로, 이는 이로 갚으라 하였다는 것을 너희가 들었으나 39 나는 너희에게 이르노니 악한 자를 대적하지 말라 누구든지 네 오른편 뺨을 치거든 왼편도 돌려 대며 40 또 너를 고발하여 속옷을 가지고자 하는 자에게 겉옷까지도 가지게 하며 41 또 누구든지 너로 억지로 오 리를 가게 하거든 그 사람과 십 리를 동행하고 42 네게 구하는 자에게 주며 네게 꾸고자 하는 자에게 거절하지 말라			

사건 명	마태복음	마가복음	누가복음	요한복음
	원수를 사랑하라(눅 6:27-28, 32-36) **43** 또 네 이웃을 사랑하고 네 원수를 미워하라 하였다는 것을 너희가 들었으나 **44** 나는 너희에게 이르노니 너희 원수를 사랑하며 너희를 박해하는 자를 위하여 기도하라 **45** 이같이 한즉 하늘에 계신 너희 아버지의 아들이 되리니 이는 하나님이 그 해를 악인과 선인에게 비추시며 비를 의로운 자와 불의한 자에게 내려주심이라 **46** 너희가 너희를 사랑하는 자를 사랑하면 무슨 상이 있으리요 세리도 이같이 아니하느냐 **47** 또 너희가 너희 형제에게만 문안하면 남보다 더하는 것이 무엇이냐 이방인들도 이같이 아니하느냐 **48** 그러므로 하늘에 계신 너희 아버지의 온전하심과 같이 너희도 온전하라			
5) 종교적 위선 경고 (구제, 기도, 용서, 금식)	**㉤ 6:1-18** **구제함을 은밀하게 하라** **1** 사람에게 보이려고 그들 앞에서 너희 의를 행하지 않도록 주의하라 그리하지 아니하면 하늘에 계신 너희 아버지께 상을 받지 못하느니라			

사건 명	마태복음	마가복음	누가복음	요한복음
	2 그러므로 구제할 때에 외식하는 자가 사람에게서 영광을 받으려고 회당과 거리에서 하는 것 같이 너희 앞에 나팔을 불지 말라 진실로 너희에게 이르노니 그들은 자기 상을 이미 받았느니라 3 너는 구제할 때에 오른손이 하는 것을 왼손이 모르게 하여 4 네 구제함을 은밀하게 하라 은밀한 중에 보시는 너의 아버지께서 갚으시리라 **너희는 이렇게 기도하라(눅 11:2-4)** 5 또 너희는 기도할 때에 외식하는 자와 같이 하지 말라 그들은 사람에게 보이려고 회당과 큰 거리 어귀에 서서 기도하기를 좋아하느니라 내가 진실로 너희에게 이르노니 그들은 자기 상을 이미 받았느니라 6 너는 기도할 때에 네 골방에 들어가 문을 닫고 은밀한 중에 계신 네 아버지께 기도하라 은밀한 중에 보시는 네 아버지께서 갚으시리라 7 또 기도할 때에 이방인과 같이 중언부언하지 말라 그들은 말을 많이 하여야 들으실 줄 생각하느니라			

사건 명	마태복음	마가복음	누가복음	요한복음
	8 그러므로 그들을 본받지 말라 구하기 전에 너희에게 있어야 할 것을 하나님 너희 아버지께서 아시느니라 9 그러므로 너희는 이렇게 기도하라 하늘에 계신 우리 아버지여 이름이 거룩히 여김을 받으시오며 10 나라가 임하시오며 뜻이 하늘에서 이루어진 것 같이 땅에서도 이루어지이다 11 오늘 우리에게 일용할 양식을 주시옵고 12 우리가 우리에게 죄 지은 자를 사하여 준 것 같이 우리 죄를 사하여 주시옵고 13 우리를 시험에 들게 하지 마시옵고 다만 악에서 구하시옵소서 (나라와 권세와 영광이 아버지께 영원히 있사옵나이다 아멘) 14 너희가 사람의 잘못을 용서하면 너희 하늘 아버지께서도 너희 잘못을 용서하시려니와 15 너희가 사람의 잘못을 용서하지 아니하면 너희 아버지께서도 너희 잘못을 용서하지 아니하시리라			

사건 명	마태복음	마가복음	누가복음	요한복음
	외식으로 금식하지 말라 **16** 금식할 때에 너희는 외식하는 자들과 같이 슬픈 기색을 보이지 말라 그들은 금식하는 것을 사람에게 보이려고 얼굴을 흉하게 하느니라 내가 진실로 너희에게 이르노니 그들은 자기 상을 이미 받았느니라 **17** 너는 금식할 때에 머리에 기름을 바르고 얼굴을 씻으라 **18** 이는 금식하는 자로 사람에게 보이지 않고 오직 은밀한 중에 계신 네 아버지께 보이게 하려 함이라 은밀한 중에 보시는 네 아버지께서 갚으시리라			
6) 재물 교훈	**㊊ 6:19-24** **보물을 하늘에 쌓아 두라(눅 11:34-36; 12:22-34; 16:13)** **19** 너희를 위하여 보물을 땅에 쌓아 두지 말라 거기는 좀과 동록이 해하며 도둑이 구멍을 뚫고 도둑질하느니라 **20** 오직 너희를 위하여 보물을 하늘에 쌓아 두라 거기는 좀이나 동록이 해하지 못하며 도둑이 구멍을 뚫지도 못하고 도둑질도 못하느니라 **21** 네 보물 있는 그곳에는 네 마음도 있느니라			

사건 명	마태복음	마가복음	누가복음	요한복음
	22 눈은 몸의 등불이니 그러므로 네 눈이 성하면 온 몸이 밝을 것이요 23 눈이 나쁘면 온 몸이 어두울 것이니 그러므로 네게 있는 빛이 어두우면 그 어둠이 얼마나 더하겠느냐 24 한 사람이 두 주인을 섬기지 못할 것이니 혹 이를 미워하고 저를 사랑하거나 혹 이를 중히 여기고 저를 경히 여김이라 너희가 하나님과 재물을 겸하여 섬기지 못하느니라			
7) 천국시민 생활 자세	㉮ 6:25-34 25 그러므로 내가 너희에게 이르노니 목숨을 위하여 무엇을 먹을까 무엇을 마실까 몸을 위하여 무엇을 입을까 염려하지 말라 목숨이 음식보다 중하지 아니하며 몸이 의복보다 중하지 아니하냐 26 공중의 새를 보라 심지도 않고 거두지도 않고 창고에 모아들이지도 아니하되 너희 하늘 아버지께서 기르시나니 너희는 이것들보다 귀하지 아니하냐 27 너희 중에 누가 염려함으로 그 키를 한 자라도 더할 수 있겠느냐			

사건 명	마태복음	마가복음	누가복음	요한복음
	28 또 너희가 어찌 의복을 위하여 염려하느냐 들의 백합화가 어떻게 자라는가 생각하여 보라 수고도 아니하고 길쌈도 아니하느니라 29 그러나 내가 너희에게 말하노니 솔로몬의 모든 영광으로도 입은 것이 이 꽃 하나만 같지 못하였느니라 30 오늘 있다가 내일 아궁이에 던져지는 들풀도 하나님이 이렇게 입히시거든 하물며 너희일까보냐 믿음이 작은 자들아 31 그러므로 염려하여 이르기를 무엇을 먹을까 무엇을 마실까 무엇을 입을까 하지 말라 32 이는 다 이방인들이 구하는 것이라 너희 하늘 아버지께서 이 모든 것이 너희에게 있어야 할 줄을 아시느니라 33 그런즉 너희는 먼저 그의 나라와 그의 의를 구하라 그리하면 이 모든 것을 너희에게 더하시리라 34 그러므로 내일 일을 위하여 염려하지 말라 내일 일은 내일이 염려할 것이요 한 날의 괴로움은 그 날로 족하니라			

사건 명	마태복음	마가복음	누가복음	요한복음
8) 비판 금지	㉮ 7:1-6 **비판하지 말라(눅 6:37-38, 41-42)** 1 비판을 받지 아니하려거든 비판하지 말라 2 너희가 비판하는 그 비판으로 너희가 비판을 받을 것이요 너희가 헤아리는 그 헤아림으로 너희가 헤아림을 받을 것이니라 3 어찌하여 형제의 눈 속에 있는 티는 보고 네 눈 속에 있는 들보는 깨닫지 못하느냐 4 보라 네 눈 속에 들보가 있는데 어찌하여 형제에게 말하기를 나로 네 눈 속에 있는 티를 빼게 하라 하겠느냐 5 외식하는 자여 먼저 네 눈 속에서 들보를 빼어라 그 후에야 밝히 보고 형제의 눈 속에서 티를 빼리라 6 거룩한 것을 개에게 주지 말며 너희 진주를 돼지 앞에 던지지 말라 그들이 그것을 발로 밟고 돌이켜 너희를 찢어 상하게 할까 염려하라		㉯ 6:37-42 37 비판하지 말라 그리하면 너희가 비판을 받지 않을 것이요 정죄하지 말라 그리하면 너희가 정죄를 받지 않을 것이요 용서하라 그리하면 너희가 용서를 받을 것이요 38 주라 그리하면 너희에게 줄 것이니 곧 후히 되어 누르고 흔들어 넘치도록 하여 너희에게 안겨 주리라 너희가 헤아리는 그 헤아림으로 너희도 헤아림을 도로 받을 것이니라 **네 눈 속에 있는 들보** 39 또 비유로 말씀하시되 맹인이 맹인을 인도할 수 있느냐 둘이 다 구덩이에 빠지지 아니하겠느냐 40 제자가 그 선생보다 높지 못하나 무릇 온전하게 된 자는 그 선생과 같으리라 41 어찌하여 형제의 눈 속에 있는 티는 보고 네 눈 속에 있는 들보는 깨닫지 못하느냐	

사건 명	마태복음	마가복음	누가복음	요한복음
			42 너는 네 눈 속에 있는 들보를 보지 못하면서 어찌하여 형제에게 말하기를 형제여 나로 네 눈 속에 있는 티를 빼게 하라 할 수 있느냐 외식하는 자여 먼저 네 눈 속에서 들보를 빼라 그 후에야 네가 밝히 보고 형제의 눈 속에 있는 티를 빼리라	
9) 응답받는 기도 교훈	㉮ **7:7-11** **구하라 찾으라 문을 두드리라(눅 11:9-13)** **7** 구하라 그리하면 너희에게 주실 것이요 찾으라 그리하면 찾아낼 것이요 문을 두드리라 그리하면 너희에게 열릴 것이니 **8** 구하는 이마다 받을 것이요 찾는 이는 찾아낼 것이요 두드리는 이에게는 열릴 것이니라 **9** 너희 중에 누가 아들이 떡을 달라 하는데 돌을 주며 **10** 생선을 달라 하는데 뱀을 줄 사람이 있겠느냐 **11** 너희가 악한 자라도 좋은 것으로 자식에게 줄 줄 알거든 하물며 하늘에 계신 너희 아버지께서 구하는 자에게 좋은 것으로 주시지 않겠느냐			

사건 명	마태복음	마가복음	누가복음	요한복음
10) 인간 관계 황금률	㉮ 7:12 12 그러므로 무엇이든지 남에게 대접을 받고자 하는 대로 너희도 남을 대접하라 이것이 율법이요 선지자니라		㉯ 6:31 31 남에게 대접을 받고자 하는 대로 너희도 남을 대접하라	
11) 넓은 길과 좁은 길	㉮ 7:13–14 **좁은 문(눅 13:24)** 13 좁은 문으로 들어가라 멸망으로 인도하는 문은 크고 그 길이 넓어 그리로 들어가는 자가 많고 14 생명으로 인도하는 문은 좁고 길이 협착하여 찾는 자가 적음이라			
12) 열매 맺는 신앙 교훈	㉮ 7:15–29 **열매로 그들을 알리라(눅 6:43–44, 47–49; 13:25–27)** 15 거짓 선지자들을 삼가라 양의 옷을 입고 너희에게 나아오나 속에는 노략질하는 이리라 16 그들의 열매로 그들을 알지니 가시나무에서 포도를, 또는 엉겅퀴에서 무화과를 따겠느냐 17 이와 같이 좋은 나무마다 아름다운 열매를 맺고 못된 나무가 나쁜 열매를 맺나니 18 좋은 나무가 나쁜 열매를 맺을 수 없고 못된 나무가 아름다운 열매를 맺을 수 없느니라 19 아름다운 열매를 맺지 아니하는 나무마다 찍혀 불에 던져지느니라		㉯ 6:43–49 43 못된 열매 맺는 좋은 나무가 없고 또 좋은 열매 맺는 못된 나무가 없느니라 44 나무는 각각 그 열매로 아나니 가시나무에서 무화과를, 또는 찔레에서 포도를 따지 못하느니라 45 선한 사람은 마음에 쌓은 선에서 선을 내고 악한 자는 그 쌓은 악에서 악을 내나니 이는 마음에 가득한 것을 입으로 말함이니라 **듣고 행하는 자와 행하지 아니하는 자(마 7:24–27)** 46 너희는 나를 불러 주여 주여 하면서도 어찌하여 내가 말하는 것을 행하지 아니하느냐	

사건 명	마태복음	마가복음	누가복음	요한복음
	20 이러므로 그들의 열매로 그들을 알리라 21 나더러 주여 주여 하는 자마다 다 천국에 들어갈 것이 아니요 다만 하늘에 계신 내 아버지의 뜻대로 행하는 자라야 들어가리라 22 그 날에 많은 사람이 나더러 이르되 주여 주여 우리가 주의 이름으로 선지자 노릇 하며 주의 이름으로 귀신을 쫓아 내며 주의 이름으로 많은 권능을 행하지 아니하였나이까 하리니 23 그 때에 내가 그들에게 밝히 말하되 내가 너희를 도무지 알지 못하니 불법을 행하는 자들아 내게서 떠나가라 하리라 24 그러므로 누구든지 나의 이 말을 듣고 행하는 자는 그 집을 반석 위에 지은 지혜로운 사람 같으리니 25 비가 내리고 창수가 나고 바람이 불어 그 집에 부딪치되 무너지지 아니하나니 이는 주추를 반석 위에 놓은 까닭이요 26 나의 이 말을 듣고 행하지 아니하는 자는 그 집을 모래 위에 지은 어리석은 사람 같으리니		47 내게 나아와 내 말을 듣고 행하는 자마다 누구와 같은 것을 너희에게 보이리라 48 집을 짓되 깊이 파고 주추를 반석 위에 놓은 사람과 같으니 큰 물이 나서 탁류가 그 집에 부딪치되 잘 지었기 때문에 능히 요동하지 못하게 하였거니와 49 듣고 행하지 아니하는 자는 주추 없이 흙 위에 집 지은 사람과 같으니 탁류가 부딪치매 집이 곧 무너져 파괴됨이 심하니라 하시니라	

사건 명	마태복음	마가복음	누가복음	요한복음
	27 비가 내리고 창수가 나고 바람이 불어 그 집에 부딪치매 무너져 그 무너짐이 심하니라 **무리들이 가르치심에 놀라다** 28 예수께서 이 말씀을 마치시매 무리들이 그의 가르치심에 놀라니 29 이는 그 가르치시는 것이 권위 있는 자와 같고 그들의 서기관들과 같지 아니함일러라			

6부

예수의 2차 갈릴리 사역

(A.D. 28년 봄 이후~29년 가을)

사건 명	마태복음	마가복음	누가복음	요한복음
1. 백부장 하인 치유(A.D. 28년 봄/가버나움)	㉤ 8:5-13 **백부장의 하인을 고치시다(눅 7:1-10; 요 4:43-54)** 5 예수께서 가버나움에 들어가시니 한 백부장이 나아와 간구하여 6 이르되 주여 내 하인이 중풍병으로 집에 누워 몹시 괴로워하나이다 7 이르시되 내가 가서 고쳐 주리라 8 백부장이 대답하여 이르되 주여 내 집에 들어오심을 나는 감당하지 못하겠사오니 다만 말씀으로만 하옵소서 그러면 내 하인이 낫겠사옵나이다 9 나도 남의 수하에 있는 사람이요 내 아래에도 군사가 있으니 이더러 가라 하면 가고 저더러 오라 하면 오고 내 종더러 이것을 하라 하면 하나이다 10 예수께서 들으시고 놀랍게 여겨 따르는 자들에게 이르시되 내가 진실로 너희에게 이르노니 이스라엘 중 아무에게서도 이만한 믿음을 보지 못하였노라 11 또 너희에게 이르노니 동 서로부터 많은 사람이 이르러 아브라함과 이삭과 야곱과 함께 천국에 앉으려니와 12 그 나라의 본 자손들은 바깥 어두운 데 쫓겨나 거기서 울며 이를 갈게 되리라		㉦ 7:1-10 **백부장의 종을 고치시다(마 8:5-13; 요 4:43-54)** 1 예수께서 모든 말씀을 백성에게 들려 주시기를 마치신 후에 가버나움으로 들어가시니라 2 어떤 백부장의 사랑하는 종이 병들어 죽게 되었더니 3 예수의 소문을 듣고 유대인의 장로 몇 사람을 예수께 보내어 오셔서 그 종을 구해 주시기를 청한지라 4 이에 그들이 예수께 나아와 간절히 구하여 이르되 이 일을 하시는 것이 이 사람에게는 합당하니이다 5 그가 우리 민족을 사랑하고 또한 우리를 위하여 회당을 지었나이다 하니 6 예수께서 함께 가실새 이에 그 집이 멀지 아니하여 백부장이 벗들을 보내어 이르되 주여 수고하시지 마옵소서 내 집에 들어오심을 나는 감당하지 못하겠나이다 7 그러므로 내가 주께 나아가기도 감당하지 못할 줄을 알았나이다 말씀만 하사 내 하인을 낫게 하소서	

사건 명	마태복음	마가복음	누가복음	요한복음
	13 예수께서 백부장에게 이르시되 가라 네 믿은 대로 될지어다 하시니 그 즉시 하인이 나으니라		8 나도 남의 수하에 든 사람이요 내 아래에도 병사가 있으니 이더러 가라 하면 가고 저더러 오라 하면 오고 내 종더러 이것을 하라 하면 하나이다 9 예수께서 들으시고 그를 놀랍게 여겨 돌이키사 따르는 무리에게 이르시되 내가 너희에게 이르노니 이스라엘 중에서도 이만한 믿음은 만나보지 못하였노라 하시더라 10 보내었던 사람들이 집으로 돌아가 보매 종이 이미 나아 있었더라	
2. 나인 성 과부 아들 소생(나인 성)			**(눅) 7:11–17** **과부의 아들을 살리시다** 11 그 후에 예수께서 나인이란 성으로 가실새 제자와 많은 무리가 동행하더니 12 성문에 가까이 이르실 때에 사람들이 한 죽은 자를 메고 나오니 이는 한 어머니의 독자요 그의 어머니는 과부라 그 성의 많은 사람도 그와 함께 나오거늘 13 주께서 과부를 보시고 불쌍히 여기사 울지 말라 하시고 14 가까이 가서 그 관에 손을 대시니 멘 자들이 서는지라 예수께서 이르시되 청년아 내가 네게 말하노니 일어나라 하시매	

사건 명	마태복음	마가복음	누가복음	요한복음
			15 죽었던 자가 일어나 앉고 말도 하거늘 예수께서 그를 어머니에게 주시니 16 모든 사람이 두려워하며 하나님께 영광을 돌려 이르되 큰 선지자가 우리 가운데 일어나셨다 하고 또 하나님께서 자기 백성을 돌보셨다 하더라 17 예수께 대한 이 소문이 온 유대와 사방에 두루 퍼지니라	
3. 세례 요한 질문과 답변(갈릴리 부근) 1) 세례 요한 질문과 답변	㉮ 11:2-6 **세례 요한(눅 7:18-35)** 2 요한이 옥에서 그리스도께서 하신 일을 듣고 제자들을 보내어 3 예수께 여짜오되 오실 그이가 당신이오니이까 우리가 다른 이를 기다리오리이까 4 예수께서 대답하여 이르시되 너희가 가서 듣고 보는 것을 요한에게 알리되 5 맹인이 보며 못 걷는 사람이 걸으며 나병환자가 깨끗함을 받으며 못 듣는 자가 들으며 죽은 자가 살아나며 가난한 자에게 복음이 전파된다 하라 6 누구든지 나로 말미암아 실족하지 아니하는 자는 복이 있도다 하시니라		㉯ 7:18-23 **세례 요한의 제자들에게 대답하시다(마 11:2-19)** 18 요한의 제자들이 이 모든 일을 그에게 알리니 19 요한이 그 제자 중 둘을 불러 주께 보내어 이르되 오실 그이가 당신이오니이까 우리가 다른 이를 기다리오리이까 하라 하매 20 그들이 예수께 나아가 이르되 세례 요한이 우리를 보내어 당신께 여쭈어 보라고 하기를 오실 그이가 당신이오니이까 우리가 다른 이를 기다리오리이까 하더이다 하니 21 마침 그 때에 예수께서 질병과 고통과 및 악귀 들린 자를 많이 고치시며 또 많은 맹인을 보게 하신지라	

사건 명	마태복음	마가복음	누가복음	요한복음
			22 예수께서 대답하여 이르시되 너희가 가서 보고 들은 것을 요한에게 알리되 맹인이 보며 못 걷는 사람이 걸으며 나병환자가 깨끗함을 받으며 귀먹은 사람이 들으며 죽은 자가 살아나며 가난한 자에게 복음이 전파된다 하라 **23** 누구든지 나로 말미암아 실족하지 아니하는 자는 복이 있도다 하시니라	
2) 세례 요한 평가	**(마) 11:7–15** **7** 그들이 떠나매 예수께서 무리에게 요한에 대하여 말씀하시되 너희가 무엇을 보려고 광야에 나갔더냐 바람에 흔들리는 갈대냐 **8** 그러면 너희가 무엇을 보려고 나갔더냐 부드러운 옷 입은 사람이냐 부드러운 옷을 입은 사람들은 왕궁에 있느니라 **9** 그러면 너희가 어찌하여 나갔더냐 선지자를 보기 위함이었더냐 옳다 내가 너희에게 이르노니 선지자보다 더 나은 자니라 **10** 기록된 바 보라 내가 내 사자를 네 앞에 보내노니 그가 네 길을 네 앞에 준비하리라 하신 것이 이 사람에 대한 말씀이니라		**(눅) 7:24–29** **24** 요한이 보낸 자가 떠난 후에 예수께서 무리에게 요한에 대하여 말씀하시되 너희가 무엇을 보려고 광야에 나갔더냐 바람에 흔들리는 갈대냐 **25** 그러면 너희가 무엇을 보려고 나갔더냐 부드러운 옷 입은 사람이냐 보라 화려한 옷을 입고 사치하게 지내는 자는 왕궁에 있느니라 **26** 그러면 너희가 무엇을 보려고 나갔더냐 선지자냐 옳다 내가 너희에게 이르노니 선지자보다도 훌륭한 자니라 **27** 기록된 바 보라 내가 내 사자를 네 앞에 보내노니 그가 네 앞에서 네 길을 준비하리라 한 것이 이 사람에 대한 말씀이라	

사건 명	마태복음	마가복음	누가복음	요한복음
	11 내가 진실로 너희에게 말하노니 여자가 낳은 자 중에 세례 요한보다 큰 이가 일어남이 없도다 그러나 천국에서는 극히 작은 자라도 그보다 크니라 **12** 세례 요한의 때부터 지금까지 천국은 침노를 당하나니 침노하는 자는 빼앗느니라 **13** 모든 선지자와 율법이 예언한 것은 요한까지니 **14** 만일 너희가 즐겨 받을진대 오리라 한 엘리야가 곧 이 사람이니라 **15** 귀 있는 자는 들을지어다		**28** 내가 너희에게 말하노니 여자가 낳은 자 중에 요한보다 큰 자가 없도다 그러나 하나님의 나라에서는 극히 작은 자라도 그보다 크니라 하시니 **29** 모든 백성과 세리들은 이미 요한의 세례를 받은지라 이 말씀을 듣고 하나님을 의롭다 하되	
3) 회개하지 않는 자들 경고	**(마) 11:16-24** **16** 이 세대를 무엇으로 비유할까 비유하건대 아이들이 장터에 앉아 제 동무를 불러 **17** 이르되 우리가 너희를 향하여 피리를 불어도 너희가 춤추지 않고 우리가 슬피 울어도 너희가 가슴을 치지 아니하였다 함과 같도다 **18** 요한이 와서 먹지도 않고 마시지도 아니하매 그들이 말하기를 귀신이 들렸다 하더니		**(누) 7:30-35** **30** 바리새인과 율법교사들은 그의 세례를 받지 아니함으로 그들 자신을 위한 하나님의 뜻을 저버리니라 **31** 또 이르시되 이 세대의 사람을 무엇으로 비유할까 무엇과 같은가 **32** 비유하건대 아이들이 장터에 앉아 서로 불러 이르되 우리가 너희를 향하여 피리를 불어도 너희가 춤추지 않고 우리가 곡하여도 너희가 울지 아니하였다 함과 같도다 **33** 세례 요한이 와서 떡도 먹지 아니하며 포도주도 마시지 아니하매 너희 말이 귀신이 들렸다 하더니	

사건 명	마태복음	마가복음	누가복음	요한복음
	19 인자는 와서 먹고 마시매 말하기를 보라 먹기를 탐하고 포도주를 즐기는 사람이요 세리와 죄인의 친구로다 하니 지혜는 그 행한 일로 인하여 옳다 함을 얻느니라 **회개하지 아니하는 도시들(눅 10:13-15)** 20 예수께서 권능을 가장 많이 행하신 고을들이 회개하지 아니하므로 그 때에 책망하시되 21 화 있을진저 고라신아 화 있을진저 벳새다야 너희에게 행한 모든 권능을 두로와 시돈에서 행하였더라면 그들이 벌써 베옷을 입고 재에 앉아 회개하였으리라 22 내가 너희에게 이르노니 심판 날에 두로와 시돈이 너희보다 견디기 쉬우리라 23 가버나움아 네가 하늘에까지 높아지겠느냐 음부에까지 낮아지리라 네게 행한 모든 권능을 소돔에서 행하였더라면 그 성이 오늘까지 있었으리라 24 내가 너희에게 이르노니 심판 날에 소돔 땅이 너보다 견디기 쉬우리라 하시니라		34 인자는 와서 먹고 마시매 너희 말이 보라 먹기를 탐하고 포도주를 즐기는 사람이요 세리와 죄인의 친구로다 하니 35 지혜는 자기의 모든 자녀로 인하여 옳다 함을 얻느니라	

사건 명	마태복음	마가복음	누가복음	요한복음
4) 참된 안식 초청	㉰ 11:25–30 **짐 진 자들아 내게로 오라(눅 10:21–22)** **25** 그 때에 예수께서 대답하여 이르시되 천지의 주재이신 아버지여 이것을 지혜롭고 슬기 있는 자들에게는 숨기시고 어린 아이들에게는 나타내심을 감사하나이다 **26** 옳소이다 이렇게 된 것이 아버지의 뜻이니이다 **27** 내 아버지께서 모든 것을 내게 주셨으니 아버지 외에는 아들을 아는 자가 없고 아들과 또 아들의 소원대로 계시를 받는 자 외에는 아버지를 아는 자가 없느니라 **28** 수고하고 무거운 짐 진 자들아 다 내게로 오라 내가 너희를 쉬게 하리라 **29** 나는 마음이 온유하고 겸손하니 나의 멍에를 메고 내게 배우라 그리하면 너희 마음이 쉼을 얻으리니 **30** 이는 내 멍에는 쉽고 내 짐은 가벼움이라 하시니라			
4. 바리새인 시몬 집 향유 사건(가버나움)			㊈ 7:36–50 **한 여자가 예수께 향유를 붓다** **36** 한 바리새인이 예수께 자기와 함께 잡수시기를 청하니 이에 바리새인의 집에 들어가 앉으셨을 때에	

사건 명	마태복음	마가복음	누가복음	요한복음
			37 그 동네에 죄를 지은 한 여자가 있어 예수께서 바리새인의 집에 앉아 계심을 알고 향유 담은 옥합을 가지고 와서 38 예수의 뒤로 그 발 곁에 서서 울며 눈물로 그 발을 적시고 자기 머리털로 닦고 그 발에 입맞추고 향유를 부으니 39 예수를 청한 바리새인이 그것을 보고 마음에 이르되 이 사람이 만일 선지자라면 자기를 만지는 이 여자가 누구며 어떠한 자 곧 죄인인 줄을 알았으리라 하거늘 40 예수께서 대답하여 이르시되 시몬아 내가 네게 이를 말이 있다 하시니 그가 이르되 선생님 말씀하소서 41 이르시되 빚 주는 사람에게 빚진 자가 둘이 있어 하나는 오백 데나리온을 졌고 하나는 오십 데나리온을 졌는데 42 갚을 것이 없으므로 둘 다 탕감하여 주었으니 둘 중에 누가 그를 더 사랑하겠느냐 43 시몬이 대답하여 이르되 내 생각에는 많이 탕감함을 받은 자니이다 이르시되 네 판단이 옳다 하시고	

사건 명	마태복음	마가복음	누가복음	요한복음
			44 그 여자를 돌아보시며 시몬에게 이르시되 이 여자를 보느냐 내가 네 집에 들어올 때 너는 내게 발 씻을 물도 주지 아니하였으되 이 여자는 눈물로 내 발을 적시고 그 머리털로 닦았으며 45 너는 내게 입맞추지 아니하였으되 그는 내가 들어올 때로부터 내 발에 입맞추기를 그치지 아니하였으며 46 너는 내 머리에 감람유도 붓지 아니하였으되 그는 향유를 내 발에 부었느니라 47 이러므로 내가 네게 말하노니 그의 많은 죄가 사하여졌도다 이는 그의 사랑함이 많음이라 사함을 받은 일이 적은 자는 적게 사랑하느니라 48 이에 여자에게 이르시되 네 죄 사함을 받았느니라 하시니 49 함께 앉아 있는 자들이 속으로 말하되 이가 누구이기에 죄도 사하는가 하더라 50 예수께서 여자에게 이르시되 네 믿음이 너를 구원하였으니 평안히 가라 하시니라	

사건 명	마태복음	마가복음	누가복음	요한복음
5. 2차 갈릴리 순회 전도(갈릴리)			(눅) 8:1-3 **여자들이 예수의 활동을 돕다** 1 그 후에 예수께서 각 성과 마을에 두루 다니시며 하나님의 나라를 선포하시며 그 복음을 전하실새 열두 제자가 함께 하였고 2 또한 악귀를 쫓아내심과 병 고침을 받은 어떤 여자들 곧 일곱 귀신이 나간 자 막달라인이라 하는 마리아와 3 헤롯의 청지기 구사의 아내 요안나와 수산나와 다른 여러 여자가 함께 하여 자기들의 소유로 그들을 섬기더라	
6. 바리새인 논쟁과 책망(가버나움) 1) 바알세불 논쟁	(마) 12:22-37 **예수와 바알세불 (막 3:20-30; 눅 6:43-45; 11:14-23; 12:10)** 22 그 때에 귀신 들려 눈 멀고 말 못하는 사람을 데리고 왔거늘 예수께서 고쳐 주시매 그 말 못하는 사람이 말하며 보게 된지라 23 무리가 다 놀라 이르되 이는 다윗의 자손이 아니냐 하니 24 바리새인들은 듣고 이르되 이가 귀신의 왕 바알세불을 힘입지 않고는 귀신을 쫓아내지 못하느니라 하거늘	(막) 3:20-30 **예수와 바알세불 (마 12:22-32; 눅 11:14-23; 12:10)** 20 집에 들어가시니 무리가 다시 모이므로 식사할 겨를도 없는지라 21 예수의 친족들이 듣고 그를 붙들러 나오니 이는 그가 미쳤다 함일러라 22 예루살렘에서 내려온 서기관들은 그가 바알세불이 지폈다 하며 또 귀신의 왕을 힘입어 귀신을 쫓아낸다 하니 23 예수께서 그들을 불러다가 비유로 말씀하시되 사탄이 어찌 사탄을 쫓아낼 수 있느냐		

사건 명	마태복음	마가복음	누가복음	요한복음
	25 예수께서 그들의 생각을 아시고 이르시되 스스로 분쟁하는 나라마다 황폐하여질 것이요 스스로 분쟁하는 동네나 집마다 서지 못하리라 26 만일 사탄이 사탄을 쫓아내면 스스로 분쟁하는 것이니 그리하고야 어떻게 그의 나라가 서겠느냐 27 또 내가 바알세불을 힘입어 귀신을 쫓아내면 너희의 아들들은 누구를 힘입어 쫓아내느냐 그러므로 그들이 너희의 재판관이 되리라 28 그러나 내가 하나님의 성령을 힘입어 귀신을 쫓아내는 것이면 하나님의 나라가 이미 너희에게 임하였느니라 29 사람이 먼저 강한 자를 결박하지 않고서야 어떻게 그 강한 자의 집에 들어가 그 세간을 강탈하겠느냐 결박한 후에야 그 집을 강탈하리라 30 나와 함께 아니하는 자는 나를 반대하는 자요 나와 함께 모으지 아니하는 자는 헤치는 자니라 31 그러므로 내가 너희에게 이르노니 사람에 대한 모든 죄와 모독은 사하심을 얻되 성령을 모독하는 것은 사하심을 얻지 못하겠고	24 또 만일 나라가 스스로 분쟁하면 그 나라가 설 수 없고 25 만일 집이 스스로 분쟁하면 그 집이 설 수 없고 26 만일 사탄이 자기를 거슬러 일어나 분쟁하면 설 수 없고 망하느니라 27 사람이 먼저 강한 자를 결박하지 않고는 그 강한 자의 집에 들어가 세간을 강탈하지 못하리니 결박한 후에야 그 집을 강탈하리라 28 내가 진실로 너희에게 이르노니 사람의 모든 죄와 모든 모독하는 일은 사하심을 얻되 29 누구든지 성령을 모독하는 자는 영원히 사하심을 얻지 못하고 영원한 죄가 되느니라 하시니 30 이는 그들이 말하기를 더러운 귀신이 들렸다 함이러라		

사건 명	마태복음	마가복음	누가복음	요한복음
	32 또 누구든지 말로 인자를 거역하면 사하심을 얻되 누구든지 말로 성령을 거역하면 이 세상과 오는 세상에서도 사하심을 얻지 못하리라 **33** 나무도 좋고 열매도 좋다 하든지 나무도 좋지 않고 열매도 좋지 않다 하든지 하라 그 열매로 나무를 아느니라 **34** 독사의 자식들아 너희는 악하니 어떻게 선한 말을 할 수 있느냐 이는 마음에 가득한 것을 입으로 말함이라 **35** 선한 사람은 그 쌓은 선에서 선한 것을 내고 악한 사람은 그 쌓은 악에서 악한 것을 내느니라 **36** 내가 너희에게 이르노니 사람이 무슨 무익한 말을 하든지 심판 날에 이에 대하여 심문을 받으리니 **37** 네 말로 의롭다 함을 받고 네 말로 정죄함을 받으리라			
2) 또 다른 표적 요구	**(마) 12:38–45** **악한 세대가 표적을 구하나(막 8:11–12; 눅 11:24–26, 29–32)** **38** 그 때에 서기관과 바리새인 중 몇 사람이 말하되 선생님이여 우리에게 표적 보여주시기를 원하나이다			

사건 명	마태복음	마가복음	누가복음	요한복음
	39 예수께서 대답하여 이르시되 악하고 음란한 세대가 표적을 구하나 선지자 요나의 표적 밖에는 보일 표적이 없느니라 40 요나가 밤낮 사흘 동안 큰 물고기 뱃속에 있었던 것 같이 인자도 밤낮 사흘 동안 땅 속에 있으리라 41 심판 때에 니느웨 사람들이 일어나 이 세대 사람을 정죄하리니 이는 그들이 요나의 전도를 듣고 회개하였음이거니와 요나보다 더 큰 이가 여기 있으며 42 심판 때에 남방 여왕이 일어나 이 세대 사람을 정죄하리니 이는 그가 솔로몬의 지혜로운 말을 들으려고 땅 끝에서 왔음이거니와 솔로몬보다 더 큰 이가 여기 있느니라 43 더러운 귀신이 사람에게서 나갔을 때에 물 없는 곳으로 다니며 쉬기를 구하되 쉴 곳을 얻지 못하고 44 이에 이르되 내가 나온 내 집으로 돌아가리라 하고 와 보니 그 집이 비고 청소되고 수리되었거늘			

사건 명	마태복음	마가복음	누가복음	요한복음
	45 이에 가서 저보다 더 악한 귀신 일곱을 데리고 들어가서 거하니 그 사람의 나중 형편이 전보다 더욱 심하게 되느니라 이 악한 세대가 또한 이렇게 되리라			
7. 모친과 동생들 방문	㉤ 12:46–50 **예수의 어머니와 형제 자매(막 3:31–35; 눅 8:19–21)** 46 예수께서 무리에게 말씀하실 때에 그의 어머니와 동생들이 예수께 말하려고 밖에 섰더니 47 한 사람이 예수께 여짜오되 보소서 당신의 어머니와 동생들이 당신께 말하려고 밖에 서 있나이다 하니 48 말하던 사람에게 대답하여 이르시되 누가 내 어머니이며 내 동생들이냐 하시고 49 손을 내밀어 제자들을 가리켜 이르시되 나의 어머니와 나의 동생들을 보라 50 누구든지 하늘에 계신 내 아버지의 뜻대로 하는 자가 내 형제요 자매요 어머니이니라 하시더라	㉥ 3:31–35 **예수의 어머니와 형제 자매(마 12:46–50; 눅 8:19–21)** 31 그 때에 예수의 어머니와 동생들이 와서 밖에 서서 사람을 보내어 예수를 부르니 32 무리가 예수를 둘러 앉았다가 여짜오되 보소서 당신의 어머니와 동생들과 누이들이 밖에서 찾나이다 33 대답하시되 누가 내 어머니이며 동생들이냐 하시고 34 둘러 앉은 자들을 보시며 이르시되 내 어머니와 내 동생들을 보라 35 누구든지 하나님의 뜻대로 행하는 자가 내 형제요 자매요 어머니이니라	㉦ 8:19–21 **예수의 어머니와 동생들(마 12:46–50; 막 3:31–35)** 19 예수의 어머니와 그 동생들이 왔으나 무리로 인하여 가까이 하지 못하니 20 어떤 이가 알리되 당신의 어머니와 동생들이 당신을 보려고 밖에 서 있나이다 21 예수께서 대답하여 이르시되 내 어머니와 내 동생들은 곧 하나님의 말씀을 듣고 행하는 이 사람들이라 하시니라	

사건 명	마태복음	마가복음	누가복음	요한복음
8. 9가지 비유 교훈(갈릴리) 1) 씨뿌리는 자 비유	(마) 13:1–23 **네 가지 땅에 떨어진 씨 비유(막 4:1–9; 눅 8:4–8)** 1 그 날 예수께서 집에서 나가사 바닷가에 앉으시매 2 큰 무리가 그에게로 모여 들거늘 예수께서 배에 올라가 앉으시고 온 무리는 해변에 서 있더니 3 예수께서 비유로 여러 가지를 그들에게 말씀하여 이르시되 씨를 뿌리는 자가 뿌리러 나가서 4 뿌릴새 더러는 길 가에 떨어지매 새들이 와서 먹어버렸고 5 더러는 흙이 얕은 돌밭에 떨어지매 흙이 깊지 아니하므로 곧 싹이 나오나 6 해가 돋은 후에 타서 뿌리가 없으므로 말랐고 7 더러는 가시떨기 위에 떨어지매 가시가 자라서 기운을 막았고 8 더러는 좋은 땅에 떨어지매 어떤 것은 백 배, 어떤 것은 육십 배, 어떤 것은 삼십 배의 결실을 하였느니라 9 귀 있는 자는 들으라 하시니라	(막) 4:1–25 **네 가지 땅에 떨어진 씨 비유(마 13:1–9; 눅 8:4–8)** 1 예수께서 다시 바닷가에서 가르치시니 큰 무리가 모여 들거늘 예수께서 바다에 떠 있는 배에 올라 앉으시고 온 무리는 바닷가 육지에 있더라 2 이에 예수께서 여러 가지를 비유로 가르치시니 그 가르치시는 중에 그들에게 이르시되 3 들으라 씨를 뿌리는 자가 뿌리러 나가서 4 뿌릴새 더러는 길 가에 떨어지매 새들이 와서 먹어버렸고 5 더러는 흙이 얕은 돌밭에 떨어지매 흙이 깊지 아니하므로 곧 싹이 나오나 6 해가 돋은 후에 타서 뿌리가 없으므로 말랐고 7 더러는 가시떨기에 떨어지매 가시가 자라 기운을 막으므로 결실하지 못하였고 8 더러는 좋은 땅에 떨어지매 자라 무성하여 결실하였으니 삼십 배나 육십 배나 백 배가 되었느니라 하시고 9 또 이르시되 들을 귀 있는 자는 들으라 하시니라	(눅) 8:4–18 **네 가지 땅에 떨어진 씨 비유(마 13:1–9; 막 4:1–9)** 4 각 동네 사람들이 예수께로 나아와 큰 무리를 이루니 예수께서 비유로 말씀하시되 5 씨를 뿌리는 자가 그 씨를 뿌리러 나가서 뿌릴새 더러는 길 가에 떨어지매 밟히며 공중의 새들이 먹어버렸고 6 더러는 바위 위에 떨어지매 싹이 났다가 습기가 없으므로 말랐고 7 더러는 가시떨기 속에 떨어지매 가시가 함께 자라서 기운을 막았고 8 더러는 좋은 땅에 떨어지매 나서 백 배의 결실을 하였느니라 이 말씀을 하시고 외치시되 들을 귀 있는 자는 들을지어다 **비유를 설명하시다(마 13:10–23; 막 4:13–20)** 9 제자들이 이 비유의 뜻을 물으니 10 이르시되 하나님 나라의 비밀을 아는 것이 너희에게는 허락되었으나 다른 사람에게는 비유로 하나니 이는 그들로 보아도 보지 못하고 들어도 깨닫지 못하게 하려 함이라 11 이 비유는 이러하니라 씨는 하나님의 말씀이요	

사건 명	마태복음	마가복음	누가복음	요한복음
	비유를 설명하시다(막 4:10-20; 눅 8:9-15) 10 제자들이 예수께 나아와 이르되 어찌하여 그들에게 비유로 말씀하시나이까 11 대답하여 이르시되 천국의 비밀을 아는 것이 너희에게는 허락되었으나 그들에게는 아니되었나니 12 무릇 있는 자는 받아 넉넉하게 되되 없는 자는 그 있는 것도 빼앗기리라 13 그러므로 내가 그들에게 비유로 말하는 것은 그들이 보아도 보지 못하며 들어도 듣지 못하며 깨닫지 못함이니라 14 이사야의 예언이 그들에게 이루어졌으니 일렀으되 너희가 듣기는 들어도 깨닫지 못할 것이요 보기는 보아도 알지 못하리라 15 이 백성들의 마음이 완악하여져서 그 귀는 듣기에 둔하고 눈은 감았으니 이는 눈으로 보고 귀로 듣고 마음으로 깨달아 돌이켜 내게 고침을 받을까 두려워함이라 하였느니라 16 그러나 너희 눈은 봄으로, 너희 귀는 들음으로 복이 있도다	**비유를 설명하시다(마 13:10-23; 눅 8:9-15)** 10 예수께서 홀로 계실 때에 함께 한 사람들이 열두 제자와 더불어 그 비유들에 대하여 물으니 11 이르시되 하나님 나라의 비밀을 너희에게는 주었으나 외인에게는 모든 것을 비유로 하나니 12 이는 그들로 보기는 보아도 알지 못하며 듣기는 들어도 깨닫지 못하게 하여 돌이켜 죄 사함을 얻지 못하게 하려 함이라 하시고 13 또 이르시되 너희가 이 비유를 알지 못할진대 어떻게 모든 비유를 알겠느냐 14 뿌리는 자는 말씀을 뿌리는 것이라 15 말씀이 길 가에 뿌려졌다는 것은 이들을 가리킴이니 곧 말씀을 들었을 때에 사탄이 즉시 와서 그들에게 뿌려진 말씀을 빼앗는 것이요 16 또 이와 같이 돌밭에 뿌려졌다는 것은 이들을 가리킴이니 곧 말씀을 들을 때에 즉시 기쁨으로 받으나	12 길 가에 있다는 것은 말씀을 들은 자니 이에 마귀가 가서 그들이 믿어 구원을 얻지 못하게 하려고 말씀을 그 마음에서 빼앗는 것이요 13 바위 위에 있다는 것은 말씀을 들을 때에 기쁨으로 받으나 뿌리가 없어 잠깐 믿다가 시련을 당할 때에 배반하는 자요 14 가시떨기에 떨어졌다는 것은 말씀을 들은 자이나 지내는 중 이생의 염려와 재물과 향락에 기운이 막혀 온전히 결실하지 못하는 자요 15 좋은 땅에 있다는 것은 착하고 좋은 마음으로 말씀을 듣고 지키어 인내로 결실하는 자니라 **등불은 등경 위에(막 4:21-25)** 16 누구든지 등불을 켜서 그릇으로 덮거나 평상 아래에 두지 아니하고 등경 위에 두나니 이는 들어가는 자들로 그 빛을 보게 하려 함이라 17 숨은 것이 장차 드러나지 아니할 것이 없고 감추인 것이 장차 알려지고 나타나지 않을 것이 없느니라	

사건 명	마태복음	마가복음	누가복음	요한복음
	17 내가 진실로 너희에게 이르노니 많은 선지자와 의인이 너희가 보는 것들을 보고자 하여도 보지 못하였고 너희가 듣는 것들을 듣고자 하여도 듣지 못하였느니라 18 그런즉 씨 뿌리는 비유를 들으라 19 아무나 천국 말씀을 듣고 깨닫지 못할 때는 악한 자가 와서 그 마음에 뿌려진 것을 빼앗나니 이는 곧 길 가에 뿌려진 자요 20 돌밭에 뿌려졌다는 것은 말씀을 듣고 즉시 기쁨으로 받되 21 그 속에 뿌리가 없어 잠시 견디다가 말씀으로 말미암아 환난이나 박해가 일어날 때에는 곧 넘어지는 자요 22 가시떨기에 뿌려졌다는 것은 말씀을 들으나 세상의 염려와 재물의 유혹에 말씀이 막혀 결실하지 못하는 자요 23 좋은 땅에 뿌려졌다는 것은 말씀을 듣고 깨닫는 자니 결실하여 어떤 것은 백 배, 어떤 것은 육십 배, 어떤 것은 삼십 배가 되느니라 하시더라	17 그 속에 뿌리가 없어 잠깐 견디다가 말씀으로 인하여 환난이나 박해가 일어나는 때에는 곧 넘어지는 자요 18 또 어떤 이는 가시떨기에 뿌려진 자니 이들은 말씀을 듣기는 하되 19 세상의 염려와 재물의 유혹과 기타 욕심이 들어와 말씀을 막아 결실하지 못하게 되는 자요 20 좋은 땅에 뿌려졌다는 것은 곧 말씀을 듣고 받아 삼십 배나 육십 배나 백 배의 결실을 하는 자니라 **등불은 등경 위에 (눅 8:16-18)** 21 또 그들에게 이르시되 사람이 등불을 가져오는 것은 말 아래에나 평상 아래에 두려 함이냐 등경 위에 두려 함이 아니냐 22 드러내려 하지 않고는 숨긴 것이 없고 나타내려 하지 않고는 감추인 것이 없느니라 23 들을 귀 있는 자는 들으라 24 또 이르시되 너희가 무엇을 듣는가 스스로 삼가라 너희의 헤아리는 그 헤아림으로 너희가 헤아림을 받을 것이며 더 받으리니 25 있는 자는 받을 것이요 없는 자는 그 있는 것까지도 빼앗기리라	18 그러므로 너희가 어떻게 들을까 스스로 삼가라 누구든지 있는 자는 받겠고 없는 자는 그 있는 줄로 아는 것까지도 빼앗기리라 하시니라	

사건 명	마태복음	마가복음	누가복음	요한복음
2) 스스로 자라는 씨 비유		ⓜ막 4:26-29 **자라나는 씨 비유 (마 13:31-32; 눅 13:18-19)** **26** 또 이르시되 하나님의 나라는 사람이 씨를 땅에 뿌림과 같으니 **27** 그가 밤낮 자고 깨고 하는 중에 씨가 나서 자라되 어떻게 그리 되는지를 알지 못하느니라 **28** 땅이 스스로 열매를 맺되 처음에는 싹이요 다음에는 이삭이요 그 다음에는 이삭에 충실한 곡식이라 **29** 열매가 익으면 곧 낫을 대나니 이는 추수 때가 이르렀음이라		
3) 곡식과 가라지 비유	ⓜ마 13:24-30 **24** 예수께서 그들 앞에 또 비유를 들어 이르시되 천국은 좋은 씨를 제 밭에 뿌린 사람과 같으니 **25** 사람들이 잘 때에 그 원수가 와서 곡식 가운데 가라지를 덧뿌리고 갔더니 **26** 싹이 나고 결실할 때에 가라지도 보이거늘 **27** 집 주인의 종들이 와서 말하되 주여 밭에 좋은 씨를 뿌리지 아니하였나이까 그런데 가라지가 어디서 생겼나이까			

사건 명	마태복음	마가복음	누가복음	요한복음
	28 주인이 이르되 원수가 이렇게 하였구나 종들이 말하되 그러면 우리가 가서 이것을 뽑기를 원하시나이까 29 주인이 이르되 가만 두라 가라지를 뽑다가 곡식까지 뽑을까 염려하노라 30 둘 다 추수 때까지 함께 자라게 두라 추수 때에 내가 추수꾼들에게 말하기를 가라지는 먼저 거두어 불사르게 단으로 묶고 곡식은 모아 내 곳간에 넣으라 하리라 ㉮ 13:34-43 **비유로 말씀하신 까닭(막 4:33-34)** 34 예수께서 이 모든 것을 무리에게 비유로 말씀하시고 비유가 아니면 아무 것도 말씀하지 아니하셨으니 35 이는 선지자를 통하여 말씀하신 바 내가 입을 열어 비유로 말하고 창세부터 감추인 것들을 드러내리라 함을 이루려 하심이라 **가라지 비유를 설명하시다** 36 이에 예수께서 무리를 떠나사 집에 들어가시니 제자들이 나아와 이르되 밭의 가라지의 비유를 우리에게 설명하여 주소서			

사건 명	마태복음	마가복음	누가복음	요한복음
	37 대답하여 이르시되 좋은 씨를 뿌리는 이는 인자요 **38** 밭은 세상이요 좋은 씨는 천국의 아들들이요 가라지는 악한 자의 아들들이요 **39** 가라지를 뿌린 원수는 마귀요 추수 때는 세상 끝이요 추수꾼은 천사들이니 **40** 그런즉 가라지를 거두어 불에 사르는 것 같이 세상 끝에도 그러하리라 **41** 인자가 그 천사들을 보내리니 그들이 그 나라에서 모든 넘어지게 하는 것과 또 불법을 행하는 자들을 거두어 내어 **42** 풀무 불에 던져 넣으리니 거기서 울며 이를 갈게 되리라 **43** 그 때에 의인들은 자기 아버지 나라에서 해와 같이 빛나리라 귀 있는 자는 들으라			
4)5) 겨자씨, 누룩 비유	**㉲ 13:31-33** **겨자씨와 누룩 비유(막 4:30-32; 눅 13:18-21)** **31** 또 비유를 들어 이르시되 천국은 마치 사람이 자기 밭에 갖다 심은 겨자씨 한 알 같으니 **32** 이는 모든 씨보다 작은 것이로되 자란 후에는 풀보다 커서 나무가 되매 공중의 새들이 와서 그 가지에 깃들이느니라	**㉳ 4:30-34** **겨자씨 비유(마 13:31-32; 눅 13:18-19)** **30** 또 이르시되 우리가 하나님의 나라를 어떻게 비교하며 또 무슨 비유로 나타낼까 **31** 겨자씨 한 알과 같으니 땅에 심길 때에는 땅 위의 모든 씨보다 작은 것이로되		

사건 명	마태복음	마가복음	누가복음	요한복음
	33 또 비유로 말씀하시되 천국은 마치 여자가 가루 서 말 속에 갖다 넣어 전부 부풀게 한 누룩과 같으니라	32 심긴 후에는 자라서 모든 풀보다 커지며 큰 가지를 내나니 공중의 새들이 그 그늘에 깃들일 만큼 되느니라 **비유로 가르치시다 (마 13:34–35)** 33 예수께서 이러한 많은 비유로 그들이 알아 들을 수 있는 대로 말씀을 가르치시되 34 비유가 아니면 말씀하지 아니하시고 다만 혼자 계실 때에 그 제자들에게 모든 것을 해석하시더라		
6)7) 감추인 보화, 값진 진주 비유	㉮ 13:44–46 **세 가지 비유** 44 천국은 마치 밭에 감추인 보화와 같으니 사람이 이를 발견한 후 숨겨 두고 기뻐하며 돌아가서 자기의 소유를 다 팔아 그 밭을 사느니라 45 또 천국은 마치 좋은 진주를 구하는 장사와 같으니 46 극히 값진 진주 하나를 발견하매 가서 자기의 소유를 다 팔아 그 진주를 사느니라			
8) 그물 비유	㉮ 13:47–50 47 또 천국은 마치 바다에 치고 각종 물고기를 모는 그물과 같으니 48 그물에 가득하매 물 가로 끌어 내고 앉아서 좋은 것은 그릇에 담고 못된 것은 내버리느니라			

사건 명	마태복음	마가복음	누가복음	요한복음
	49 세상 끝에도 이러하리라 천사들이 와서 의인 중에서 악인을 갈라 내어 50 풀무 불에 던져 넣으리니 거기서 울며 이를 갈리라			
9) 집주인 비유	㉮ 13:51–52 **새 것과 옛 것** 51 이 모든 것을 깨달았느냐 하시니 대답하되 그러하오이다 52 예수께서 이르시되 그러므로 천국의 제자된 서기관마다 마치 새것과 옛것을 그 곳간에서 내오는 집주인과 같으니라			
9. 바다 잠잠케 하심	㉮ 8:18 18 예수께서 무리가 자기를 에워싸는 것을 보시고 건너편으로 가기를 명하시니라 ㉮ 8:23–27 **바람과 바다를 잔잔하게 하시다(막 4:35–41; 눅 8:22–25)** 23 배에 오르시매 제자들이 따랐더니 24 바다에 큰 놀이 일어나 배가 물결에 덮이게 되었으되 예수께서는 주무시는지라 25 그 제자들이 나아와 깨우며 이르되 주여 구원하소서 우리가 죽겠나이다	㉯ 4:35–41 **바람과 바다를 잔잔하게 하시다(마 8:23–27; 눅 8:22–25)** 35 그 날 저물 때에 제자들에게 이르시되 우리가 저편으로 건너가자 하시니 36 그들이 무리를 떠나 예수를 배에 계신 그대로 모시고 가매 다른 배들도 함께 하더니 37 큰 광풍이 일어나며 물결이 배에 부딪쳐 들어와 배에 가득하게 되었더라 38 예수께서는 고물에서 베개를 베고 주무시더니 제자들이 깨우며 이르되 선생님이여 우리가 죽게 된 것을 돌보지 아니하시나이까 하니	㉰ 8:22–25 **바람과 물결을 잔잔하게 하시다(마 8:23–27; 막 4:35–41)** 22 하루는 제자들과 함께 배에 오르사 그들에게 이르시되 호수 저편으로 건너가자 하시매 이에 떠나 23 행선할 때에 예수께서 잠이 드셨더니 마침 광풍이 호수로 내리치매 배에 물이 가득하게 되어 위태한지라 24 제자들이 나아와 깨워 이르되 주여 주여 우리가 죽겠나이다 한대 예수께서 잠을 깨사 바람과 물결을 꾸짖으시니 이에 그쳐 잔잔하여지더라	

사건 명	마태복음	마가복음	누가복음	요한복음
	26 예수께서 이르시되 어찌하여 무서워하느냐 믿음이 작은 자들아 하시고 곧 일어나사 바람과 바다를 꾸짖으시니 아주 잔잔하게 되거늘 27 그 사람들이 놀랍게 여겨 이르되 이이가 어떠한 사람이기에 바람과 바다도 순종하는가 하더라	39 예수께서 깨어 바람을 꾸짖으시며 바다더러 이르시되 잠잠하라 고요하라 하시니 바람이 그치고 아주 잔잔하여지더라 40 이에 제자들에게 이르시되 어찌하여 이렇게 무서워하느냐 너희가 어찌 믿음이 없느냐 하시니 41 그들이 심히 두려워하여 서로 말하되 그가 누구이기에 바람과 바다도 순종하는가 하였더라	25 제자들에게 이르시되 너희 믿음이 어디 있느냐 하시니 그들이 두려워하고 놀랍게 여겨 서로 말하되 그가 누구이기에 바람과 물을 명하매 순종하는가 하더라	
10. 거라사 축귀(逐鬼) 사건	㉮ 8:28-34 **귀신 들린 두 사람을 고치시다(막 5:1-20; 눅 8:26-39)** 28 또 예수께서 건너편 가다라 지방에 가시매 귀신 들린 자 둘이 무덤 사이에서 나와 예수를 만나니 그들은 몹시 사나워 아무도 그 길로 지나갈 수 없을 지경이더라 29 이에 그들이 소리 질러 이르되 하나님의 아들이여 우리가 당신과 무슨 상관이 있나이까 때가 이르기 전에 우리를 괴롭게 하려고 여기 오셨나이까 하더니 30 마침 멀리서 많은 돼지 떼가 먹고 있는지라	㉯ 5:1-20 **귀신 들린 사람을 고치시다(마 8:28-34; 눅 8:26-39)** 1 예수께서 바다 건너편 거라사인의 지방에 이르러 2 배에서 나오시매 곧 더러운 귀신 들린 사람이 무덤 사이에서 나와 예수를 만나니라 3 그 사람은 무덤 사이에 거처하는데 이제는 아무도 그를 쇠사슬로도 맬 수 없게 되었으니 4 이는 여러 번 고랑과 쇠사슬에 매였어도 쇠사슬을 끊고 고랑을 깨뜨렸음이러라 그리하여 아무도 그를 제어할 힘이 없는지라 5 밤낮 무덤 사이에서나 산에서나 늘 소리 지르며 돌로 자기의 몸을 해치고 있었더라	㉰ 8:26-39 **귀신 들린 사람을 고치시다(마 8:28-34; 막 5:1-20)** 26 그들이 갈릴리 맞은편 거라사인의 땅에 이르러 27 예수께서 육지에 내리시매 그 도시 사람으로서 귀신 들린 자 하나가 예수를 만나니 그 사람은 오래 옷을 입지 아니하며 집에 거하지도 아니하고 무덤 사이에 거하는 자라 28 예수를 보고 부르짖으며 그 앞에 엎드려 큰 소리로 불러 이르되 지극히 높으신 하나님의 아들 예수여 당신이 나와 무슨 상관이 있나이까 당신께 구하노니 나를 괴롭게 하지 마옵소서 하니	

사건 명	마태복음	마가복음	누가복음	요한복음
	31 귀신들이 예수께 간구하여 이르되 만일 우리를 쫓아 내시려면 돼지 떼에 들여 보내 주소서 하니 32 그들에게 가라 하시니 귀신들이 나와서 돼지에게로 들어가는지라 온 떼가 비탈로 내리달아 바다에 들어가서 물에서 몰사하거늘 33 치던 자들이 달아나 시내에 들어가 이 모든 일과 귀신 들린 자의 일을 고하니 34 온 시내가 예수를 만나려고 나가서 보고 그 지방에서 떠나시기를 간구하더라	6 그가 멀리서 예수를 보고 달려와 절하며 7 큰 소리로 부르짖어 이르되 지극히 높으신 하나님의 아들 예수여 나와 당신이 무슨 상관이 있나이까 원하건대 하나님 앞에 맹세하고 나를 괴롭히지 마옵소서 하니 8 이는 예수께서 이미 그에게 이르시기를 더러운 귀신아 그 사람에게서 나오라 하셨음이라 9 이에 물으시되 네 이름이 무엇이냐 이르되 내 이름은 군대니 우리가 많음이니이다 하고 10 자기를 그 지방에서 내보내지 마시기를 간구하더니 11 마침 거기 돼지의 큰 떼가 산 곁에서 먹고 있는지라 12 이에 간구하여 이르되 우리를 돼지에게로 보내어 들어가게 하소서 하니 13 허락하신대 더러운 귀신들이 나와서 돼지에게로 들어가매 거의 이천 마리 되는 떼가 바다를 향하여 비탈로 내리달아 바다에서 몰사하거늘 14 치던 자들이 도망하여 읍내와 여러 마을에 말하니 사람들이 어떻게 되었는지를 보러 와서	29 이는 예수께서 이미 더러운 귀신을 명하사 그 사람에게서 나오라 하셨음이라 (귀신이 가끔 그 사람을 붙잡으므로 그를 쇠사슬과 고랑에 매어 지켰으되 그 맨 것을 끊고 귀신에게 몰려 광야로 나갔더라) 30 예수께서 네 이름이 무엇이냐 물으신즉 이르되 군대라 하니 이는 많은 귀신이 들렸음이라 31 무저갱으로 들어가라 하지 마시기를 간구하더니 32 마침 그 곳에 많은 돼지 떼가 산에서 먹고 있는지라 귀신들이 그 돼지에게로 들어가게 허락하심을 간구하니 이에 허락하시니 33 귀신들이 그 사람에게서 나와 돼지에게로 들어가니 그 떼가 비탈로 내리달아 호수에 들어가 몰사하거늘 34 치던 자들이 그 이루어진 일을 보고 도망하여 성내와 마을에 알리니 35 사람들이 그 이루어진 일을 보러 나와서 예수께 이르러 귀신 나간 사람이 옷을 입고 정신이 온전하여 예수의 발치에 앉아 있는 것을 보고 두려워하거늘	

사건 명	마태복음	마가복음	누가복음	요한복음
		15 예수께 이르러 그 귀신 들렸던 자 곧 군대 귀신 지폈던 자가 옷을 입고 정신이 온전하여 앉은 것을 보고 두려워하더라 16 이에 귀신 들렸던 자가 당한 것과 돼지의 일을 본 자들이 그들에게 알리매 17 그들이 예수께 그 지방에서 떠나시기를 간구하더라 18 예수께서 배에 오르실 때에 귀신 들렸던 사람이 함께 있기를 간구하였으나 19 허락하지 아니하시고 그에게 이르시되 집으로 돌아가 주께서 네게 어떻게 큰 일을 행하사 너를 불쌍히 여기신 것을 네 가족에게 알리라 하시니 20 그가 가서 예수께서 자기에게 어떻게 큰 일 행하셨는지를 데가볼리에 전파하니 모든 사람이 놀랍게 여기더라	36 귀신 들렸던 자가 어떻게 구원 받았는지를 본 자들이 그들에게 이르매 37 거라사인의 땅 근방 모든 백성이 크게 두려워하여 예수께 떠나가시기를 구하더라 예수께서 배에 올라 돌아가실새 38 귀신 나간 사람이 함께 있기를 구하였으나 예수께서 그를 보내시며 이르시되 39 집으로 돌아가 하나님이 네게 어떻게 큰 일을 행하셨는지를 말하라 하시니 그가 가서 예수께서 자기에게 어떻게 큰 일을 행하셨는지를 온 성내에 전파하니라	
11. 혈루증 여인 치유와 회당장 야이로 딸 소생(가버나움)	㉯ 9:18–26 **한 관리의 딸과 예수의 옷을 만진 여자(막 5:21–43; 눅 8:40–56)** 18 예수께서 이 말씀을 하실 때에 한 관리가 와서 절하며 이르되 내 딸이 방금 죽었사오나 오셔서 그 몸에 손을 얹어 주소서 그러면 살아나겠나이다 하니	(막) 5:21–43 **야이로의 딸과 예수의 옷에 손을 댄 여자(마 9:18–26; 눅 8:40–56)** 21 예수께서 배를 타시고 다시 맞은편으로 건너가시니 큰 무리가 그에게로 모이거늘 이에 바닷가에 계시더니	(눅) 8:40–56 **야이로의 딸과 예수의 옷에 손 댄 여자(마 9:18–26; 막 5:21–43)** 40 예수께서 돌아오시매 무리가 환영하니 이는 다 기다렸음이러라 41 이에 회당장인 야이로라 하는 사람이 와서 예수의 발 아래에 엎드려 자기 집에 오시기를 간구하니	

사건 명	마태복음	마가복음	누가복음	요한복음
	19 예수께서 일어나 따라가시매 제자들도 가더니 20 열두 해 동안이나 혈루증으로 앓는 여자가 예수의 뒤로 와서 그 겉옷 가를 만지니 21 이는 제 마음에 그 겉옷만 만져도 구원을 받겠다 함이라 22 예수께서 돌이켜 그를 보시며 이르시되 딸아 안심하라 네 믿음이 너를 구원하였다 하시니 여자가 그 즉시 구원을 받으니라 23 예수께서 그 관리의 집에 가사 피리 부는 자들과 떠드는 무리를 보시고 24 이르시되 물러가라 이 소녀가 죽은 것이 아니라 잔다 하시니 그들이 비웃더라 25 무리를 내보낸 후에 예수께서 들어가사 소녀의 손을 잡으시매 일어나는지라 26 그 소문이 그 온 땅에 퍼지더라	22 회당장 중의 하나인 야이로라 하는 이가 와서 예수를 보고 발 아래 엎드리어 23 간곡히 구하여 이르되 내 어린 딸이 죽게 되었사오니 오셔서 그 위에 손을 얹으사 그로 구원을 받아 살게 하소서 하거늘 24 이에 그와 함께 가실새 큰 무리가 따라가며 에워싸 밀더라 25 열두 해를 혈루증으로 앓아 온 한 여자가 있어 26 많은 의사에게 많은 괴로움을 받았고 가진 것도 다 허비하였으되 아무 효험이 없고 도리어 더 중하여졌던 차에 27 예수의 소문을 듣고 무리 가운데 끼어 뒤로 와서 그의 옷에 손을 대니 28 이는 내가 그의 옷에만 손을 대어도 구원을 받으리라 생각함일러라 29 이에 그의 혈루 근원이 곧 마르매 병이 나은 줄을 몸에 깨달으니라 30 예수께서 그 능력이 자기에게서 나간 줄을 곧 스스로 아시고 무리 가운데서 돌이켜 말씀하시되 누가 내 옷에 손을 대었느냐 하시니 31 제자들이 여짜오되 무리가 에워싸 미는 것을 보시며 누가 내게 손을 대었느냐 물으시나이까 하되	42 이는 자기에게 열두 살 된 외딸이 있어 죽어감이러라 예수께서 가실 때에 무리가 밀려들더라 43 이에 열두 해를 혈루증으로 앓는 중에 아무에게도 고침을 받지 못하던 여자가 44 예수의 뒤로 와서 그의 옷 가에 손을 대니 혈루증이 즉시 그쳤더라 45 예수께서 이르시되 내게 손을 댄 자가 누구냐 하시니 다 아니라 할 때에 베드로가 이르되 주여 무리가 밀려들어 미나이다 46 예수께서 이르시되 내게 손을 댄 자가 있도다 이는 내게서 능력이 나간 줄 앎이로다 하신대 47 여자가 스스로 숨기지 못할 줄 알고 떨며 나아와 엎드리어 그 손 댄 이유와 곧 나은 것을 모든 사람 앞에서 말하니 48 예수께서 이르시되 딸아 네 믿음이 너를 구원하였으니 평안히 가라 하시더라 49 아직 말씀하실 때에 회당장의 집에서 사람이 와서 말하되 당신의 딸이 죽었나이다 선생님을 더 괴롭게 하지 마소서 하거늘	

사건 명	마태복음	마가복음	누가복음	요한복음
		32 예수께서 이 일 행한 여자를 보려고 둘러 보시니 33 여자가 자기에게 이루어진 일을 알고 두려워하여 떨며 와서 그 앞에 엎드려 모든 사실을 여쭈니 34 예수께서 이르시되 딸아 네 믿음이 너를 구원하였으니 평안히 가라 네 병에서 놓여 건강할지어다 35 아직 예수께서 말씀하실 때에 회당장의 집에서 사람들이 와서 회당장에게 이르되 당신의 딸이 죽었나이다 어찌하여 선생을 더 괴롭게 하나이까 36 예수께서 그 하는 말을 곁에서 들으시고 회당장에게 이르시되 두려워하지 말고 믿기만 하라 하시고 37 베드로와 야고보와 야고보의 형제 요한 외에 아무도 따라옴을 허락하지 아니하시고 38 회당장의 집에 함께 가사 떠드는 것과 사람들이 울며 심히 통곡함을 보시고 39 들어가서 그들에게 이르시되 너희가 어찌하여 떠들며 우느냐 이 아이가 죽은 것이 아니라 잔다 하시니	50 예수께서 들으시고 이르시되 두려워하지 말고 믿기만 하라 그리하면 딸이 구원을 얻으리라 하시고 51 그 집에 이르러 베드로와 요한과 야고보와 아이의 부모 외에는 함께 들어가기를 허락하지 아니하시니라 52 모든 사람이 아이를 위하여 울며 통곡하매 예수께서 이르시되 울지 말라 죽은 것이 아니라 잔다 하시니 53 그들이 그 죽은 것을 아는 고로 비웃더라 54 예수께서 아이의 손을 잡고 불러 이르시되 아이야 일어나라 하시니 55 그 영이 돌아와 아이가 곧 일어나거늘 예수께서 먹을 것을 주라 명하시니 56 그 부모가 놀라는지라 예수께서 경고하사 이 일을 아무에게도 말하지 말라 하시니라	

사건 명	마태복음	마가복음	누가복음	요한복음
		40 그들이 비웃더라 예수께서 그들을 다 내보내신 후에 아이의 부모와 또 자기와 함께 한 자들을 데리시고 아이 있는 곳에 들어가사 41 그 아이의 손을 잡고 이르시되 달리다굼 하시니 번역하면 곧 내가 네게 말하노니 소녀야 일어나라 하심이라 42 소녀가 곧 일어나서 걸으니 나이가 열두 살이라 사람들이 곧 크게 놀라고 놀라거늘 43 예수께서 이 일을 아무도 알지 못하게 하라고 그들을 많이 경계하시고 이에 소녀에게 먹을 것을 주라 하시니라		
12. 두 맹인과 벙어리 치유	㊊ 9:27-34 **맹인들의 눈을 뜨게 하시다** 27 예수께서 거기에서 떠나가실새 두 맹인이 따라오며 소리 질러 이르되 다윗의 자손이여 우리를 불쌍히 여기소서 하더니 28 예수께서 집에 들어가시매 맹인들이 그에게 나아오거늘 예수께서 이르시되 내가 능히 이 일 할 줄을 믿느냐 대답하되 주여 그러하오이다 하니 29 이에 예수께서 그들의 눈을 만지시며 이르시되 너희 믿음대로 되라 하시니			

사건 명	마태복음	마가복음	누가복음	요한복음
	30 그 눈들이 밝아진지라 예수께서 엄히 경고하시되 삼가 아무에게도 알리지 말라 하셨으나 31 그들이 나가서 예수의 소문을 그 온 땅에 퍼뜨리니라 **말 못하는 사람을 고치시다** 32 그들이 나갈 때에 귀신 들려 말 못하는 사람을 예수께 데려오니 33 귀신이 쫓겨나고 말 못하는 사람이 말하거늘 무리가 놀랍게 여겨 이르되 이스라엘 가운데서 이런 일을 본 적이 없다 하되 34 바리새인들은 이르되 그가 귀신의 왕을 의지하여 귀신을 쫓아낸다 하더라			
13. 두 번째 고향 배척(나사렛)	㉮ 13:53–58 **고향에서 배척을 받으시다(막 6:1–6; 눅 4:16–30)** 53 예수께서 이 모든 비유를 마치신 후에 그 곳을 떠나서 54 고향으로 돌아가사 그들의 회당에서 가르치시니 그들이 놀라 이르되 이 사람의 이 지혜와 이런 능력이 어디서 났느냐 55 이는 그 목수의 아들이 아니냐 그 어머니는 마리아, 그 형제들은 야고보, 요셉, 시몬, 유다라 하지 않느냐	㉯ 6:1–6 **고향에서 배척을 받으시다(마 13:53–58; 눅 4:16–30)** 1 예수께서 거기를 떠나사 고향으로 가시니 제자들도 따르니라 2 안식일이 되어 회당에서 가르치시니 많은 사람이 듣고 놀라 이르되 이 사람이 어디서 이런 것을 얻었느냐 이 사람이 받은 지혜와 그 손으로 이루어지는 이런 권능이 어찌됨이냐		

사건 명	마태복음	마가복음	누가복음	요한복음
	56 그 누이들은 다 우리와 함께 있지 아니하냐 그런즉 이 사람의 이 모든 것이 어디서 났느냐 하고 57 예수를 배척한지라 예수께서 그들에게 말씀하시되 선지자가 자기 고향과 자기 집 외에서는 존경을 받지 않음이 없느니라 하시고 58 그들이 믿지 않음으로 말미암아 거기서 많은 능력을 행하지 아니하시니라	3 이 사람이 마리아의 아들 목수가 아니냐 야고보와 요셉과 유다와 시몬의 형제가 아니냐 그 누이들이 우리와 함께 여기 있지 아니하냐 하고 예수를 배척한지라 4 예수께서 그들에게 이르시되 선지자가 자기 고향과 자기 친척과 자기 집 외에서는 존경을 받지 못함이 없느니라 하시며 5 거기서는 아무 권능도 행하실 수 없어 다만 소수의 병자에게 안수하여 고치실 뿐이었고 6 그들이 믿지 않음을 이상히 여기셨더라		
14. 2차 갈릴리 사역 요약	**㉮ 9:35-38** **무리를 불쌍히 여기시다** 35 예수께서 모든 도시와 마을에 두루 다니사 그들의 회당에서 가르치시며 천국 복음을 전파하시며 모든 병과 모든 약한 것을 고치시니라 36 무리를 보시고 불쌍히 여기시니 이는 그들이 목자 없는 양과 같이 고생하며 기진함이라 37 이에 제자들에게 이르시되 추수할 것은 많되 일꾼이 적으니 38 그러므로 추수하는 주인에게 청하여 추수할 일꾼들을 보내 주소서 하라 하시니라			

7부

예수의 3차 갈릴리 사역

(A.D. 29년 가을~10월경)

사건 명	마태복음	마가복음	누가복음	요한복음
1. 예수께서 열두 제자를 파송하심 (A.D. 29년 가을/가버나움?) 1) 12사도 파송	(마) 10:5–15 5 예수께서 이 열둘을 내보내시며 명하여 이르시되 이방인의 길로도 가지 말고 사마리아인의 고을에도 들어가지 말고 6 오히려 이스라엘 집의 잃어버린 양에게로 가라 7 가면서 전파하여 말하되 천국이 가까이 왔다 하고 8 병든 자를 고치며 죽은 자를 살리며 나병환자를 깨끗하게 하며 귀신을 쫓아내되 너희가 거저 받았으니 거저 주라 9 너희 전대에 금이나 은이나 동을 가지지 말고 10 여행을 위하여 배낭이나 두 벌 옷이나 신이나 지팡이를 가지지 말라 이는 일꾼이 자기의 먹을 것 받는 것이 마땅함이라 11 어떤 성이나 마을에 들어가든지 그 중에 합당한 자를 찾아내어 너희가 떠나기까지 거기서 머물라 12 또 그 집에 들어가면서 평안하기를 빌라 13 그 집이 이에 합당하면 너희 빈 평안이 거기 임할 것이요 만일 합당하지 아니하면 그 평안이 너희에게 돌아올 것이니라	(막) 6:7–13 **열두 제자를 부르사 둘씩 보내시다 (마 10:1, 5–15; 눅 9:1–6)** 이에 모든 촌에 두루 다니시며 가르치시더라 7 열두 제자를 부르사 둘씩 둘씩 보내시며 더러운 귀신을 제어하는 권능을 주시고 8 명하시되 여행을 위하여 지팡이 외에는 양식이나 배낭이나 전대의 돈이나 아무 것도 가지지 말며 9 신만 신고 두 벌 옷도 입지 말라 하시고 10 또 이르시되 어디서든지 누구의 집에 들어가거든 그 곳을 떠나기까지 거기 유하라 11 어느 곳에서든지 너희를 영접하지 아니하고 너희 말을 듣지도 아니하거든 거기서 나갈 때에 발 아래 먼지를 떨어버려 그들에게 증거를 삼으라 하시니 12 제자들이 나가서 회개하라 전파하고 13 많은 귀신을 쫓아내며 많은 병자에게 기름을 발라 고치더라	(눅) 9:1–6 **열두 제자를 내보내시다(마 10:5–15; 막 6:7–13)** 1 예수께서 열두 제자를 불러 모으사 모든 귀신을 제어하며 병을 고치는 능력과 권위를 주시고 2 하나님의 나라를 전파하며 앓는 자를 고치게 하려고 내보내시며 3 이르시되 여행을 위하여 아무 것도 가지지 말라 지팡이나 배낭이나 양식이나 돈이나 두 벌 옷을 가지지 말며 4 어느 집에 들어가든지 거기서 머물다가 거기서 떠나라 5 누구든지 너희를 영접하지 아니하거든 그 성에서 떠날 때에 너희 발에서 먼지를 떨어 버려 그들에게 증거를 삼으라 하시니 6 제자들이 나가 각 마을에 두루 다니며 곳곳에 복음을 전하며 병을 고치더라	

사건 명	마태복음	마가복음	누가복음	요한복음
	14 누구든지 너희를 영접하지도 아니하고 너희 말을 듣지도 아니하거든 그 집이나 성에서 나가 너희 발의 먼지를 떨어 버리라 **15** 내가 진실로 너희에게 이르노니 심판 날에 소돔과 고모라 땅이 그 성보다 견디기 쉬우리라			
2) 전도자의 길	**㉮ 10:16–39** **미움을 받을 것이다(막 13:9–13; 눅 21:12–17)** **16** 보라 내가 너희를 보냄이 양을 이리 가운데로 보냄과 같도다 그러므로 너희는 뱀 같이 지혜롭고 비둘기 같이 순결하라 **17** 사람들을 삼가라 그들이 너희를 공회에 넘겨 주겠고 그들의 회당에서 채찍질하리라 **18** 또 너희가 나로 말미암아 총독들과 임금들 앞에 끌려 가리니 이는 그들과 이방인들에게 증거가 되게 하려 하심이라 **19** 너희를 넘겨 줄 때에 어떻게 또는 무엇을 말할까 염려하지 말라 그 때에 너희에게 할 말을 주시리니 **20** 말하는 이는 너희가 아니라 너희 속에서 말씀하시는 이 곧 너희 아버지의 성령이시니라			

사건 명	마태복음	마가복음	누가복음	요한복음
	21 장차 형제가 형제를, 아버지가 자식을 죽는 데에 내주며 자식들이 부모를 대적하여 죽게 하리라 **22** 또 너희가 내 이름으로 말미암아 모든 사람에게 미움을 받을 것이나 끝까지 견디는 자는 구원을 얻으리라 **23** 이 동네에서 너희를 박해하거든 저 동네로 피하라 내가 진실로 너희에게 이르노니 이스라엘의 모든 동네를 다 다니지 못하여서 인자가 오리라 **두려워할 분을 두려워하라(눅 12:2–9)** **24** 제자가 그 선생보다, 또는 종이 그 상전보다 높지 못하나니 **25** 제자가 그 선생 같고 종이 그 상전 같으면 족하도다 집 주인을 바알세불이라 하였거든 하물며 그 집 사람들이랴 **26** 그런즉 그들을 두려워하지 말라 감추인 것이 드러나지 않을 것이 없고 숨은 것이 알려지지 않을 것이 없느니라 **27** 내가 너희에게 어두운 데서 이르는 것을 광명한 데서 말하며 너희가 귓속말로 듣는 것을 집 위에서 전파하라			

사건 명	마태복음	마가복음	누가복음	요한복음
	28 몸은 죽여도 영혼은 능히 죽이지 못하는 자들을 두려워하지 말고 오직 몸과 영혼을 능히 지옥에 멸하실 수 있는 이를 두려워하라 **29** 참새 두 마리가 한 앗사리온에 팔리지 않느냐 그러나 너희 아버지께서 허락하지 아니하시면 그 하나도 땅에 떨어지지 아니하리라 **30** 너희에게는 머리털까지 다 세신 바 되었나니 **31** 두려워하지 말라 너희는 많은 참새보다 귀하니라 **32** 누구든지 사람 앞에서 나를 시인하면 나도 하늘에 계신 내 아버지 앞에서 그를 시인할 것이요 **33** 누구든지 사람 앞에서 나를 부인하면 나도 하늘에 계신 내 아버지 앞에서 그를 부인하리라 **검을 주러 왔다(눅 12:51-53; 14:26-27)** **34** 내가 세상에 화평을 주러 온 줄로 생각하지 말라 화평이 아니요 검을 주러 왔노라 **35** 내가 온 것은 사람이 그 아버지와, 딸이 어머니와, 며느리가 시어머니와 불화하게 하려 함이니			

사건 명	마태복음	마가복음	누가복음	요한복음
	36 사람의 원수가 자기 집안 식구리라 37 아버지나 어머니를 나보다 더 사랑하는 자는 내게 합당하지 아니하고 아들이나 딸을 나보다 더 사랑하는 자도 내게 합당하지 아니하며 38 또 자기 십자가를 지고 나를 따르지 않는 자도 내게 합당하지 아니하니라 39 자기 목숨을 얻는 자는 잃을 것이요 나를 위하여 자기 목숨을 잃는 자는 얻으리라			
3) 전도자를 영접하는 자의 복	㉮ 10:40–42 **상을 받을 사람(막 9:41)** 40 너희를 영접하는 자는 나를 영접하는 것이요 나를 영접하는 자는 나를 보내신 이를 영접하는 것이니라 41 선지자의 이름으로 선지자를 영접하는 자는 선지자의 상을 받을 것이요 의인의 이름으로 의인을 영접하는 자는 의인의 상을 받을 것이요 42 또 누구든지 제자의 이름으로 이 작은 자 중 하나에게 냉수 한 그릇이라도 주는 자는 내가 진실로 너희에게 이르노니 그 사람이 결단코 상을 잃지 아니하리라 하시니라			

사건 명	마태복음	마가복음	누가복음	요한복음
	㊐ 11:1 1 예수께서 열두 제자에게 명하기를 마치시고 이에 그들의 여러 동네에서 가르치시며 전도하시려고 거기를 떠나 가시니라			
2. 세례 요한 처형 (갈릴리)	㊐ 14:1-12 **세례 요한의 죽음 (막 6:14-29; 눅 9:7-9)** 1 그 때에 분봉 왕 헤롯이 예수의 소문을 듣고 2 그 신하들에게 이르되 이는 세례 요한이라 그가 죽은 자 가운데서 살아났으니 그러므로 이런 능력이 그 속에서 역사하는도다 하더라 3 전에 헤롯이 그 동생 빌립의 아내 헤로디아의 일로 요한을 잡아 결박하여 옥에 가두었으니 4 이는 요한이 헤롯에게 말하되 당신이 그 여자를 차지한 것이 옳지 않다 하였음이라 5 헤롯이 요한을 죽이려 하되 무리가 그를 선지자로 여기므로 그들을 두려워하더니 6 마침 헤롯의 생일이 되어 헤로디아의 딸이 연석 가운데서 춤을 추어 헤롯을 기쁘게 하니 7 헤롯이 맹세로 그에게 무엇이든지 달라는 대로 주겠다고 약속하거늘	㊐ 6:14-29 **세례 요한의 죽음 (마 14:1-12; 눅 9:7-9)** 14 이에 예수의 이름이 드러난지라 헤롯 왕이 듣고 이르되 이는 세례 요한이 죽은 자 가운데서 살아났도다 그러므로 이런 능력이 그 속에서 일어나느니라 하고 15 어떤 이는 그가 엘리야라 하고 또 어떤 이는 그가 선지자니 옛 선지자 중의 하나와 같다 하되 16 헤롯은 듣고 이르되 내가 목 벤 요한 그가 살아났다 하더라 17 전에 헤롯이 자기가 동생 빌립의 아내 헤로디아에게 장가 든 고로 이 여자를 위하여 사람을 보내어 요한을 잡아 옥에 가두었으니 18 이는 요한이 헤롯에게 말하되 동생의 아내를 취한 것이 옳지 않다 하였음이라 19 헤로디아가 요한을 원수로 여겨 죽이고자 하였으되 하지 못한 것은	㊐ 9:7-9 **헤롯이 듣고 심히 당황하다(마 14:1-12; 막 6:14-29)** 7 분봉 왕 헤롯이 이 모든 일을 듣고 심히 당황하니 이는 어떤 사람은 요한이 죽은 자 가운데서 살아났다고도 하며 8 어떤 사람은 엘리야가 나타났다고도 하며 어떤 사람은 옛 선지자 한 사람이 다시 살아났다고도 함이라 9 헤롯이 이르되 요한은 내가 목을 베었거늘 이제 이런 일이 들리니 이 사람이 누군가 하며 그를 보고자 하더라	

사건 명	마태복음	마가복음	누가복음	요한복음
	8 그가 제 어머니의 시킴을 듣고 이르되 세례 요한의 머리를 소반에 얹어 여기서 내게 주소서 하니 9 왕이 근심하나 자기가 맹세한 것과 그 함께 앉은 사람들 때문에 주라 명하고 10 사람을 보내어 옥에서 요한의 목을 베어 11 그 머리를 소반에 얹어서 그 소녀에게 주니 그가 자기 어머니에게로 가져가니라 12 요한의 제자들이 와서 시체를 가져다가 장사하고 가서 예수께 아뢰니라	20 헤롯이 요한을 의롭고 거룩한 사람으로 알고 두려워하여 보호하며 또 그의 말을 들을 때에 크게 번민을 하면서도 달갑게 들음이러라 21 마침 기회가 좋은 날이 왔으니 곧 헤롯이 자기 생일에 대신들과 천부장들과 갈릴리의 귀인들로 더불어 잔치할새 22 헤로디아의 딸이 친히 들어와 춤을 추어 헤롯과 그와 함께 앉은 자들을 기쁘게 한지라 왕이 그 소녀에게 이르되 무엇이든지 네가 원하는 것을 내게 구하라 내가 주리라 하고 23 또 맹세하기를 무엇이든지 네가 내게 구하면 내 나라의 절반까지라도 주리라 하거늘 24 그가 나가서 그 어머니에게 말하되 내가 무엇을 구하리이까 그 어머니가 이르되 세례 요한의 머리를 구하라 하니 25 그가 곧 왕에게 급히 들어가 구하여 이르되 세례 요한의 머리를 소반에 얹어 곧 내게 주기를 원하옵나이다 하니 26 왕이 심히 근심하나 자기가 맹세한 것과 그 앉은 자들로 인하여 그를 거절할 수 없는지라		

사건 명	마태복음	마가복음	누가복음	요한복음
		27 왕이 곧 시위병 하나를 보내어 요한의 머리를 가져오라 명하니 그 사람이 나가 옥에서 요한을 목 베어 **28** 그 머리를 소반에 얹어다가 소녀에게 주니 소녀가 이것을 그 어머니에게 주니라 **29** 요한의 제자들이 듣고 와서 시체를 가져다가 장사하니라		
3. 오병이어 기적 **(A.D. 29년 유월절/벳새다 부근 산)**	㉶ 14:13–21 **오천 명을 먹이시다(막 6:30–44; 눅 9:10–17; 요 6:1–14)** **13** 예수께서 들으시고 배를 타고 떠나사 따로 빈 들에 가시니 무리가 듣고 여러 고을로부터 걸어서 따라간지라 **14** 예수께서 나오사 큰 무리를 보시고 불쌍히 여기사 그 중에 있는 병자를 고쳐 주시니라 **15** 저녁이 되매 제자들이 나아와 이르되 이 곳은 빈 들이요 때도 이미 저물었으니 무리를 보내어 마을에 들어가 먹을 것을 사 먹게 하소서 **16** 예수께서 이르시되 갈 것 없다 너희가 먹을 것을 주라 **17** 제자들이 이르되 여기 우리에게 있는 것은 떡 다섯 개와 물고기 두 마리뿐이니이다	㉷ 6:30–44 **오천 명을 먹이시다(마 14:13–21; 눅 9:10–17; 요 6:1–14)** **30** 사도들이 예수께 모여 자기들이 행한 것과 가르친 것을 낱낱이 고하니 **31** 이르시되 너희는 따로 한적한 곳에 가서 잠깐 쉬어라 하시니 이는 오고 가는 사람이 많아 음식 먹을 겨를도 없음이라 **32** 이에 배를 타고 따로 한적한 곳에 갈새 **33** 그들이 가는 것을 보고 많은 사람이 그들인 줄 안지라 모든 고을로부터 도보로 그 곳에 달려와 그들보다 먼저 갔더라 **34** 예수께서 나오사 큰 무리를 보시고 그 목자 없는 양 같음으로 인하여 불쌍히 여기사 이에 여러 가지로 가르치시더라	㉸ 9:10–17 **오천 명을 먹이시다(마 14:13–21; 막 6:30–44; 요 6:1–14)** **10** 사도들이 돌아와 자기들이 행한 모든 것을 예수께 여쭈니 데리시고 따로 벳새다라는 고을로 떠나 가셨으나 **11** 무리가 알고 따라왔거늘 예수께서 그들을 영접하사 하나님 나라의 일을 이야기하시며 병 고칠 자들은 고치시더라 **12** 날이 저물어 가매 열두 사도가 나아와 여짜오되 무리를 보내어 두루 마을과 촌으로 가서 유하며 먹을 것을 얻게 하소서 우리가 있는 여기는 빈 들이니이다	㉹ 6:1–13 **오천 명을 먹이시다(마 14:13–21; 막 6:30–44; 눅 9:10–17)** **1** 그 후에 예수께서 디베랴의 갈릴리 바다 건너편으로 가시매 **2** 큰 무리가 따르니 이는 병자들에게 행하시는 표적을 보았음이러라 **3** 예수께서 산에 오르사 제자들과 함께 거기 앉으시니 **4** 마침 유대인의 명절인 유월절이 가까운지라 **5** 예수께서 눈을 들어 큰 무리가 자기에게로 오는 것을 보시고 빌립에게 이르시되 우리가 어디서 떡을 사서 이 사람들을 먹이겠느냐 하시니 **6** 이렇게 말씀하심은 친히 어떻게 하실지를 아시고 빌립을 시험하고자 하심이라

사건 명	마태복음	마가복음	누가복음	요한복음
	18 이르시되 그것을 내게 가져오라 하시고 19 무리를 명하여 잔디 위에 앉히시고 떡 다섯 개와 물고기 두 마리를 가지사 하늘을 우러러 축사하시고 떡을 떼어 제자들에게 주시매 제자들이 무리에게 주니 20 다 배불리 먹고 남은 조각을 열두 바구니에 차게 거두었으며 21 먹은 사람은 여자와 어린이 외에 오천 명이나 되었더라	35 때가 저물어가매 제자들이 예수께 나아와 여짜오되 이 곳은 빈 들이요 날도 저물어가니 36 무리를 보내어 두루 촌과 마을로 가서 무엇을 사 먹게 하옵소서 37 대답하여 이르시되 너희가 먹을 것을 주라 하시니 여짜오되 우리가 가서 이백 데나리온의 떡을 사다 먹이리이까 38 이르시되 너희에게 떡 몇 개나 있는지 가서 보라 하시니 알아보고 이르되 떡 다섯 개와 물고기 두 마리가 있더이다 하거늘 39 제자들에게 명하사 그 모든 사람으로 떼를 지어 푸른 잔디 위에 앉게 하시니 40 떼로 백 명씩 또는 오십 명씩 앉은지라 41 예수께서 떡 다섯 개와 물고기 두 마리를 가지사 하늘을 우러러 축사하시고 떡을 떼어 제자들에게 주어 사람들에게 나누어 주게 하시고 또 물고기 두 마리도 모든 사람에게 나누시매 42 다 배불리 먹고 43 남은 떡 조각과 물고기를 열두 바구니에 차게 거두었으며 44 떡을 먹은 남자는 오천 명이었더라	13 예수께서 이르시되 너희가 먹을 것을 주라 하시니 여짜오되 우리에게 떡 다섯 개와 물고기 두 마리밖에 없으니 이 모든 사람을 위하여 먹을 것을 사지 아니하고서는 할 수 없사옵나이다 하니 14 이는 남자가 한 오천 명 됨이러라 제자들에게 이르시되 떼를 지어 한 오십 명씩 앉히라 하시니 15 제자들이 이렇게 하여 다 앉힌 후 16 예수께서 떡 다섯 개와 물고기 두 마리를 가지사 하늘을 우러러 축사하시고 떼어 제자들에게 주어 무리에게 나누어 주게 하시니 17 먹고 다 배불렀더라 그 남은 조각을 열두 바구니에 거두니라	7 빌립이 대답하되 각 사람으로 조금씩 받게 할지라도 이백 데나리온의 떡이 부족하리이다 8 제자 중 하나 곧 시몬 베드로의 형제 안드레가 예수께 여짜오되 9 여기 한 아이가 있어 보리떡 다섯 개와 물고기 두 마리를 가지고 있나이다 그러나 그것이 이 많은 사람에게 얼마나 되겠사옵나이까 10 예수께서 이르시되 이 사람들로 앉게 하라 하시니 그 곳에 잔디가 많은지라 사람들이 앉으니 수가 오천 명쯤 되더라 11 예수께서 떡을 가져 축사하신 후에 앉아 있는 자들에게 나눠 주시고 물고기도 그렇게 그들의 원대로 주시니라 12 그들이 배부른 후에 예수께서 제자들에게 이르시되 남은 조각을 거두고 버리는 것이 없게 하라 하시므로 13 이에 거두니 보리떡 다섯 개로 먹고 남은 조각이 열두 바구니에 찼더라

사건 명	마태복음	마가복음	누가복음	요한복음
4. 바다 물 위 걸으심(갈릴리 바다)	㉮ 14:22-33 **물 위로 걸으시다(막 6:45-52; 요 6:15-21)** 22 예수께서 즉시 제자들을 재촉하사 자기가 무리를 보내는 동안에 배를 타고 앞서 건너편으로 가게 하시고 23 무리를 보내신 후에 기도하러 따로 산에 올라가시니라 저물매 거기 혼자 계시더니 24 배가 이미 육지에서 수 리나 떠나서 바람이 거스르므로 물결로 말미암아 고난을 당하더라 25 밤 사경에 예수께서 바다 위로 걸어서 제자들에게 오시니 26 제자들이 그가 바다 위로 걸어오심을 보고 놀라 유령이라 하며 무서워하여 소리 지르거늘 27 예수께서 즉시 이르시되 안심하라 나니 두려워하지 말라 28 베드로가 대답하여 이르되 주여 만일 주님이시거든 나를 명하사 물 위로 오라 하소서 하니 29 오라 하시니 베드로가 배에서 내려 물 위로 걸어서 예수께로 가되 30 바람을 보고 무서워 빠져 가는지라 소리 질러 이르되 주여 나를 구원하소서 하니	㉯ 6:45-52 **바다 위로 걸으시다(마 14:22-33; 요 6:15-21)** 45 예수께서 즉시 제자들을 재촉하사 자기가 무리를 보내는 동안에 배 타고 앞서 건너편 벳새다로 가게 하시고 46 무리를 작별하신 후에 기도하러 산으로 가시니라 47 저물매 배는 바다 가운데 있고 예수께서는 홀로 뭍에 계시다가 48 바람이 거스르므로 제자들이 힘겹게 노 젓는 것을 보시고 밤 사경쯤에 바다 위로 걸어서 그들에게 오사 지나가려고 하시매 49 제자들이 그가 바다 위로 걸어 오심을 보고 유령인가 하여 소리 지르니 50 그들이 다 예수를 보고 놀람이라 이에 예수께서 곧 그들에게 말씀하여 이르시되 안심하라 내니 두려워하지 말라 하시고 51 배에 올라 그들에게 가시니 바람이 그치는지라 제자들이 마음에 심히 놀라니 52 이는 그들이 그 떡 떼시던 일을 깨닫지 못하고 도리어 그 마음이 둔하여졌음이러라		㉲ 6:14-21 14 그 사람들이 예수께서 행하신 이 표적을 보고 말하되 이는 참으로 세상에 오실 그 선지자라 하더라 15 그러므로 예수께서 그들이 와서 자기를 억지로 붙들어 임금으로 삼으려는 줄 아시고 다시 혼자 산으로 떠나 가시니라 **바다 위로 걸어오시다(마 14:22-27; 막 6:45-52)** 16 저물매 제자들이 바다에 내려가서 17 배를 타고 바다를 건너 가버나움으로 가는데 이미 어두웠고 예수는 아직 그들에게 오시지 아니하셨더니 18 큰 바람이 불어 파도가 일어나더라 19 제자들이 노를 저어 십여 리쯤 가다가 예수께서 바다 위로 걸어 배에 가까이 오심을 보고 두려워하거늘 20 이르시되 내니 두려워하지 말라 하신대 21 이에 기뻐서 배로 영접하니 배는 곧 그들이 가려던 땅에 이르렀더라

사건 명	마태복음	마가복음	누가복음	요한복음
	31 예수께서 즉시 손을 내밀어 그를 붙잡으시며 이르시되 믿음이 작은 자여 왜 의심하였느냐 하시고 32 배에 함께 오르매 바람이 그치는지라 33 배에 있는 사람들이 예수께 절하며 이르되 진실로 하나님의 아들이로소이다 하더라			
5. 게네사렛 병자 치유	ⓜ 14:34-36 **게네사렛에서 병자들을 고치시다(막 6:53-56)** 34 그들이 건너가 게네사렛 땅에 이르니 35 그 곳 사람들이 예수이신 줄을 알고 그 근방에 두루 통지하여 모든 병든 자를 예수께 데리고 와서 36 다만 예수의 옷자락에라도 손을 대게 하시기를 간구하니 손을 대는 자는 다 나음을 얻으니라	ⓜ 6:53-56 **게네사렛에서 병자들을 고치시다(마 14:34-36)** 53 건너가 게네사렛 땅에 이르러 대고 54 배에서 내리니 사람들이 곧 예수신 줄을 알고 55 그 온 지방으로 달려 돌아 다니며 예수께서 어디 계시다는 말을 듣는 대로 병든 자를 침상째로 메고 나아오니 56 아무 데나 예수께서 들어가시는 지방이나 도시나 마을에서 병자를 시장에 두고 예수께 그의 옷 가에라도 손을 대게 하시기를 간구하니 손을 대는 자는 다 성함을 얻으니라		

사건 명	마태복음	마가복음	누가복음	요한복음
6. 생명의 떡 설교 (가버나움) 1) 군중들의 잘못된 의도 지적				ⓨ **6:22-27** **생명의 떡** **22** 이튿날 바다 건너편에 서 있던 무리가 배 한 척 외에 다른 배가 거기 없는 것과 또 어제 예수께서 제자들과 함께 그 배에 오르지 아니하시고 제자들만 가는 것을 보았더니 **23** (그러나 디베랴에서 배들이 주께서 축사하신 후 여럿이 떡 먹던 그 곳에 가까이 왔더라) **24** 무리가 거기에 예수도 안 계시고 제자들도 없음을 보고 곧 배들을 타고 예수를 찾으러 가버나움으로 가서 **25** 바다 건너편에서 만나 랍비여 언제 여기 오셨나이까 하니 **26** 예수께서 대답하여 이르시되 내가 진실로 진실로 너희에게 이르노니 너희가 나를 찾는 것은 표적을 본 까닭이 아니요 떡을 먹고 배부른 까닭이로다 **27** 썩을 양식을 위하여 일하지 말고 영생하도록 있는 양식을 위하여 하라 이 양식은 인자가 너희에게 주리니 인자는 아버지 하나님께서 인치신 자니라

사건 명	마태복음	마가복음	누가복음	요한복음
2) 영원한 양식				ⓨ 6:28-35 **28** 그들이 묻되 우리가 어떻게 하여야 하나님의 일을 하오리이까 **29** 예수께서 대답하여 이르시되 하나님께서 보내신 이를 믿는 것이 하나님의 일이니라 하시니 **30** 그들이 묻되 그러면 우리가 보고 당신을 믿도록 행하시는 표적이 무엇이니이까, 하시는 일이 무엇이니이까 **31** 기록된 바 하늘에서 그들에게 떡을 주어 먹게 하였다 함과 같이 우리 조상들은 광야에서 만나를 먹었나이다 **32** 예수께서 이르시되 내가 진실로 진실로 너희에게 이르노니 모세가 너희에게 하늘로부터 떡을 준 것이 아니라 내 아버지께서 너희에게 하늘로부터 참 떡을 주시나니 **33** 하나님의 떡은 하늘에서 내려 세상에 생명을 주는 것이니라 **34** 그들이 이르되 주여 이 떡을 항상 우리에게 주소서 **35** 예수께서 이르시되 나는 생명의 떡이니 내게 오는 자는 결코 주리지 아니할 터이요 나를 믿는 자는 영원히 목마르지 아니하리라

사건 명	마태복음	마가복음	누가복음	요한복음
3) 생명의 떡이신 예수				ⓢ요 6:36-59 36 그러나 내가 너희에게 이르기를 너희는 나를 보고도 믿지 아니하는도다 하였느니라 37 아버지께서 내게 주시는 자는 다 내게로 올 것이요 내게 오는 자는 내가 결코 내쫓지 아니하리라 38 내가 하늘에서 내려온 것은 내 뜻을 행하려 함이 아니요 나를 보내신 이의 뜻을 행하려 함이니라 39 나를 보내신 이의 뜻은 내게 주신 자 중에 내가 하나도 잃어버리지 아니하고 마지막 날에 다시 살리는 이것이니라 40 내 아버지의 뜻은 아들을 보고 믿는 자마다 영생을 얻는 이것이니 마지막 날에 내가 이를 다시 살리리라 하시니라 41 자기가 하늘에서 내려온 떡이라 하시므로 유대인들이 예수에 대하여 수군거려 42 이르되 이는 요셉의 아들 예수가 아니냐 그 부모를 우리가 아는데 자기가 지금 어찌하여 하늘에서 내려왔다 하느냐 43 예수께서 대답하여 이르시되 너희는 서로 수군거리지 말라

사건 명	마태복음	마가복음	누가복음	요한복음
				44 나를 보내신 아버지께서 이끌지 아니하시면 아무도 내게 올 수 없으니 오는 그를 내가 마지막 날에 다시 살리리라 **45** 선지자의 글에 그들이 다 하나님의 가르치심을 받으리라 기록되었은즉 아버지께 듣고 배운 사람마다 내게로 오느니라 **46** 이는 아버지를 본 자가 있다는 것이 아니니라 오직 하나님에게서 온 자만 아버지를 보았느니라 **47** 진실로 진실로 너희에게 이르노니 믿는 자는 영생을 가졌나니 **48** 내가 곧 생명의 떡이니라 **49** 너희 조상들은 광야에서 만나를 먹었어도 죽었거니와 **50** 이는 하늘에서 내려오는 떡이니 사람으로 하여금 먹고 죽지 아니하게 하는 것이니라 **51** 나는 하늘에서 내려온 살아 있는 떡이니 사람이 이 떡을 먹으면 영생하리라 내가 줄 떡은 곧 세상의 생명을 위한 내 살이니라 하시니라 **52** 그러므로 유대인들이 서로 다투어 이르되 이 사람이 어찌 능히 자기 살을 우리에게 주어 먹게 하겠느냐

사건 명	마태복음	마가복음	누가복음	요한복음
				53 예수께서 이르시되 내가 진실로 진실로 너희에게 이르노니 인자의 살을 먹지 아니하고 인자의 피를 마시지 아니하면 너희 속에 생명이 없느니라 54 내 살을 먹고 내 피를 마시는 자는 영생을 가졌고 마지막 날에 내가 그를 다시 살리리니 55 내 살은 참된 양식이요 내 피는 참된 음료로다 56 내 살을 먹고 내 피를 마시는 자는 내 안에 거하고 나도 그의 안에 거하나니 57 살아 계신 아버지께서 나를 보내시매 내가 아버지로 말미암아 사는 것 같이 나를 먹는 그 사람도 나로 말미암아 살리라 58 이것은 하늘에서 내려온 떡이니 조상들이 먹고도 죽은 그것과 같지 아니하여 이 떡을 먹는 자는 영원히 살리라 59 이 말씀은 예수께서 가버나움 회당에서 가르치실 때에 하셨느니라

사건 명	마태복음	마가복음	누가복음	요한복음
4) 많은 사람이 예수를 떠남				ⓨ 6:60-71 **영생의 말씀** **60** 제자 중 여럿이 듣고 말하되 이 말씀은 어렵도다 누가 들을 수 있느냐 한대 **61** 예수께서 스스로 제자들이 이 말씀에 대하여 수군거리는 줄 아시고 이르시되 이 말이 너희에게 걸림이 되느냐 **62** 그러면 너희는 인자가 이전에 있던 곳으로 올라가는 것을 본다면 어떻게 하겠느냐 **63** 살리는 것은 영이니 육은 무익하니라 내가 너희에게 이른 말은 영이요 생명이라 **64** 그러나 너희 중에 믿지 아니하는 자들이 있느니라 하시니 이는 예수께서 믿지 아니하는 자들이 누구며 자기를 팔 자가 누구인지 처음부터 아심이러라 **65** 또 이르시되 그러므로 전에 너희에게 말하기를 내 아버지께서 오게 하여 주지 아니하시면 누구든지 내게 올 수 없다 하였노라 하시니라 **66** 그 때부터 그의 제자 중에서 많은 사람이 떠나가고 다시 그와 함께 다니지 아니하더라 **67** 예수께서 열두 제자에게 이르시되 너희도 가려느냐

사건 명	마태복음	마가복음	누가복음	요한복음
				68 시몬 베드로가 대답하되 주여 영생의 말씀이 주께 있사오니 우리가 누구에게로 가오리이까 **69** 우리가 주는 하나님의 거룩하신 자이신 줄 믿고 알았사옵나이다 **70** 예수께서 대답하시되 내가 너희 열둘을 택하지 아니하였느냐 그러나 너희 중의 한 사람은 마귀니라 하시니 **71** 이 말씀은 가룟 시몬의 아들 유다를 가리키심이라 그는 열둘 중의 하나로 예수를 팔 자러라
7. 공회 파송자의 정결례 위반 공격	㉮ 15:1–20 **장로들의 전통(막 7:1–23)** **1** 그 때에 바리새인과 서기관들이 예루살렘으로부터 예수께 나아와 이르되 **2** 당신의 제자들이 어찌하여 장로들의 전통을 범하나이까 떡 먹을 때에 손을 씻지 아니하나이다 **3** 대답하여 이르시되 너희는 어찌하여 너희의 전통으로 하나님의 계명을 범하느냐 **4** 하나님이 이르셨으되 네 부모를 공경하라 하시고 또 아버지나 어머니를 비방하는 자는 반드시 죽임을 당하리라 하셨거늘	㉯ 7:1–23 **장로들의 전통(마 15:1–20)** **1** 바리새인들과 또 서기관 중 몇이 예루살렘에서 와서 예수께 모여들었다가 **2** 그의 제자 중 몇 사람이 부정한 손 곧 씻지 아니한 손으로 떡 먹는 것을 보았더라 **3** (바리새인들과 모든 유대인들은 장로들의 전통을 지키어 손을 잘 씻지 않고서는 음식을 먹지 아니하며 **4** 또 시장에서 돌아와서도 물을 뿌리지 않고서는 먹지 아니하며 그 외에도 여러 가지를 지키어 오는 것이 있으니 잔과 주발과 놋그릇을 씻음이러라)		

사건 명	마태복음	마가복음	누가복음	요한복음
	5 너희는 이르되 누구든지 아버지에게나 어머니에게 말하기를 내가 드려 유익하게 할 것이 하나님께 드림이 되었다고 하기만 하면 6 그 부모를 공경할 것이 없다 하여 너희의 전통으로 하나님의 말씀을 폐하는도다 7 외식하는 자들아 이사야가 너희에 관하여 잘 예언하였도다 일렀으되 8 이 백성이 입술로는 나를 공경하되 마음은 내게서 멀도다 9 사람의 계명으로 교훈을 삼아 가르치니 나를 헛되이 경배하는도다 하였느니라 하시고 10 무리를 불러 이르시되 듣고 깨달으라 11 입으로 들어가는 것이 사람을 더럽게 하는 것이 아니라 입에서 나오는 그것이 사람을 더럽게 하는 것이니라 12 이에 제자들이 나아와 이르되 바리새인들이 이 말씀을 듣고 걸림이 된 줄 아시나이까 13 예수께서 대답하여 이르시되 심은 것마다 내 하늘 아버지께서 심으시지 않은 것은 뽑힐 것이니	5 이에 바리새인들과 서기관들이 예수께 묻되 어찌하여 당신의 제자들은 장로들의 전통을 준행하지 아니하고 부정한 손으로 떡을 먹나이까 6 이르시되 이사야가 너희 외식하는 자에 대하여 잘 예언하였도다 기록하였으되 이 백성이 입술로는 나를 공경하되 마음은 내게서 멀도다 7 사람의 계명으로 교훈을 삼아 가르치니 나를 헛되이 경배하는도다 하였느니라 8 너희가 하나님의 계명은 버리고 사람의 전통을 지키느니라 9 또 이르시되 너희가 너희 전통을 지키려고 하나님의 계명을 잘 저버리는도다 10 모세는 네 부모를 공경하라 하고 또 아버지나 어머니를 모욕하는 자는 죽임을 당하리라 하였거늘 11 너희는 이르되 사람이 아버지에게나 어머니에게나 말하기를 내가 드려 유익하게 할 것이 고르반 곧 하나님께 드림이 되었다고 하기만 하면 그만이라 하고 12 자기 아버지나 어머니에게 다시 아무 것도 하여 드리기를 허락하지 아니하여		

사건 명	마태복음	마가복음	누가복음	요한복음
	14 그냥 두라 그들은 맹인이 되어 맹인을 인도하는 자로다 만일 맹인이 맹인을 인도하면 둘이 다 구덩이에 빠지리라 하시니 15 베드로가 대답하여 이르되 이 비유를 우리에게 설명하여 주옵소서 16 예수께서 이르시되 너희도 아직까지 깨달음이 없느냐 17 입으로 들어가는 모든 것은 배로 들어가서 뒤로 내버려지는 줄 알지 못하느냐 18 입에서 나오는 것들은 마음에서 나오나니 이것이야말로 사람을 더럽게 하느니라 19 마음에서 나오는 것은 악한 생각과 살인과 간음과 음란과 도둑질과 거짓 증언과 비방이니 20 이런 것들이 사람을 더럽게 하는 것이요 씻지 않은 손으로 먹는 것은 사람을 더럽게 하지 못하느니라	13 너희가 전한 전통으로 하나님의 말씀을 폐하며 또 이같은 일을 많이 행하느니라 하시고 14 무리를 다시 불러 이르시되 너희는 다 내 말을 듣고 깨달으라 15 무엇이든지 밖에서 사람에게로 들어가는 것은 능히 사람을 더럽게 하지 못하되 16 사람 안에서 나오는 것이 사람을 더럽게 하는 것이니라 하시고 17 무리를 떠나 집으로 들어가시니 제자들이 그 비유를 묻자온대 18 예수께서 이르시되 너희도 이렇게 깨달음이 없느냐 무엇이든지 밖에서 들어가는 것이 능히 사람을 더럽게 하지 못함을 알지 못하느냐 19 이는 마음으로 들어가지 아니하고 배로 들어가 뒤로 나감이라 이러므로 모든 음식물을 깨끗하다 하시니라 20 또 이르시되 사람에게서 나오는 그것이 사람을 더럽게 하느니라 21 속에서 곧 사람의 마음에서 나오는 것은 악한 생각 곧 음란과 도둑질과 살인과 22 간음과 탐욕과 악독과 속임과 음탕과 질투와 비방과 교만과 우매함이니		

사건 명	마태복음	마가복음	누가복음	요한복음
		23 이 모든 악한 것이 다 속에서 나와서 사람을 더럽게 하느니라		
8. 수로보니게 여인 딸 치유(두로와 시돈 지방)	㉮ 15:21-28 **가나안 여자의 믿음(막 7:24-30)** 21 예수께서 거기서 나가사 두로와 시돈 지방으로 들어가시니 22 가나안 여자 하나가 그 지경에서 나와서 소리 질러 이르되 주 다윗의 자손이여 나를 불쌍히 여기소서 내 딸이 흉악하게 귀신 들렸나이다 하되 23 예수는 한 말씀도 대답하지 아니하시니 제자들이 와서 청하여 말하되 그 여자가 우리 뒤에서 소리를 지르오니 그를 보내소서 24 예수께서 대답하여 이르시되 나는 이스라엘 집의 잃어버린 양 외에는 다른 데로 보내심을 받지 아니하였노라 하시니 25 여자가 와서 예수께 절하며 이르되 주여 저를 도우소서 26 대답하여 이르시되 자녀의 떡을 취하여 개들에게 던짐이 마땅하지 아니하니라 27 여자가 이르되 주여 옳소이다마는 개들도 제 주인의 상에서 떨어지는 부스러기를 먹나이다 하니	㉯ 7:24-30 **수로보니게 여자의 믿음(마 15:21-28)** 24 예수께서 일어나사 거기를 떠나 두로 지방으로 가서 한 집에 들어가 아무도 모르게 하시려 하나 숨길 수 없더라 25 이에 더러운 귀신 들린 어린 딸을 둔 한 여자가 예수의 소문을 듣고 곧 와서 그 발 아래에 엎드리니 26 그 여자는 헬라인이요 수로보니게 족속이라 자기 딸에게서 귀신 쫓아내 주시기를 간구하거늘 27 예수께서 이르시되 자녀로 먼저 배불리 먹게 할지니 자녀의 떡을 취하여 개들에게 던짐이 마땅치 아니하니라 28 여자가 대답하여 이르되 주여 옳소이다마는 상 아래 개들도 아이들이 먹던 부스러기를 먹나이다 29 예수께서 이르시되 이 말을 하였으니 돌아가라 귀신이 네 딸에게서 나갔느니라 하시매 30 여자가 집에 돌아가 본즉 아이가 침상에 누웠고 귀신이 나갔더라		

사건 명	마태복음	마가복음	누가복음	요한복음
	28 이에 예수께서 대답하여 이르시되 여자여 네 믿음이 크도다 네 소원대로 되리라 하시니 그 때로부터 그의 딸이 나으니라			
9. 귀먹고 말더듬는 병자 치유 및 칠병 이어(갈릴리 바다 부근) 1) 귀먹고 말더듬는 병자 치유	ⓜ **15:29-31** **많은 사람들을 고치시다** **29** 예수께서 거기서 떠나사 갈릴리 호숫가에 이르러 산에 올라가 거기 앉으시니 **30** 큰 무리가 다리 저는 사람과 장애인과 맹인과 말 못하는 사람과 기타 여럿을 데리고 와서 예수의 발 앞에 앉히매 고쳐 주시니 **31** 말 못하는 사람이 말하고 장애인이 온전하게 되고 다리 저는 사람이 걸으며 맹인이 보는 것을 무리가 보고 놀랍게 여겨 이스라엘의 하나님께 영광을 돌리니라	ⓜ **7:31-37** **귀 먹고 말 더듬는 사람을 고치시다** **31** 예수께서 다시 두로 지방에서 나와 시돈을 지나고 데가볼리 지방을 통과하여 갈릴리 호수에 이르시매 **32** 사람들이 귀 먹고 말 더듬는 자를 데리고 예수께 나아와 안수하여 주시기를 간구하거늘 **33** 예수께서 그 사람을 따로 데리고 무리를 떠나사 손가락을 그의 양 귀에 넣고 침을 뱉어 그의 혀에 손을 대시며 **34** 하늘을 우러러 탄식하시며 그에게 이르시되 에바다 하시니 이는 열리라는 뜻이라 **35** 그의 귀가 열리고 혀가 맺힌 것이 곧 풀려 말이 분명하여졌더라 **36** 예수께서 그들에게 경고하사 아무에게도 이르지 말라 하시되 경고하실수록 그들이 더욱 널리 전파하니 **37** 사람들이 심히 놀라 이르되 그가 모든 것을 잘하였도다 못 듣는 사람도 듣게 하고 말 못하는 사람도 말하게 한다 하니라		

사건 명	마태복음	마가복음	누가복음	요한복음
2) 칠병이어 기적	㉰ 15:32–39 **사천 명을 먹이시다(막 8:1–10)** 32 예수께서 제자들을 불러 이르시되 내가 무리를 불쌍히 여기노라 그들이 나와 함께 있은 지 이미 사흘이매 먹을 것이 없도다 길에서 기진할까 하여 굶겨 보내지 못하겠노라 33 제자들이 이르되 광야에 있어 우리가 어디서 이런 무리가 배부를 만큼 떡을 얻으리이까 34 예수께서 이르시되 너희에게 떡이 몇 개나 있느냐 이르되 일곱 개와 작은 생선 두어 마리가 있나이다 하거늘 35 예수께서 무리에게 명하사 땅에 앉게 하시고 36 떡 일곱 개와 그 생선을 가지사 축사하시고 떼어 제자들에게 주시니 제자들이 무리에게 주매 37 다 배불리 먹고 남은 조각을 일곱 광주리에 차게 거두었으며 38 먹은 자는 여자와 어린이 외에 사천 명이었더라 39 예수께서 무리를 흩어 보내시고 배에 오르사 마가단 지경으로 가시니라	㉯ 8:1–10 **사천 명을 먹이시다(마 15:32–39)** 1 그 무렵에 또 큰 무리가 있어 먹을 것이 없는지라 예수께서 제자들을 불러 이르시되 2 내가 무리를 불쌍히 여기노라 그들이 나와 함께 있은 지 이미 사흘이 지났으나 먹을 것이 없도다 3 만일 내가 그들을 굶겨 집으로 보내면 길에서 기진하리라 그 중에는 멀리서 온 사람들도 있느니라 4 제자들이 대답하되 이 광야 어디서 떡을 얻어 이 사람들로 배부르게 할 수 있으리이까 5 예수께서 물으시되 너희에게 떡 몇 개나 있느냐 이르되 일곱이로소이다 하거늘 6 예수께서 무리를 명하여 땅에 앉게 하시고 떡 일곱 개를 가지사 축사하시고 떼어 제자들에게 주어 나누어 주게 하시니 제자들이 무리에게 나누어 주더라 7 또 작은 생선 두어 마리가 있는지라 이에 축복하시고 명하사 이것도 나누어 주게 하시니 8 배불리 먹고 남은 조각 일곱 광주리를 거두었으며		

사건 명	마태복음	마가복음	누가복음	요한복음
		9 사람은 약 사천 명이었더라 예수께서 그들을 흩어 보내시고 10 곧 제자들과 함께 배에 오르사 달마누다 지방으로 가시니라		
10. 또 다른 표적 요구	㉮ 16:1–4 **악한 세대가 표적을 구하나(막 8:11–13; 눅 12:54–56)** 1 바리새인과 사두개인들이 와서 예수를 시험하여 하늘로부터 오는 표적 보이기를 청하니 2 예수께서 대답하여 이르시되 너희가 저녁에 하늘이 붉으면 날이 좋겠다 하고 3 아침에 하늘이 붉고 흐리면 오늘은 날이 궂겠다 하나니 너희가 날씨는 분별할 줄 알면서 시대의 표적은 분별할 수 없느냐 4 악하고 음란한 세대가 표적을 구하나 요나의 표적 밖에는 보여 줄 표적이 없느니라 하시고 그들을 떠나 가시니라	㉯ 8:11–13 **이 세대가 표적을 구하나(마 16:1–4)** 11 바리새인들이 나와서 예수를 힐난하며 그를 시험하여 하늘로부터 오는 표적을 구하거늘 12 예수께서 마음속으로 깊이 탄식하시며 이르시되 어찌하여 이 세대가 표적을 구하느냐 내가 진실로 너희에게 이르노니 이 세대에 표적을 주지 아니하리라 하시고 13 그들을 떠나 다시 배에 올라 건너편으로 가시니라		
11. 바리새인, 사두개인 누룩 경고	㉮ 16:5–12 **바리새인과 사두개인들의 누룩(막 8:14–21)** 5 제자들이 건너편으로 갈새 떡 가져가기를 잊었더니 6 예수께서 이르시되 삼가 바리새인과 사두개인들의 누룩을 주의하라 하시니	㉯ 8:14–21 **바리새인들과 헤롯의 누룩(마 16:5–12)** 14 제자들이 떡 가져오기를 잊었으매 배에 떡 한 개밖에 그들에게 없더라 15 예수께서 경고하여 이르시되 삼가 바리새인들의 누룩과 헤롯의 누룩을 주의하라 하시니		

사건 명	마태복음	마가복음	누가복음	요한복음
	7 제자들이 서로 논의하여 이르되 우리가 떡을 가져오지 아니하였도다 하거늘 8 예수께서 아시고 이르시되 믿음이 작은 자들아 어찌 떡이 없으므로 서로 논의하느냐 9 너희가 아직도 깨닫지 못하느냐 떡 다섯 개로 오천 명을 먹이고 주운 것이 몇 바구니며 10 떡 일곱 개로 사천 명을 먹이고 주운 것이 몇 광주리였는지를 기억하지 못하느냐 11 어찌 내 말한 것이 떡에 관함이 아닌 줄을 깨닫지 못하느냐 오직 바리새인과 사두개인들의 누룩을 주의하라 하시니 12 그제서야 제자들이 떡의 누룩이 아니요 바리새인과 사두개인들의 교훈을 삼가라고 말씀하신 줄을 깨달으니라	16 제자들이 서로 수군거리기를 이는 우리에게 떡이 없음이로다 하거늘 17 예수께서 아시고 이르시되 너희가 어찌 떡이 없음으로 수군거리느냐 아직도 알지 못하며 깨닫지 못하느냐 너희 마음이 둔하냐 18 너희가 눈이 있어도 보지 못하며 귀가 있어도 듣지 못하느냐 또 기억하지 못하느냐 19 내가 떡 다섯 개를 오천 명에게 떼어 줄 때에 조각 몇 바구니를 거두었더냐 이르되 열둘이니이다 20 또 일곱 개를 사천 명에게 떼어 줄 때에 조각 몇 광주리를 거두었더냐 이르되 일곱이니이다 21 이르시되 아직도 깨닫지 못하느냐 하시니라		
12. 벳새다 소경 치유		㉯ 8:22-26 **벳새다에서 맹인을 고치시다** 22 벳새다에 이르매 사람들이 맹인 한 사람을 데리고 예수께 나아와 손 대시기를 구하거늘 23 예수께서 맹인의 손을 붙잡으시고 마을 밖으로 데리고 나가사 눈에 침을 뱉으시며 그에게 안수하시고 무엇이 보이느냐 물으시니		

사건 명	마태복음	마가복음	누가복음	요한복음
		24 쳐다보며 이르되 사람들이 보이나이다 나무 같은 것들이 걸어 가는 것을 보나이다 하거늘 25 이에 그 눈에 다시 안수하시매 그가 주목하여 보더니 나아서 모든 것을 밝히 보는지라 26 예수께서 그 사람을 집으로 보내시며 이르시되 마을에는 들어가지 말라 하시니라		
13. 빌립보 가이사랴 사건	(마) 16:13-20 **베드로가 예수를 그리스도로 고백하다(막 8:27-30; 눅 9:18-21)** 13 예수께서 빌립보 가이사랴 지방에 이르러 제자들에게 물어 이르시되 사람들이 인자를 누구라 하느냐 14 이르되 더러는 세례 요한, 더러는 엘리야, 어떤 이는 예레미야나 선지자 중의 하나라 하나이다 15 이르시되 너희는 나를 누구라 하느냐 16 시몬 베드로가 대답하여 이르되 주는 그리스도시요 살아 계신 하나님의 아들이시니이다 17 예수께서 대답하여 이르시되 바요나 시몬아 네가 복이 있도다 이를 네게 알게 한 이는 혈육이 아니요 하늘에 계신 내 아버지시니라	(막) 8:27-30 **베드로의 고백, 죽음과 부활을 말씀하심(마 16:13-28; 눅 9:18-27)** 27 예수와 제자들이 빌립보 가이사랴 여러 마을로 나가실새 길에서 제자들에게 물어 이르시되 사람들이 나를 누구라고 하느냐 28 제자들이 여짜와 이르되 세례 요한이라 하고 더러는 엘리야, 더러는 선지자 중의 하나라 하나이다 29 또 물으시되 너희는 나를 누구라 하느냐 베드로가 대답하여 이르되 주는 그리스도시니이다 하매 30 이에 자기의 일을 아무에게도 말하지 말라 경고하시고	(눅) 9:18-21 **베드로의 고백, 죽음과 부활 예고(마 16:13-28; 막 8:27-9:1)** 18 예수께서 따로 기도하실 때에 제자들이 주와 함께 있더니 물어 이르시되 무리가 나를 누구라고 하느냐 19 대답하여 이르되 세례 요한이라 하고 더러는 엘리야라, 더러는 옛 선지자 중의 한 사람이 살아났다 하나이다 20 예수께서 이르시되 너희는 나를 누구라 하느냐 베드로가 대답하여 이르되 하나님의 그리스도시니이다 하니 21 경고하사 이 말을 아무에게도 이르지 말라 명하시고	

사건 명	마태복음	마가복음	누가복음	요한복음
	18 또 내가 네게 이르노니 너는 베드로라 내가 이 반석 위에 내 교회를 세우리니 음부의 권세가 이기지 못하리라 19 내가 천국 열쇠를 네게 주리니 네가 땅에서 무엇이든지 매면 하늘에서도 매일 것이요 네가 땅에서 무엇이든지 풀면 하늘에서도 풀리리라 하시고 20 이에 제자들에게 경고하사 자기가 그리스도인 것을 아무에게도 이르지 말라 하시니라			
14. 첫 수난 예고 **(빌립보 가이사랴)**	**(마) 16:21-28** **죽음과 부활을 처음으로 이르시다 (막 8:31-9:1; 눅 9:22-27)** 21 이 때로부터 예수 그리스도께서 자기가 예루살렘에 올라가 장로들과 대제사장들과 서기관들에게 많은 고난을 받고 죽임을 당하고 제삼일에 살아나야 할 것을 제자들에게 비로소 나타내시니 22 베드로가 예수를 붙들고 항변하여 이르되 주여 그리 마옵소서 이 일이 결코 주께 미치지 아니하리이다	**(막) 8:31-38** 31 인자가 많은 고난을 받고 장로들과 대제사장들과 서기관들에게 버린 바 되어 죽임을 당하고 사흘 만에 살아나야 할 것을 비로소 그들에게 가르치시되 32 드러내 놓고 이 말씀을 하시니 베드로가 예수를 붙들고 항변하매 33 예수께서 돌이키사 제자들을 보시며 베드로를 꾸짖어 이르시되 사탄아 내 뒤로 물러가라 네가 하나님의 일을 생각하지 아니하고 도리어 사람의 일을 생각하는도다 하시고	**(눅) 9:22-27** 22 이르시되 인자가 많은 고난을 받고 장로들과 대제사장들과 서기관들에게 버린 바 되어 죽임을 당하고 제삼일에 살아나야 하리라 하시고 23 또 무리에게 이르시되 아무든지 나를 따라오려거든 자기를 부인하고 날마다 제 십자가를 지고 나를 따를 것이니라 24 누구든지 제 목숨을 구원하고자 하면 잃을 것이요 누구든지 나를 위하여 제 목숨을 잃으면 구원하리라 25 사람이 만일 온 천하를 얻고도 자기를 잃든지 빼앗기든지 하면 무엇이 유익하리요	

사건 명	마태복음	마가복음	누가복음	요한복음
	23 예수께서 돌이키시며 베드로에게 이르시되 사탄아 내 뒤로 물러 가라 너는 나를 넘어지게 하는 자로다 네가 하나님의 일을 생각하지 아니하고 도리어 사람의 일을 생각하는도다 하시고 24 이에 예수께서 제자들에게 이르시되 누구든지 나를 따라오려거든 자기를 부인하고 자기 십자가를 지고 나를 따를 것이니라 25 누구든지 제 목숨을 구원하고자 하면 잃을 것이요 누구든지 나를 위하여 제 목숨을 잃으면 찾으리라 26 사람이 만일 온 천하를 얻고도 제 목숨을 잃으면 무엇이 유익하리요 사람이 무엇을 주고 제 목숨과 바꾸겠느냐 27 인자가 아버지의 영광으로 그 천사들과 함께 오리니 그 때에 각 사람이 행한 대로 갚으리라 28 진실로 너희에게 이르노니 여기 서 있는 사람 중에 죽기 전에 인자가 그 왕권을 가지고 오는 것을 볼 자들도 있느니라	34 무리와 제자들을 불러 이르시되 누구든지 나를 따라오려거든 자기를 부인하고 자기 십자가를 지고 나를 따를 것이니라 35 누구든지 자기 목숨을 구원하고자 하면 잃을 것이요 누구든지 나와 복음을 위하여 자기 목숨을 잃으면 구원하리라 36 사람이 만일 온 천하를 얻고도 자기 목숨을 잃으면 무엇이 유익하리요 37 사람이 무엇을 주고 자기 목숨과 바꾸겠느냐 38 누구든지 이 음란하고 죄 많은 세대에서 나와 내 말을 부끄러워하면 인자도 아버지의 영광으로 거룩한 천사들과 함께 올 때에 그 사람을 부끄러워하리라 ㉮ 9:1 1 또 그들에게 이르시되 내가 진실로 너희에게 이르노니 여기 서 있는 사람 중에는 죽기 전에 하나님의 나라가 권능으로 임하는 것을 볼 자들도 있느니라 하시니라	26 누구든지 나와 내 말을 부끄러워하면 인자도 자기와 아버지와 거룩한 천사들의 영광으로 올 때에 그 사람을 부끄러워하리라 27 내가 참으로 너희에게 이르노니 여기 서 있는 사람 중에 죽기 전에 하나님의 나라를 볼 자들도 있느니라	

사건 명	마태복음	마가복음	누가복음	요한복음
15. 변화산 사건 (헤르몬 산?)	(마) 17:1–13 **영광스러운 모습으로 변형되시다(막 9:2–13; 눅 9:28–36)** **1** 엿새 후에 예수께서 베드로와 야고보와 그 형제 요한을 데리시고 따로 높은 산에 올라가셨더니 **2** 그들 앞에서 변형되사 그 얼굴이 해 같이 빛나며 옷이 빛과 같이 희어졌더라 **3** 그 때에 모세와 엘리야가 예수와 더불어 말하는 것이 그들에게 보이거늘 **4** 베드로가 예수께 여쭈어 이르되 주여 우리가 여기 있는 것이 좋사오니 만일 주께서 원하시면 내가 여기서 초막 셋을 짓되 하나는 주님을 위하여, 하나는 모세를 위하여, 하나는 엘리야를 위하여 하리이다 **5** 말할 때에 홀연히 빛난 구름이 그들을 덮으며 구름 속에서 소리가 나서 이르시되 이는 내 사랑하는 아들이요 내 기뻐하는 자니 너희는 그의 말을 들으라 하시는지라 **6** 제자들이 듣고 엎드려 심히 두려워하니 **7** 예수께서 나아와 그들에게 손을 대시며 이르시되 일어나라 두려워하지 말라 하시니	(막) 9:2–13 **영광스러운 모습으로 변형되시다(마 17:1–13; 눅 9:28–36)** **2** 엿새 후에 예수께서 베드로와 야고보와 요한을 데리시고 따로 높은 산에 올라가셨더니 그들 앞에서 변형되사 **3** 그 옷이 광채가 나며 세상에서 빨래하는 자가 그렇게 희게 할 수 없을 만큼 매우 희어졌더라 **4** 이에 엘리야가 모세와 함께 그들에게 나타나 예수와 더불어 말하거늘 **5** 베드로가 예수께 고하되 랍비여 우리가 여기 있는 것이 좋사오니 우리가 초막 셋을 짓되 하나는 주를 위하여, 하나는 모세를 위하여, 하나는 엘리야를 위하여 하사이다 하니 **6** 이는 그들이 몹시 무서워하므로 그가 무슨 말을 할지 알지 못함이더라 **7** 마침 구름이 와서 그들을 덮으며 구름 속에서 소리가 나되 이는 내 사랑하는 아들이니 너희는 그의 말을 들으라 하는지라 **8** 문득 둘러보니 아무도 보이지 아니하고 오직 예수와 자기들뿐이었더라	(눅) 9:28–36 **영광스러운 모습으로 변화되시다(마 17:1–8; 막 9:2–8)** **28** 이 말씀을 하신 후 팔 일쯤 되어 예수께서 베드로와 요한과 야고보를 데리고 기도하시러 산에 올라가사 **29** 기도하실 때에 용모가 변화되고 그 옷이 희어져 광채가 나더라 **30** 문득 두 사람이 예수와 함께 말하니 이는 모세와 엘리야라 **31** 영광중에 나타나서 장차 예수께서 예루살렘에서 별세하실 것을 말할새 **32** 베드로와 및 함께 있는 자들이 깊이 졸다가 온전히 깨어나 예수의 영광과 및 함께 선 두 사람을 보더니 **33** 두 사람이 떠날 때에 베드로가 예수께 여짜오되 주여 우리가 여기 있는 것이 좋사오니 우리가 초막 셋을 짓되 하나는 주를 위하여, 하나는 모세를 위하여, 하나는 엘리야를 위하여 하사이다 하되 자기가 하는 말을 자기도 알지 못하더라 **34** 이 말 할 즈음에 구름이 와서 그들을 덮는지라 구름 속으로 들어갈 때에 그들이 무서워하더니	

사건 명	마태복음	마가복음	누가복음	요한복음
	8 제자들이 눈을 들고 보매 오직 예수 외에는 아무도 보이지 아니하더라 9 그들이 산에서 내려올 때에 예수께서 명하여 이르시되 인자가 죽은 자 가운데서 살아나기 전에는 본 것을 아무에게도 이르지 말라 하시니 10 제자들이 물어 이르되 그러면 어찌하여 서기관들이 엘리야가 먼저 와야 하리라 하나이까 11 예수께서 대답하여 이르시되 엘리야가 과연 먼저 와서 모든 일을 회복하리라 12 내가 너희에게 말하노니 엘리야가 이미 왔으되 사람들이 알지 못하고 임의로 대우하였도다 인자도 이와 같이 그들에게 고난을 받으리라 하시니 13 그제서야 제자들이 예수께서 말씀하신 것이 세례 요한인 줄을 깨달으니라	9 그들이 산에서 내려올 때에 예수께서 경고하시되 인자가 죽은 자 가운데서 살아날 때까지는 본 것을 아무에게도 이르지 말라 하시니 10 그들이 이 말씀을 마음에 두며 서로 문의하되 죽은 자 가운데서 살아나는 것이 무엇일까 하고 11 이에 예수께 묻자와 이르되 어찌하여 서기관들이 엘리야가 먼저 와야 하리라 하나이까 12 이르시되 엘리야가 과연 먼저 와서 모든 것을 회복하거니와 어찌 인자에 대하여 기록하기를 많은 고난을 받고 멸시를 당하리라 하였느냐 13 그러나 내가 너희에게 이르노니 엘리야가 왔으되 기록된 바와 같이 사람들이 함부로 대우하였느니라 하시니라	35 구름 속에서 소리가 나서 이르되 이는 나의 아들 곧 택함을 받은 자니 너희는 그의 말을 들으라 하고 36 소리가 그치매 오직 예수만 보이더라 제자들이 잠잠하여 그 본 것을 무엇이든지 그 때에는 아무에게도 이르지 아니하니라	
16. 변화산 아래 간질병자 치유	㊊ 17:14-21 **귀신 들린 아이를 고치시다(막 9:14-29; 눅 9:37-43 상)** 14 그들이 무리에게 이르매 한 사람이 예수께 와서 꿇어 엎드려 이르되	㊋ 9:14-29 **귀신 들린 아이를 고치시다(마 17:14-20; 눅 9:37-43 상)** 14 이에 그들이 제자들에게 와서 보니 큰 무리가 그들을 둘러싸고 서기관들이 그들과 더불어 변론하고 있더라	㊍ 9:37-43 **귀신 들린 아이를 낫게 하시다(마 17:14-18; 막 9:14-27)** 37 이튿날 산에서 내려오시니 큰 무리가 맞을새	

사건 명	마태복음	마가복음	누가복음	요한복음
	15 주여 내 아들을 불쌍히 여기소서 그가 간질로 심히 고생하여 자주 불에도 넘어지며 물에도 넘어지는지라 16 내가 주의 제자들에게 데리고 왔으나 능히 고치지 못하더이다 17 예수께서 대답하여 이르시되 믿음이 없고 패역한 세대여 내가 얼마나 너희와 함께 있으며 얼마나 너희에게 참으리요 그를 이리로 데려오라 하시니라 18 이에 예수께서 꾸짖으시니 귀신이 나가고 아이가 그 때부터 나으니라 19 이 때에 제자들이 조용히 예수께 나아와 이르되 우리는 어찌하여 쫓아내지 못하였나이까 20 이르시되 너희 믿음이 작은 까닭이니라 진실로 너희에게 이르노니 만일 너희에게 믿음이 겨자씨 한 알 만큼만 있어도 이 산을 명하여 여기서 저기로 옮겨지라 하면 옮겨질 것이요 또 너희가 못할 것이 없으리라 21 (없음)	15 온 무리가 곧 예수를 보고 매우 놀라며 달려와 문안하거늘 16 예수께서 물으시되 너희가 무엇을 그들과 변론하느냐 17 무리 중의 하나가 대답하되 선생님 말 못하게 귀신 들린 내 아들을 선생님께 데려왔나이다 18 귀신이 어디서든지 그를 잡으면 거꾸러져 거품을 흘리며 이를 갈며 그리고 파리해지는지라 내가 선생님의 제자들에게 내쫓아 달라 하였으나 그들이 능히 하지 못하더이다 19 대답하여 이르시되 믿음이 없는 세대여 내가 얼마나 너희와 함께 있으며 얼마나 너희에게 참으리요 그를 내게로 데려오라 하시매 20 이에 데리고 오니 귀신이 예수를 보고 곧 그 아이로 심히 경련을 일으키게 하는지라 그가 땅에 엎드러져 구르며 거품을 흘리더라 21 예수께서 그 아버지에게 물으시되 언제부터 이렇게 되었느냐 하시니 이르되 어릴 때부터니이다	38 무리 중의 한 사람이 소리 질러 이르되 선생님 청컨대 내 아들을 돌보아 주옵소서 이는 내 외아들이니이다 39 귀신이 그를 잡아 갑자기 부르짖게 하고 경련을 일으켜 거품을 흘리게 하며 몹시 상하게 하고야 겨우 떠나가나이다 40 당신의 제자들에게 내쫓아 주기를 구하였으나 그들이 능히 못하더이다 41 예수께서 대답하여 이르시되 믿음이 없고 패역한 세대여 내가 얼마나 너희와 함께 있으며 너희에게 참으리요 네 아들을 이리로 데리고 오라 하시니 42 올 때에 귀신이 그를 거꾸러뜨리고 심한 경련을 일으키게 하는지라 예수께서 더러운 귀신을 꾸짖으시고 아이를 낫게 하사 그 아버지에게 도로 주시니 43 사람들이 다 하나님의 위엄에 놀라니라	

사건 명	마태복음	마가복음	누가복음	요한복음
		22 귀신이 그를 죽이려고 불과 물에 자주 던졌나이다 그러나 무엇을 하실 수 있거든 우리를 불쌍히 여기사 도와 주옵소서 **23** 예수께서 이르시되 할 수 있거든이 무슨 말이냐 믿는 자에게는 능히 하지 못할 일이 없느니라 하시니 **24** 곧 그 아이의 아버지가 소리를 질러 이르되 내가 믿나이다 나의 믿음 없는 것을 도와주소서 하더라 **25** 예수께서 무리가 달려와 모이는 것을 보시고 그 더러운 귀신을 꾸짖어 이르시되 말 못하고 못 듣는 귀신아 내가 네게 명하노니 그 아이에게서 나오고 다시 들어가지 말라 하시매 **26** 귀신이 소리 지르며 아이로 심히 경련을 일으키게 하고 나가니 그 아이가 죽은 것 같이 되어 많은 사람이 말하기를 죽었다 하나 **27** 예수께서 그 손을 잡아 일으키시니 이에 일어서니라 **28** 집에 들어가시매 제자들이 조용히 묻자오되 우리는 어찌하여 능히 그 귀신을 쫓아내지 못하였나이까		

사건 명	마태복음	마가복음	누가복음	요한복음
		29 이르시되 기도 외에 다른 것으로는 이런 종류가 나갈 수 없느니라 하시니라		
17. 2차 수난 예고 (갈릴리)	㊐ 17:22-23 **죽음과 부활을 다시 이르시다(막 9:30-32; 눅 9:43 하-45)** 22 갈릴리에 모일 때에 예수께서 제자들에게 이르시되 인자가 장차 사람들의 손에 넘겨져 23 죽임을 당하고 제삼일에 살아나리라 하시니 제자들이 매우 근심하더라	㊐ 9:30-32 **죽음과 부활을 두 번째로 말씀하시다(마 17:22-23; 눅 9:43 하-45)** 30 그 곳을 떠나 갈릴리 가운데로 지날새 예수께서 아무에게도 알리고자 아니하시니 31 이는 제자들을 가르치시며 또 인자가 사람들의 손에 넘겨져 죽임을 당하고 죽은 지 삼일만에 살아나리라는 것을 말씀하셨기 때문이더라 32 그러나 제자들은 이 말씀을 깨닫지 못하고 묻기도 두려워하더라	㊐ 9:44-45 **인자가 사람들의 손에 넘겨지리라(마 17:22-23; 막 9:30-32)** 그들이 다 그 행하시는 모든 일을 놀랍게 여길새 예수께서 제자들에게 이르시되 44 이 말을 너희 귀에 담아 두라 인자가 장차 사람들의 손에 넘겨지리라 하시되 45 그들이 이 말씀을 알지 못하니 이는 그들로 깨닫지 못하게 숨긴 바 되었음이라 또 그들은 이 말씀을 묻기도 두려워하더라	
18. 성전세 납부 사건(가버나움)	㊐ 17:24-27 **성전세를 내시다** 24 가버나움에 이르니 반 세겔 받는 자들이 베드로에게 나아와 이르되 너의 선생은 반 세겔을 내지 아니하느냐 25 이르되 내신다 하고 집에 들어가니 예수께서 먼저 이르시되 시몬아 네 생각은 어떠하냐 세상 임금들이 누구에게 관세와 국세를 받느냐 자기 아들에게냐 타인에게냐			

사건 명	마태복음	마가복음	누가복음	요한복음
	26 베드로가 이르되 타인에게니이다 예수께서 이르시되 그렇다면 아들들은 세를 면하리라 27 그러나 우리가 그들이 실족하지 않게 하기 위하여 네가 바다에 가서 낚시를 던져 먼저 오르는 고기를 가져 입을 열면 돈 한 세겔을 얻을 것이니 가져다가 나와 너를 위하여 주라 하시니라			
19. 제자들 다툼에 교훈 주심 1) 제자들의 다툼에 교훈을 주심	(마) 18:1-5 **천국에서 큰 사람(막 9:33-37, 42-48; 눅 9:46-48; 15:3-7; 17:1-2)** 1 그 때에 제자들이 예수께 나아와 이르되 천국에서는 누가 크니이까 2 예수께서 한 어린 아이를 불러 그들 가운데 세우시고 3 이르시되 진실로 너희에게 이르노니 너희가 돌이켜 어린 아이들과 같이 되지 아니하면 결단코 천국에 들어가지 못하리라 4 그러므로 누구든지 이 어린 아이와 같이 자기를 낮추는 사람이 천국에서 큰 자니라 5 또 누구든지 내 이름으로 이런 어린 아이 하나를 영접하면 곧 나를 영접함이니	(막) 9:33-37 **누가 크냐(마 18:1-5; 눅 9:46-48)** 33 가버나움에 이르러 집에 계실새 제자들에게 물으시되 너희가 길에서 서로 토론한 것이 무엇이냐 하시되 34 그들이 잠잠하니 이는 길에서 서로 누가 크냐 하고 쟁론하였음이라 35 예수께서 앉으사 열두 제자를 불러서 이르시되 누구든지 첫째가 되고자 하면 뭇 사람의 끝이 되며 뭇 사람을 섬기는 자가 되어야 하리라 하시고 36 어린 아이 하나를 데려다가 그들 가운데 세우시고 안으시며 제자들에게 이르시되	(눅) 9:46-48 **누가 크냐(마 18:1-5; 막 9:33-37)** 46 제자 중에서 누가 크냐 하는 변론이 일어나니 47 예수께서 그 마음에 변론하는 것을 아시고 어린 아이 하나를 데려다가 자기 곁에 세우시고 48 그들에게 이르시되 누구든지 내 이름으로 이런 어린 아이를 영접하면 곧 나를 영접함이요 또 누구든지 나를 영접하면 곧 나를 보내신 이를 영접함이라 너희 모든 사람 중에 가장 작은 그가 큰 자니라	

사건 명	마태복음	마가복음	누가복음	요한복음
		37 누구든지 내 이름으로 이런 어린 아이 하나를 영접하면 곧 나를 영접함이요 누구든지 나를 영접하면 나를 영접함이 아니요 나를 보내신 이를 영접함이니라		
2) '작은 자'를 실족시키지 말라	(마) 18:6–14 6 누구든지 나를 믿는 이 작은 자 중 하나를 실족하게 하면 차라리 연자 맷돌이 그 목에 달려서 깊은 바다에 빠뜨려지는 것이 나으니라 7 실족하게 하는 일들이 있음으로 말미암아 세상에 화가 있도다 실족하게 하는 일이 없을 수는 없으나 실족하게 하는 그 사람에게는 화가 있도다 8 만일 네 손이나 네 발이 너를 범죄하게 하거든 찍어 내버리라 장애인이나 다리 저는 자로 영생에 들어가는 것이 두 손과 두 발을 가지고 영원한 불에 던져지는 것보다 나으니라 9 만일 네 눈이 너를 범죄하게 하거든 빼어 내버리라 한 눈으로 영생에 들어가는 것이 두 눈을 가지고 지옥 불에 던져지는 것보다 나으니라	(막) 9:38–50 **우리를 위하는 사람(마 18:6–9; 눅 9:49–50; 17:1–2)** 38 요한이 예수께 여짜오되 선생님 우리를 따르지 않는 어떤 자가 주의 이름으로 귀신을 내쫓는 것을 우리가 보고 우리를 따르지 아니하므로 금하였나이다 39 예수께서 이르시되 금하지 말라 내 이름을 의탁하여 능한 일을 행하고 즉시로 나를 비방할 자가 없느니라 40 우리를 반대하지 않는 자는 우리를 위하는 자니라 41 누구든지 너희가 그리스도에게 속한 자라 하여 물 한 그릇이라도 주면 내가 진실로 너희에게 이르노니 그가 결코 상을 잃지 않으리라 42 또 누구든지 나를 믿는 이 작은 자들 중 하나라도 실족하게 하면 차라리 연자맷돌이 그 목에 매여 바다에 던져지는 것이 나으리라	(눅) 9:49–50 **너희를 위하는 사람(막 9:38–40)** 49 요한이 여짜오되 주여 어떤 사람이 주의 이름으로 귀신을 내쫓는 것을 우리가 보고 우리와 함께 따르지 아니하므로 금하였나이다 50 예수께서 이르시되 금하지 말라 너희를 반대하지 않는 자는 너희를 위하는 자니라 하시니라	

사건 명	마태복음	마가복음	누가복음	요한복음
	10 삼가 이 작은 자 중의 하나도 업신여기지 말라 너희에게 말하노니 그들의 천사들이 하늘에서 하늘에 계신 내 아버지의 얼굴을 항상 뵈옵느니라 11 (없음) 12 너희 생각에는 어떠하냐 만일 어떤 사람이 양 백 마리가 있는데 그 중의 하나가 길을 잃었으면 그 아흔아홉 마리를 산에 두고 가서 길 잃은 양을 찾지 않겠느냐 13 진실로 너희에게 이르노니 만일 찾으면 길을 잃지 아니한 아흔아홉 마리보다 이것을 더 기뻐하리라 14 이와 같이 이 작은 자 중의 하나라도 잃는 것은 하늘에 계신 너희 아버지의 뜻이 아니니라	43 만일 네 손이 너를 범죄하게 하거든 찍어버리라 장애인으로 영생에 들어가는 것이 두 손을 가지고 지옥 곧 꺼지지 않는 불에 들어가는 것보다 나으니라 44 (없음) 45 만일 네 발이 너를 범죄하게 하거든 찍어버리라 다리 저는 자로 영생에 들어가는 것이 두 발을 가지고 지옥에 던져지는 것보다 나으니라 46 (없음) 47 만일 네 눈이 너를 범죄하게 하거든 빼버리라 한 눈으로 하나님의 나라에 들어가는 것이 두 눈을 가지고 지옥에 던져지는 것보다 나으니라 48 거기에서는 구더기도 죽지 않고 불도 꺼지지 아니하느니라 49 사람마다 불로써 소금 치듯 함을 받으리라 50 소금은 좋은 것이로되 만일 소금이 그 맛을 잃으면 무엇으로 이를 짜게 하리요 너희 속에 소금을 두고 서로 화목하라 하시니라		

사건 명	마태복음	마가복음	누가복음	요한복음
3) 죄를 범한 형제를 용서하라	ⓜ 18:15-20 **형제가 죄를 범하거든(눅 17:3)** 15 네 형제가 죄를 범하거든 가서 너와 그 사람과만 상대하여 권고하라 만일 들으면 네가 네 형제를 얻은 것이요 16 만일 듣지 않거든 한두 사람을 데리고 가서 두세 증인의 입으로 말마다 확증하게 하라 17 만일 그들의 말도 듣지 않거든 교회에 말하고 교회의 말도 듣지 않거든 이방인과 세리와 같이 여기라 18 진실로 너희에게 이르노니 무엇이든지 너희가 땅에서 매면 하늘에서도 매일 것이요 무엇이든지 땅에서 풀면 하늘에서도 풀리리라 19 진실로 다시 너희에게 이르노니 너희 중의 두 사람이 땅에서 합심하여 무엇이든지 구하면 하늘에 계신 내 아버지께서 그들을 위하여 이루게 하시리라 20 두세 사람이 내 이름으로 모인 곳에는 나도 그들 중에 있느니라			

사건 명	마태복음	마가복음	누가복음	요한복음
4) 몇 번이나 용서해야 하는가	ⓜ 18:21-35 **용서할 줄 모르는 종 비유** **21** 그 때에 베드로가 나아와 이르되 주여 형제가 내게 죄를 범하면 몇 번이나 용서하여 주리이까 일곱 번까지 하오리이까 **22** 예수께서 이르시되 네게 이르노니 일곱 번뿐 아니라 일곱 번을 일흔 번까지라도 할지니라 **23** 그러므로 천국은 그 종들과 결산하려 하던 어떤 임금과 같으니 **24** 결산할 때에 만 달란트 빚진 자 하나를 데려오매 **25** 갚을 것이 없는지라 주인이 명하여 그 몸과 아내와 자식들과 모든 소유를 다 팔아 갚게 하라 하니 **26** 그 종이 엎드려 절하며 이르되 내게 참으소서 다 갚으리이다 하거늘 **27** 그 종의 주인이 불쌍히 여겨 놓아 보내며 그 빚을 탕감하여 주었더니 **28** 그 종이 나가서 자기에게 백 데나리온 빚진 동료 한 사람을 만나 붙들어 목을 잡고 이르되 빚을 갚으라 하매 **29** 그 동료가 엎드려 간구하여 이르되 나에게 참아 주소서 갚으리이다 하되			

사건 명	마태복음	마가복음	누가복음	요한복음
	30 허락하지 아니하고 이에 가서 그가 빚을 갚도록 옥에 가두거늘 31 그 동료들이 그 것을 보고 몹시 딱하게 여겨 주인에게 가서 그 일을 다 알리니 32 이에 주인이 그를 불러다가 말하되 악한 종아 네가 빌기에 내가 네 빚을 전부 탕감하여 주었거늘 33 내가 너를 불쌍히 여김과 같이 너도 네 동료를 불쌍히 여김이 마땅하지 아니하냐 하고 34 주인이 노하여 그 빚을 다 갚도록 그를 옥졸들에게 넘기니라 35 너희가 각각 마음으로부터 형제를 용서하지 아니하면 나의 하늘 아버지께서도 너희에게 이와 같이 하시리라			
20. 초막절 예루살렘 방문 권유(갈릴리)				ⓨ 7:1-9 **형제들까지도 예수를 믿지 아니하다** 1 그 후에 예수께서 갈릴리에서 다니시고 유대에서 다니려 아니하심은 유대인들이 죽이려 함이러라 2 유대인의 명절인 초막절이 가까운지라 3 그 형제들이 예수께 이르되 당신이 행하는 일을 제자들도 보게 여기를 떠나 유대로 가소서

사건 명	마태복음	마가복음	누가복음	요한복음
				4 스스로 나타나기를 구하면서 묻혀서 일하는 사람이 없나니 이 일을 행하려 하거든 자신을 세상에 나타내소서 하니 5 이는 그 형제들까지도 예수를 믿지 아니함이러라 6 예수께서 이르시되 내 때는 아직 이르지 아니하였거니와 너희 때는 늘 준비되어 있느니라 7 세상이 너희를 미워하지 아니하되 나를 미워하나니 이는 내가 세상의 일들을 악하다고 증언함이라 8 너희는 명절에 올라가라 내 때가 아직 차지 못하였으니 나는 이 명절에 아직 올라가지 아니하노라 9 이 말씀을 하시고 갈릴리에 머물러 계시니라

8부

후기 유대 사역

(A.D. 29년 10월경~12월경)

사건 명	마태복음	마가복음	누가복음	요한복음
1. 사마리아인 예수 배척(A.D. 29년 유대력 7월 초막절 직전/사마리아)			㉯ 9:51-56 **사마리아의 마을에서 예수를 받아들이지 않다** 51 예수께서 승천하실 기약이 차가매 예루살렘을 향하여 올라가기로 굳게 결심하시고 52 사자들을 앞서 보내시매 그들이 가서 예수를 위하여 준비하려고 사마리아인의 한 마을에 들어갔더니 53 예수께서 예루살렘을 향하여 가시기 때문에 그들이 받아들이지 아니 하는지라 54 제자 야고보와 요한이 이를 보고 이르되 주여 우리가 불을 명하여 하늘로부터 내려 저들을 멸하라 하기를 원하시나이까 55 예수께서 돌아보시며 꾸짖으시고 56 함께 다른 마을로 가시니라	
2. (예루살렘으로 가며) **예수 따르는 자 자세 교훈**	㉮ 8:19-22 **나를 따르라(눅 9:57-62)** 19 한 서기관이 나아와 예수께 아뢰되 선생님이여 어디로 가시든지 저는 따르리이다 20 예수께서 이르시되 여우도 굴이 있고 공중의 새도 거처가 있으되 인자는 머리 둘 곳이 없다 하시더라 21 제자 중에 또 한 사람이 이르되 주여 내가 먼저 가서 내 아버지를 장사하게 허락하옵소서		㉯ 9:57-62 **나를 따르라(마 8:19-22)** 57 길 가실 때에 어떤 사람이 여짜오되 어디로 가시든지 나는 따르리이다 58 예수께서 이르시되 여우도 굴이 있고 공중의 새도 집이 있으되 인자는 머리 둘 곳이 없도다 하시고	

사건 명	마태복음	마가복음	누가복음	요한복음
	22 예수께서 이르시되 죽은 자들이 그들의 죽은 자들을 장사하게 하고 너는 나를 따르라 하시니라		59 또 다른 사람에게 나를 따르라 하시니 그가 이르되 나로 먼저 가서 내 아버지를 장사하게 허락하옵소서 60 이르시되 죽은 자들로 자기의 죽은 자들을 장사하게 하고 너는 가서 하나님의 나라를 전파하라 하시고 61 또 다른 사람이 이르되 주여 내가 주를 따르겠나이다마는 나로 먼저 내 가족을 작별하게 허락하소서 62 예수께서 이르시되 손에 쟁기를 잡고 뒤를 돌아보는 자는 하나님의 나라에 합당하지 아니하니라 하시니라	
3. 초막절 성전 교훈(A.D. 29년 유대력 초막절/예루살렘) 1) 성전에서 가르치심				**ⓨ 7:10-24** **명절을 지키러 올라가시다** 10 그 형제들이 명절에 올라간 후에 자기도 올라가시되 나타내지 않고 은밀히 가시니라 11 명절중에 유대인들이 예수를 찾으면서 그가 어디 있느냐 하고 12 예수에 대하여 무리 중에서 수군거림이 많아 어떤 사람은 좋은 사람이라 하며 어떤 사람은 아니라 무리를 미혹한다 하나 13 그러나 유대인들을 두려워하므로 드러나게 그에 대하여 말하는 자가 없더라

사건 명	마태복음	마가복음	누가복음	요한복음
				14 이미 명절의 중간이 되어 예수께서 성전에 올라가사 가르치시니 15 유대인들이 놀랍게 여겨 이르되 이 사람은 배우지 아니하였거늘 어떻게 글을 아느냐 하니 16 예수께서 대답하여 이르시되 내 교훈은 내 것이 아니요 나를 보내신 이의 것이니라 17 사람이 하나님의 뜻을 행하려 하면 이 교훈이 하나님께로부터 왔는지 내가 스스로 말함인지 알리라 18 스스로 말하는 자는 자기 영광만 구하되 보내신 이의 영광을 구하는 자는 참되니 그 속에 불의가 없느니라 19 모세가 너희에게 율법을 주지 아니하였느냐 너희 중에 율법을 지키는 자가 없도다 너희가 어찌하여 나를 죽이려 하느냐 20 무리가 대답하되 당신은 귀신이 들렸도다 누가 당신을 죽이려 하나이까 21 예수께서 대답하여 이르시되 내가 한 가지 일을 행하매 너희가 다 이로 말미암아 이상히 여기는도다

사건 명	마태복음	마가복음	누가복음	요한복음
				22 모세가 너희에 게 할례를 행했으 니 (그러나 할례는 모세에게서 난 것 이 아니요 조상들 에게서 난 것이라) 그러므로 너희가 안식일에도 사람에 게 할례를 행하느 니라 23 모세의 율법을 범하지 아니하려고 사람이 안식일에도 할례를 받는 일이 있거든 내가 안식 일에 사람의 전신 을 건전하게 한 것 으로 너희가 내게 노여워하느냐 24 외모로 판단하 지 말고 공의롭게 판단하라 하시니라
2) 예수 체포 시도				㉧ 7:25-36 **예수를 잡고자 하나** 25 예루살렘 사람 중에서 어떤 사람이 말하되 이는 그들이 죽이고자 하는 그 사람이 아니냐 26 보라 드러나게 말하되 그들이 아 무 말도 아니하는 도다 당국자들은 이 사람을 참으로 그리스도인 줄 알 았는가 27 그러나 우리는 이 사람이 어디서 왔는지 아노라 그 리스도께서 오실 때에는 어디서 오 시는지 아는 자가 없으리라 하는지라

사건 명	마태복음	마가복음	누가복음	요한복음
				28 예수께서 성전에서 가르치시며 외쳐 이르시되 너희가 나를 알고 내가 어디서 온 것도 알거니와 내가 스스로 온 것이 아니니라 나를 보내신 이는 참되시니 너희는 그를 알지 못하나 29 나는 아노니 이는 내가 그에게서 났고 그가 나를 보내셨음이라 하시니 30 그들이 예수를 잡고자 하나 손을 대는 자가 없으니 이는 그의 때가 아직 이르지 아니하였음이러라 31 무리 중의 많은 사람이 예수를 믿고 말하되 그리스도께서 오실지라도 그 행하실 표적이 이 사람이 행한 것보다 더 많으랴 하니 32 예수에 대하여 무리가 수군거리는 것이 바리새인들에게 들린지라 대제사장들과 바리새인들이 그를 잡으려고 아랫사람들을 보내니 33 예수께서 이르시되 내가 너희와 함께 조금 더 있다가 나를 보내신 이에게로 돌아가겠노라 34 너희가 나를 찾아도 만나지 못할 터이요 나 있는 곳에 오지도 못하리라 하시니

사건 명	마태복음	마가복음	누가복음	요한복음
				35 이에 유대인들이 서로 묻되 이 사람이 어디로 가기에 우리가 그를 만나지 못하리요 헬라인 중에 흩어져 사는 자들에게로 가서 헬라인을 가르칠 터인가 **36** 나를 찾아도 만나지 못할 터이요 나 있는 곳에 오지도 못하리라 한 이 말이 무슨 말이냐 하니라
3) 생수이신 예수				**㉠ 7:37-44** **배에서 생수의 강이 흘러나오리라** **37** 명절 끝날 곧 큰 날에 예수께서 서서 외쳐 이르시되 누구든지 목마르거든 내게로 와서 마시라 **38** 나를 믿는 자는 성경에 이름과 같이 그 배에서 생수의 강이 흘러나오리라 하시니 **39** 이는 그를 믿는 자들이 받을 성령을 가리켜 말씀하신 것이라 (예수께서 아직 영광을 받지 않으셨으므로 성령이 아직 그들에게 계시지 아니하시더라) **40** 이 말씀을 들은 무리 중에서 어떤 사람은 이 사람이 참으로 그 선지자라 하며 **41** 어떤 사람은 그리스도라 하며 어떤 이들은 그리스도가 어찌 갈릴리에서 나오겠느냐

사건 명	마태복음	마가복음	누가복음	요한복음
				42 성경에 이르기를 그리스도는 다윗의 씨로 또 다윗이 살던 마을 베들레헴에서 나오리라 하지 아니하였느냐 하며 43 예수로 말미암아 무리 중에서 쟁론이 되니 44 그 중에는 그를 잡고자 하는 자들도 있으나 손을 대는 자가 없었더라
4) 하인들의 복귀				㉭ 7:45-53 **대제사장들과 바리새인들은 믿지 않다** 45 아랫사람들이 대제사장들과 바리새인들에게로 오니 그들이 묻되 어찌하여 잡아오지 아니하였느냐 46 아랫사람들이 대답하되 그 사람이 말하는 것처럼 말한 사람은 이 때까지 없었나이다 하니 47 바리새인들이 대답하되 너희도 미혹되었느냐 48 당국자들이나 바리새인 중에 그를 믿는 자가 있느냐 49 율법을 알지 못하는 이 무리는 저주를 받은 자로다 50 그 중의 한 사람 곧 전에 예수께 왔던 니고데모가 그들에게 말하되 51 우리 율법은 사람의 말을 듣고 그 행한 것을 알기 전에 심판하느냐

사건 명	마태복음	마가복음	누가복음	요한복음
				52 그들이 대답하여 이르되 너도 갈릴리에서 왔느냐 찾아 보라 갈릴리에서는 선지자가 나지 못하느니라 하였더라 **음행중에 잡혀온 여자가 용서 받다** 53 [다 각각 집으로 돌아가고
4. 간음한 여인 사건(예루살렘)				**ⓨ 8:1-11** 1 예수는 감람 산으로 가시니라 2 아침에 다시 성전으로 들어오시니 백성이 다 나아오는지라 앉으사 그들을 가르치시더니 3 서기관들과 바리새인들이 음행중에 잡힌 여자를 끌고 와서 가운데 세우고 4 예수께 말하되 선생이여 이 여자가 간음하다가 현장에서 잡혔나이다 5 모세는 율법에 이러한 여자를 돌로 치라 명하였거니와 선생은 어떻게 말하겠나이까 6 그들이 이렇게 말함은 고발할 조건을 얻고자 하여 예수를 시험함이러라 예수께서 몸을 굽히사 손가락으로 땅에 쓰시니 7 그들이 묻기를 마지 아니하는지라 이에 일어나 이르시되 너희 중에 죄 없는 자가 먼저 돌로 치라 하시고 8 다시 몸을 굽혀 손가락으로 땅에 쓰시니

사건 명	마태복음	마가복음	누가복음	요한복음
				9 그들이 이 말씀을 듣고 양심에 가책을 느껴 어른으로 시작하여 젊은이까지 하나씩 하나씩 나가고 오직 예수와 그 가운데 섰는 여자만 남았더라 10 예수께서 일어나사 여자 외에 아무도 없는 것을 보시고 이르시되 여자여 너를 고발하던 그들이 어디 있느냐 너를 정죄한 자가 없느냐 11 대답하되 주여 없나이다 예수께서 이르시되 나도 너를 정죄하지 아니하노니 가서 다시는 죄를 범하지 말라 하시니라]
5. 초막절 바리새인 논쟁(A.D. 29년 초막절/예루살렘) 1) 세상의 빛이신 예수				**㉭ 8:12-20** **나는 세상의 빛** 12 예수께서 또 말씀하여 이르시되 나는 세상의 빛이니 나를 따르는 자는 어둠에 다니지 아니하고 생명의 빛을 얻으리라 13 바리새인들이 이르되 네가 너를 위하여 증언하니 네 증언은 참되지 아니하도다 14 예수께서 대답하여 이르시되 내가 나를 위하여 증언하여도 내 증언이 참되니 나는 내가 어디서 오며 어디로 가는 것을 알거니와 너희는 내가 어디서 오며 어디로 가는 것을 알지 못하느니라

사건 명	마태복음	마가복음	누가복음	요한복음
				15 너희는 육체를 따라 판단하나 나는 아무도 판단하지 아니하노라 16 만일 내가 판단하여도 내 판단이 참되니 이는 내가 혼자 있는 것이 아니요 나를 보내신 이가 나와 함께 계심이라 17 너희 율법에도 두 사람의 증언이 참되다 기록되었으니 18 내가 나를 위하여 증언하는 자가 되고 나를 보내신 아버지도 나를 위하여 증언하시느니라 19 이에 그들이 묻되 네 아버지가 어디 있느냐 예수께서 대답하시되 너희는 나를 알지 못하고 내 아버지도 알지 못하는도다 나를 알았더라면 내 아버지도 알았으리라 20 이 말씀은 성전에서 가르치실 때에 헌금함 앞에서 하셨으나 잡는 사람이 없으니 이는 그의 때가 아직 이르지 아니하였음이러라
2) 가는 길이 다른 사람들				**㉭ 8:21-30** **내가 가는 곳** 21 다시 이르시되 내가 가리니 너희가 나를 찾다가 너희 죄 가운데서 죽겠고 내가 가는 곳에는 너희가 오지 못하리라

사건 명	마태복음	마가복음	누가복음	요한복음
				22 유대인들이 이르되 그가 말하기를 내가 가는 곳에는 너희가 오지 못하리라 하니 그가 자결하려는가 23 예수께서 이르시되 너희는 아래에서 났고 나는 위에서 났으며 너희는 이 세상에 속하였고 나는 이 세상에 속하지 아니하였느니라 24 그러므로 내가 너희에게 말하기를 너희가 너희 죄 가운데서 죽으리라 하였노라 너희가 만일 내가 그인 줄 믿지 아니하면 너희 죄 가운데서 죽으리라 25 그들이 말하되 네가 누구냐 예수께서 이르시되 나는 처음부터 너희에게 말하여 온 자니라 26 내가 너희에게 대하여 말하고 판단할 것이 많으나 나를 보내신 이가 참되시매 내가 그에게 들은 그것을 세상에 말하노라 하시되 27 그들은 아버지를 가리켜 말씀하신 줄을 깨닫지 못하더라 28 이에 예수께서 이르시되 너희가 인자를 든 후에 내가 그인 줄을 알고 또 내가 스스로 아무 것도 하지 아니하고 오직 아버지께서 가르치신 대로 이런 것을 말하는 줄도 알리라

사건 명	마태복음	마가복음	누가복음	요한복음
				29 나를 보내신 이가 나와 함께 하시도다 나는 항상 그가 기뻐하시는 일을 행하므로 나를 혼자 두지 아니하셨느니라 **30** 이 말씀을 하시매 많은 사람이 믿더라
3) 자유케 하는 진리이신 예수				**요 8:31-59** **진리가 너희를 자유롭게 하리라** **31** 그러므로 예수께서 자기를 믿은 유대인들에게 이르시되 너희가 내 말에 거하면 참으로 내 제자가 되고 **32** 진리를 알지니 진리가 너희를 자유롭게 하리라 **33** 그들이 대답하되 우리가 아브라함의 자손이라 남의 종이 된 적이 없거늘 어찌하여 우리가 자유롭게 되리라 하느냐 **34** 예수께서 대답하시되 진실로 진실로 너희에게 이르노니 죄를 범하는 자마다 죄의 종이라 **35** 종은 영원히 집에 거하지 못하되 아들은 영원히 거하나니 **36** 그러므로 아들이 너희를 자유롭게 하면 너희가 참으로 자유로우리라 **37** 나도 너희가 아브라함의 자손인 줄 아노라 그러나 내 말이 너희 안에 있을 곳이 없으므로 나를 죽이려 하는도다

사건 명	마태복음	마가복음	누가복음	요한복음
				38 나는 내 아버지에게서 본 것을 말하고 너희는 너희 아비에게서 들은 것을 행하느니라 39 대답하여 이르되 우리 아버지는 아브라함이라 하니 예수께서 이르시되 너희가 아브라함의 자손이면 아브라함이 행한 일들을 할 것이거늘 40 지금 하나님께 들은 진리를 너희에게 말한 사람인 나를 죽이려 하는도다 아브라함은 이렇게 하지 아니하였느니라 41 너희는 너희 아비가 행한 일들을 하는도다 대답하되 우리가 음란한 데서 나지 아니하였고 아버지는 한 분뿐이시니 곧 하나님이시로다 42 예수께서 이르시되 하나님이 너희 아버지였으면 너희가 나를 사랑하였으리니 이는 내가 하나님께로부터 나와서 왔음이라 나는 스스로 온 것이 아니요 아버지께서 나를 보내신 것이니라 43 어찌하여 내 말을 깨닫지 못하느냐 이는 내 말을 들을 줄 알지 못함이로다

사건 명	마태복음	마가복음	누가복음	요한복음
				44 너희는 너희 아비 마귀에게서 났으니 너희 아비의 욕심대로 너희도 행하고자 하느니라 그는 처음부터 살인한 자요 진리가 그 속에 없으므로 진리에 서지 못하고 거짓을 말할 때마다 제 것으로 말하나니 이는 그가 거짓말쟁이요 거짓의 아비가 되었음이라 45 내가 진리를 말하므로 너희가 나를 믿지 아니하는도다 46 너희 중에 누가 나를 죄로 책잡겠느냐 내가 진리를 말하는데도 어찌하여 나를 믿지 아니하느냐 47 하나님께 속한 자는 하나님의 말씀을 듣나니 너희가 듣지 아니함은 하나님께 속하지 아니하였음이로다 48 유대인들이 대답하여 이르되 우리가 너를 사마리아 사람이라 또는 귀신이 들렸다 하는 말이 옳지 아니하냐 49 예수께서 대답하시되 나는 귀신 들린 것이 아니라 오직 내 아버지를 공경함이거늘 너희가 나를 무시하는도다

사건 명	마태복음	마가복음	누가복음	요한복음
				50 나는 내 영광을 구하지 아니하나 구하고 판단하시는 이가 계시니라 **51** 진실로 진실로 너희에게 이르노니 사람이 내 말을 지키면 영원히 죽음을 보지 아니하리라 **52** 유대인들이 이르되 지금 네가 귀신 들린 줄을 아노라 아브라함과 선지자들도 죽었거늘 네 말은 사람이 내 말을 지키면 영원히 죽음을 맛보지 아니하리라 하니 **53** 너는 이미 죽은 우리 조상 아브라함보다 크냐 또 선지자들도 죽었거늘 너는 너를 누구라 하느냐 **54** 예수께서 대답하시되 내가 내게 영광을 돌리면 내 영광이 아무 것도 아니거니와 내게 영광을 돌리시는 이는 내 아버지시니 곧 너희가 너희 하나님이라 칭하는 그이시라 **55** 너희는 그를 알지 못하되 나는 아노니 만일 내가 알지 못한다 하면 나도 너희 같이 거짓말쟁이가 되리라 나는 그를 알고 또 그의 말씀을 지키노라 **56** 너희 조상 아브라함은 나의 때 볼 것을 즐거워하다가 보고 기뻐하였느니라

사건 명	마태복음	마가복음	누가복음	요한복음
				57 유대인들이 이르되 네가 아직 오십 세도 못되었는데 아브라함을 보았느냐 58 예수께서 이르시되 진실로 진실로 너희에게 이르노니 아브라함이 나기 전부터 내가 있느니라 하시니 59 그들이 돌을 들어 치려 하거늘 예수께서 숨어 성전에서 나가시니라
6. 70인 제자 파송 1) 70인 제자 파송			㊦ 10:1–16 **칠십 인을 세워서 보내시다(마 11:20–24)** 1 그 후에 주께서 따로 칠십 인을 세우사 친히 가시려는 각 동네와 각 지역으로 둘씩 앞서 보내시며 2 이르시되 추수할 것은 많되 일꾼이 적으니 그러므로 추수하는 주인에게 청하여 추수할 일꾼들을 보내 주소서 하라 3 갈지어다 내가 너희를 보냄이 어린 양을 이리 가운데로 보냄과 같도다 4 전대나 배낭이나 신발을 가지지 말며 길에서 아무에게도 문안하지 말며 5 어느 집에 들어가든지 먼저 말하되 이 집이 평안할지어다 하라	

사건 명	마태복음	마가복음	누가복음	요한복음
			6 만일 평안을 받을 사람이 거기 있으면 너희의 평안이 그에게 머물 것이요 그렇지 않으면 너희에게로 돌아오리라 7 그 집에 유하며 주는 것을 먹고 마시라 일꾼이 그 삯을 받는 것이 마땅하니라 이 집에서 저 집으로 옮기지 말라 8 어느 동네에 들어가든지 너희를 영접하거든 너희 앞에 차려놓는 것을 먹고 9 거기 있는 병자들을 고치고 또 말하기를 하나님의 나라가 너희에게 가까이 왔다 하라 10 어느 동네에 들어가든지 너희를 영접하지 아니하거든 그 거리로 나와서 말하되 11 너희 동네에서 우리 발에 묻은 먼지도 너희에게 떨어버리노라 그러나 하나님의 나라가 가까이 온 줄을 알라 하라 12 내가 너희에게 말하노니 그 날에 소돔이 그 동네보다 견디기 쉬우리라 13 화 있을진저 고라신아, 화 있을진저 벳새다야, 너희에게 행한 모든 권능을 두로와 시돈에서 행하였더라면 그들이 벌써 베옷을 입고 재에 앉아 회개하였으리라	

사건 명	마태복음	마가복음	누가복음	요한복음
			14 심판 때에 두로와 시돈이 너희보다 견디기 쉬우리라 15 가버나움아 네가 하늘에까지 높아지겠느냐 음부에까지 낮아지리라 16 너희 말을 듣는 자는 곧 내 말을 듣는 것이요 너희를 저버리는 자는 곧 나를 저버리는 것이요 나를 저버리는 자는 나 보내신 이를 저버리는 것이라 하시니라	
2) 70인 제자 귀환 보고			㉦ 10:17-24 **칠십 인이 돌아오다** 17 칠십 인이 기뻐하며 돌아와 이르되 주여 주의 이름이면 귀신들도 우리에게 항복하더이다 18 예수께서 이르시되 사탄이 하늘로부터 번개 같이 떨어지는 것을 내가 보았노라 19 내가 너희에게 뱀과 전갈을 밟으며 원수의 모든 능력을 제어할 권능을 주었으니 너희를 해칠 자가 결코 없으리라 20 그러나 귀신들이 너희에게 항복하는 것으로 기뻐하지 말고 너희 이름이 하늘에 기록된 것으로 기뻐하라 하시니라	

사건 명	마태복음	마가복음	누가복음	요한복음
			㊟ **예수의 감사 기도(마 11:25-27; 13:16-17)** **21** 그 때에 예수께서 성령으로 기뻐하시며 이르시되 천지의 주재이신 아버지여 이것을 지혜롭고 슬기 있는 자들에게는 숨기시고 어린 아이들에게는 나타내심을 감사하나이다 옳소이다 이렇게 된 것이 아버지의 뜻이니이다 **22** 내 아버지께서 모든 것을 내게 주셨으니 아버지 외에는 아들이 누구인지 아는 자가 없고 아들과 또 아들의 소원대로 계시를 받는 자 외에는 아버지가 누구인지 아는 자가 없나이다 하시고 **23** 제자들을 돌아보시며 조용히 이르시되 너희가 보는 것을 보는 눈은 복이 있도다 **24** 내가 너희에게 말하노니 많은 선지자와 임금이 너희가 보는 바를 보고자 하였으되 보지 못하였으며 너희가 듣는 바를 듣고자 하였으되 듣지 못하였느니라	
7. 선한 사마리아인 비유			㊟ **10:25-37** **자비를 베푼 사마리아 사람** **25** 어떤 율법교사가 일어나 예수를 시험하여 이르되 선생님 내가 무엇을 하여야 영생을 얻으리이까	

사건 명	마태복음	마가복음	누가복음	요한복음
			26 예수께서 이르시되 율법에 무엇이라 기록되었으며 네가 어떻게 읽느냐 27 대답하여 이르되 네 마음을 다하며 목숨을 다하며 힘을 다하며 뜻을 다하여 주 너의 하나님을 사랑하고 또한 네 이웃을 네 자신 같이 사랑하라 하였나이다 28 예수께서 이르시되 네 대답이 옳도다 이를 행하라 그러면 살리라 하시니 29 그 사람이 자기를 옳게 보이려고 예수께 여짜오되 그러면 내 이웃이 누구니이까 30 예수께서 대답하여 이르시되 어떤 사람이 예루살렘에서 여리고로 내려가다가 강도를 만나매 강도들이 그 옷을 벗기고 때려 거의 죽은 것을 버리고 갔더라 31 마침 한 제사장이 그 길로 내려가다가 그를 보고 피하여 지나가고 32 또 이와 같이 한 레위인도 그 곳에 이르러 그를 보고 피하여 지나가되 33 어떤 사마리아 사람은 여행하는 중 거기 이르러 그를 보고 불쌍히 여겨	

사건 명	마태복음	마가복음	누가복음	요한복음
			34 가까이 가서 기름과 포도주를 그 상처에 붓고 싸매고 자기 짐승에 태워 주막으로 데리고 가서 돌보아 주니라 **35** 그 이튿날 그가 주막 주인에게 데나리온 둘을 내어 주며 이르되 이 사람을 돌보아 주라 비용이 더 들면 내가 돌아올 때에 갚으리라 하였으니 **36** 네 생각에는 이 세 사람 중에 누가 강도 만난 자의 이웃이 되겠느냐 **37** 이르되 자비를 베푼 자니이다 예수께서 이르시되 가서 너도 이와 같이 하라 하시니라	
8. 실로암 맹인 치유(예루살렘) 1) 실로암 맹인 치유				**㉭ 9:1–12** **날 때부터 맹인 된 사람을 고치시다** **1** 예수께서 길을 가실 때에 날 때부터 맹인 된 사람을 보신지라 **2** 제자들이 물어 이르되 랍비여 이 사람이 맹인으로 난 것이 누구의 죄로 인함이니이까 자기니이까 그의 부모니이까 **3** 예수께서 대답하시되 이 사람이나 그 부모의 죄로 인한 것이 아니라 그에게서 하나님이 하시는 일을 나타내고자 하심이라 **4** 때가 아직 낮이매 나를 보내신 이의 일을 우리가 하여야 하리라 밤이 오리니 그 때는 아무도 일할 수 없느니라

사건 명	마태복음	마가복음	누가복음	요한복음
				5 내가 세상에 있는 동안에는 세상의 빛이로라 6 이 말씀을 하시고 땅에 침을 뱉어 진흙을 이겨 그의 눈에 바르시고 7 이르시되 실로암 못에 가서 씻으라 하시니 (실로암은 번역하면 보냄을 받았다는 뜻이라) 이에 가서 씻고 밝은 눈으로 왔더라 8 이웃 사람들과 전에 그가 걸인인 것을 보았던 사람들이 이르되 이는 앉아서 구걸하던 자가 아니냐 9 어떤 사람은 그 사람이라 하며 어떤 사람은 아니라 그와 비슷하다 하거늘 자기 말은 내가 그라 하니 10 그들이 묻되 그러면 네 눈이 어떻게 떠졌느냐 11 대답하되 예수라 하는 그 사람이 진흙을 이겨 내 눈에 바르고 나더러 실로암에 가서 씻으라 하기에 가서 씻었더니 보게 되었노라 12 그들이 이르되 그가 어디 있느냐 이르되 알지 못하노라 하니라
2) 치유 받은 맹인의 증언				㉠ 9:13–34 **보게 된 맹인과 바리새인들** 13 그들이 전에 맹인이었던 사람을 데리고 바리새인들에게 갔더라

사건 명	마태복음	마가복음	누가복음	요한복음
				14 예수께서 진흙을 이겨 눈을 뜨게 하신 날은 안식일이라 15 그러므로 바리새인들도 그가 어떻게 보게 되었는지를 물으니 이르되 그 사람이 진흙을 내 눈에 바르매 내가 씻고 보나이다 하니 16 바리새인 중에 어떤 사람은 말하되 이 사람이 안식일을 지키지 아니하니 하나님께로부터 온 자가 아니라 하며 어떤 사람은 말하되 죄인으로서 어떻게 이러한 표적을 행하겠느냐 하여 그들 중에 분쟁이 있었더니 17 이에 맹인되었던 자에게 다시 묻되 그 사람이 네 눈을 뜨게 하였으니 너는 그를 어떠한 사람이라 하느냐 대답하되 선지자니이다 하니 18 유대인들이 그가 맹인으로 있다가 보게 된 것을 믿지 아니하고 그 부모를 불러 묻되 19 이는 너희 말에 맹인으로 났다 하는 너희 아들이냐 그러면 지금은 어떻게 해서 보느냐 20 그 부모가 대답하여 이르되 이 사람이 우리 아들인 것과 맹인으로 난 것을 아나이다

사건 명	마태복음	마가복음	누가복음	요한복음
				21 그러나 지금 어떻게 해서 보는지 또는 누가 그 눈을 뜨게 하였는지 우리는 알지 못하나이다 그에게 물어 보소서 그가 장성하였으니 자기 일을 말하리이다 22 그 부모가 이렇게 말한 것은 이미 유대인들이 누구든지 예수를 그리스도로 시인하는 자는 출교하기로 결의하였으므로 그들을 무서워함이러라 23 이러므로 그 부모가 말하기를 그가 장성하였으니 그에게 물어 보소서 하였더라 24 이에 그들이 맹인이었던 사람을 두 번째 불러 이르되 너는 하나님께 영광을 돌리라 우리는 이 사람이 죄인인 줄 아노라 25 대답하되 그가 죄인인지 내가 알지 못하나 한 가지 아는 것은 내가 맹인으로 있다가 지금 보는 그것이니이나 26 그들이 이르되 그 사람이 네게 무엇을 하였느냐 어떻게 네 눈을 뜨게 하였느냐 27 대답하되 내가 이미 일렀어도 듣지 아니하고 어찌하여 다시 듣고자 하나이까 당신들도 그의 제자가 되려 하나이까 28 그들이 욕하여 이르되 너는 그의 제자이나 우리는 모세의 제자라

사건 명	마태복음	마가복음	누가복음	요한복음
				29 하나님이 모세에게는 말씀하신 줄을 우리가 알거니와 이 사람은 어디서 왔는지 알지 못하노라 **30** 그 사람이 대답하여 이르되 이상하다 이 사람이 내 눈을 뜨게 하였으되 당신들은 그가 어디서 왔는지 알지 못하는도다 **31** 하나님이 죄인의 말을 듣지 아니하시고 경건하여 그의 뜻대로 행하는 자의 말은 들으시는 줄을 우리가 아나이다 **32** 창세 이후로 맹인으로 난 자의 눈을 뜨게 하였다 함을 듣지 못하였으니 **33** 이 사람이 하나님께로부터 오지 아니하였으면 아무 일도 할 수 없으리이다 **34** 그들이 대답하여 이르되 네가 온전히 죄 가운데서 나서 우리를 가르치느냐 하고 이에 쫓아내어 보내니라
3) 치유 받은 맹인의 신앙고백				**㉭ 9:35-41** **맹인이 되었더라면 죄가 없으려니와** **35** 예수께서 그들이 그 사람을 쫓아냈다 하는 말을 들으셨더니 그를 만나사 이르시되 네가 인자를 믿느냐 **36** 대답하여 이르되 주여 그가 누구시오니이까 내가 믿고자 하나이다

사건 명	마태복음	마가복음	누가복음	요한복음
				37 예수께서 이르시되 네가 그를 보았거니와 지금 너와 말하는 자가 그이니라 **38** 이르되 주여 내가 믿나이다 하고 절하는지라 **39** 예수께서 이르시되 내가 심판하러 이 세상에 왔으니 보지 못하는 자들은 보게 하고 보는 자들은 맹인이 되게 하려 함이라 하시니 **40** 바리새인 중에 예수와 함께 있던 자들이 이 말씀을 듣고 이르되 우리도 맹인인가 **41** 예수께서 이르시되 너희가 맹인이 되었더라면 죄가 없으려니와 본다고 하니 너희 죄가 그대로 있느니라
9. 마르다와 마리아(베다니)			**눅 10:38–42** **마르다와 마리아** **38** 그들이 길 갈 때에 예수께서 한 마을에 들어가시매 마르다라 이름하는 한 여자가 자기 집으로 영접하더라 **39** 그에게 마리아라 하는 동생이 있어 주의 발치에 앉아 그의 말씀을 듣더니 **40** 마르다는 준비하는 일이 많아 마음이 분주한지라 예수께 나아가 이르되 주여 내 동생이 나 혼자 일하게 두는 것을 생각하지 아니하시나이까 그를 명하사 나를 도와 주라 하소서	

사건 명	마태복음	마가복음	누가복음	요한복음
			41 주께서 대답하여 이르시되 마르다야 마르다야 네가 많은 일로 염려하고 근심하나 **42** 몇 가지만 하든지 혹은 한 가지만이라도 족하니라 마리아는 이 좋은 편을 택하였으니 빼앗기지 아니하리라 하시니라	
10. 주기도문, 간청하는 벗, 간청하는 아들 비유를 통해 기도 교훈 주심 (유대) 1) 기도의 모본인 주기도문(기도의 내용)			**㉯ 11:1-4** **기도를 가르치시다 (마 6:9-15; 7:7-11)** **1** 예수께서 한 곳에서 기도하시고 마치시매 제자 중 하나가 여짜오되 주여 요한이 자기 제자들에게 기도를 가르친 것과 같이 우리에게도 가르쳐 주옵소서 **2** 예수께서 이르시되 너희는 기도할 때에 이렇게 하라 아버지여 이름이 거룩히 여김을 받으시오며 나라가 임하시오며 **3** 우리에게 날마다 일용할 양식을 주시옵고 **4** 우리가 우리에게 죄 지은 모든 사람을 용서하오니 우리 죄도 사하여 주시옵고 우리를 시험에 들게 하지 마시옵소서 하라	
2) 간청하는 벗 비유			**㉯ 11:5-8** **5** 또 이르시되 너희 중에 누가 벗이 있는데 밤중에 그에게 가서 말하기를 벗이여 떡 세 덩이를 내게 꾸어 달라	

사건 명	마태복음	마가복음	누가복음	요한복음
			6 내 벗이 여행중에 내게 왔으나 내가 먹일 것이 없노라 하면 7 그가 안에서 대답하여 이르되 나를 괴롭게 하지 말라 문이 이미 닫혔고 아이들이 나와 함께 침실에 누웠으니 일어나 네게 줄 수가 없노라 하겠느냐 8 내가 너희에게 말하노니 비록 벗됨으로 인하여서는 일어나서 주지 아니할지라도 그 간청함을 인하여 일어나 그 요구대로 주리라	
3) 간청하는 아들 비유			㊕ 11:9–13 9 내가 또 너희에게 이르노니 구하라 그러면 너희에게 주실 것이요 찾으라 그러면 찾아낼 것이요 문을 두드리라 그러면 너희에게 열릴 것이니 10 구하는 이마다 받을 것이요 찾는 이는 찾아낼 것이요 두드리는 이에게는 열릴 것이니라 11 너희 중에 아버지 된 자로서 누가 아들이 생선을 달라 하는데 생선 대신에 뱀을 주며 12 알을 달라 하는데 전갈을 주겠느냐 13 너희가 악할지라도 좋은 것을 자식에게 줄 줄 알거든 아버지께서 구하는 자에게 성령을 주시지 않겠느냐 하시니라	

사건 명	마태복음	마가복음	누가복음	요한복음
11. 바알세불 모욕과 바리새인 책망 1) 축귀 사역을 바알세불 소행으로 모욕			㉦ **11:14-28** **예수와 바알세불 (마 12:22-30, 43-45; 막 3:20-27)** **14** 예수께서 한 말 못하게 하는 귀신을 쫓아내시니 귀신이 나가매 말 못하는 사람이 말하는지라 무리들이 놀랍게 여겼으나 **15** 그 중에 더러는 말하기를 그가 귀신의 왕 바알세불을 힘입어 귀신을 쫓아낸다 하고 **16** 또 더러는 예수를 시험하여 하늘로부터 오는 표적을 구하니 **17** 예수께서 그들의 생각을 아시고 이르시되 스스로 분쟁하는 나라마다 황폐하여지며 스스로 분쟁하는 집은 무너지느니라 **18** 너희 말이 내가 바알세불을 힘입어 귀신을 쫓아낸다 하니 만일 사탄이 스스로 분쟁하면 그의 나라가 어떻게 서겠느냐 **19** 내가 바알세불을 힘입어 귀신을 쫓아내면 너희 아들들은 누구를 힘입어 쫓아내느냐 그러므로 그들이 너희 재판관이 되리라 **20** 그러나 내가 만일 하나님의 손을 힘입어 귀신을 쫓아낸다면 하나님의 나라가 이미 너희에게 임하였느니라	

사건 명	마태복음	마가복음	누가복음	요한복음
			21 강한 자가 무장을 하고 자기 집을 지킬 때에는 그 소유가 안전하되 22 더 강한 자가 와서 그를 굴복시킬 때에는 그가 믿던 무장을 빼앗고 그의 재물을 나누느니라 23 나와 함께 하지 아니하는 자는 나를 반대하는 자요 나와 함께 모으지 아니하는 자는 헤치는 자니라 24 더러운 귀신이 사람에게서 나갔을 때에 물 없는 곳으로 다니며 쉬기를 구하되 얻지 못하고 이에 이르되 내가 나온 내 집으로 돌아가리라 하고 25 가서 보니 그 집이 청소되고 수리되었거늘 26 이에 가서 저보다 더 악한 귀신 일곱을 데리고 들어가서 거하니 그 사람의 나중 형편이 전보다 더 심하게 되느니라 **복이 있는 자** 27 이 말씀을 하실 때에 무리 중에서 한 여자가 음성을 높여 이르되 당신을 밴 태와 당신을 먹인 젖이 복이 있나이다 하니 28 예수께서 이르시되 오히려 하나님의 말씀을 듣고 지키는 자가 복이 있느니라 하시니라	

사건 명	마태복음	마가복음	누가복음	요한복음
2) 또 다른 표적을 요구하는 무리들			(눅) 11:29–36 **악한 세대가 표적을 구하나(마 12:38–42; 막 8:12)** **29** 무리가 모였을 때에 예수께서 말씀하시되 이 세대는 악한 세대라 표적을 구하되 요나의 표적 밖에는 보일 표적이 없나니 **30** 요나가 니느웨 사람들에게 표적이 됨과 같이 인자도 이 세대에 그러하리라 **31** 심판 때에 남방 여왕이 일어나 이 세대 사람을 정죄하리니 이는 그가 솔로몬의 지혜로운 말을 들으려고 땅 끝에서 왔음이거니와 솔로몬보다 더 큰 이가 여기 있으며 **32** 심판 때에 니느웨 사람들이 일어나 이 세대 사람을 정죄하리니 이는 그들이 요나의 전도를 듣고 회개하였음이거니와 요나보다 더 큰 이가 여기 있느니라 **눈은 몸의 등불(마 5:15; 6:22–23)** **33** 누구든지 등불을 켜서 움 속에나 말 아래에 두지 아니하고 등경 위에 두나니 이는 들어가는 자로 그 빛을 보게 하려 함이라 **34** 네 몸의 등불은 눈이라 네 눈이 성하면 온 몸이 밝을 것이요 만일 나쁘면 네 몸도 어두우리라	

사건 명	마태복음	마가복음	누가복음	요한복음
			35 그러므로 네 속에 있는 빛이 어둡지 아니한가 보라 **36** 네 온 몸이 밝아 조금도 어두운 데가 없으면 등불의 빛이 너를 비출 때와 같이 온전히 밝으리라 하시니라	
3) 바리새인, 율법사 6가지 화 선언			㉦ **11:37-54** **바리새인과 율법교사(마 23:1-36; 막 12:38-40; 눅 20:45-47)** **37** 예수께서 말씀하실 때에 한 바리새인이 자기와 함께 점심 잡수시기를 청하므로 들어가 앉으셨더니 **38** 잡수시기 전에 손 씻지 아니하심을 그 바리새인이 보고 이상히 여기는지라 **39** 주께서 이르시되 너희 바리새인은 지금 잔과 대접의 겉은 깨끗이 하나 너희 속에는 탐욕과 악독이 가득하도다 **40** 어리석은 자들아 겉을 만드신 이가 속도 만들지 아니하셨느냐 **41** 그러나 그 안에 있는 것으로 구제하라 그리하면 모든 것이 너희에게 깨끗하리라	

사건 명	마태복음	마가복음	누가복음	요한복음
			42 화 있을진저 너희 바리새인이여 너희가 박하와 운향과 모든 채소의 십일조는 드리되 공의와 하나님께 대한 사랑은 버리는도다 그러나 이것도 행하고 저것도 버리지 말아야 할지니라 43 화 있을진저 너희 바리새인이여 너희가 회당의 높은 자리와 시장에서 문안 받는 것을 기뻐하는도다 44 화 있을진저 너희여 너희는 평토장한 무덤 같아서 그 위를 밟는 사람이 알지 못하느니라 45 한 율법교사가 예수께 대답하여 이르되 선생님 이렇게 말씀하시니 우리까지 모욕하심이니이다 46 이르시되 화 있을진저 또 너희 율법교사여 지기 어려운 짐을 사람에게 지우고 너희는 한 손가락도 이 짐에 대지 않는도다 47 화 있을진저 너희는 선지자들의 무덤을 만드는도다 그들을 죽인 자도 너희 조상들이로다 48 이와 같이 그들은 죽이고 너희는 무덤을 만드니 너희가 너희 조상의 행한 일에 증인이 되어 옳게 여기는도다	

사건 명	마태복음	마가복음	누가복음	요한복음
			49 그러므로 하나님의 지혜가 일렀으되 내가 선지자와 사도들을 그들에게 보내리니 그 중에서 더러는 죽이며 또 박해하리라 하였느니라 50 창세 이후로 흘린 모든 선지자의 피를 이 세대가 담당하되 51 곧 아벨의 피로부터 제단과 성전 사이에서 죽임을 당한 사가랴의 피까지 하리라 내가 너희에게 이르노니 과연 이 세대가 담당하리라 52 화 있을진저 너희 율법교사여 너희가 지식의 열쇠를 가져가서 너희도 들어가지 않고 또 들어가고자 하는 자도 막았느니라 하시니라 53 거기서 나오실 때에 서기관과 바리새인들이 거세게 달려들어 여러 가지 일을 따져 묻고 54 그 입에서 나오는 말을 책잡고자 하여 노리고 있더라	

사건 명	마태복음	마가복음	누가복음	요한복음
12. 환난, 탐욕, 세상 염려, 재림 준비, 예수 분쟁, 시대 분별과 회개 촉구 교훈 1) 환난을 이기는 신앙			㉯ 12:1-12 **바리새인들의 외식을 주의하라(마 10:26-33; 12:32; 10:19-20)** **1** 그 동안에 무리 수만 명이 모여 서로 밟힐 만큼 되었더니 예수께서 먼저 제자들에게 말씀하여 이르시되 바리새인들의 누룩 곧 외식을 주의하라 **2** 감추인 것이 드러나지 않을 것이 없고 숨긴 것이 알려지지 않을 것이 없나니 **3** 이러므로 너희가 어두운 데서 말한 모든 것이 광명한 데서 들리고 너희가 골방에서 귀에 대고 말한 것이 지붕 위에서 전파되리라 **4** 내가 내 친구 너희에게 말하노니 몸을 죽이고 그 후에는 능히 더 못하는 자들을 두려워하지 말라 **5** 마땅히 두려워할 자를 내가 너희에게 보이리니 곧 죽인 후에 또한 지옥에 던져 넣는 권세 있는 그를 두려워하라 내가 참으로 너희에게 이르노니 그를 두려워하라 **6** 참새 다섯 마리가 두 앗사리온에 팔리는 것이 아니냐 그러나 하나님 앞에는 그 하나도 잊어버리시는 바 되지 아니하는도다	

사건 명	마태복음	마가복음	누가복음	요한복음
			7 너희에게는 심지어 머리털까지도 다 세신 바 되었나니 두려워하지 말라 너희는 많은 참새보다 더 귀하니라 8 내가 또한 너희에게 말하노니 누구든지 사람 앞에서 나를 시인하면 인자도 하나님의 사자들 앞에서 그를 시인할 것이요 9 사람 앞에서 나를 부인하는 자는 하나님의 사자들 앞에서 부인을 당하리라 10 누구든지 말로 인자를 거역하면 사하심을 받으려니와 성령을 모독하는 자는 사하심을 받지 못하리라 11 사람이 너희를 회당이나 위정자나 권세 있는 자 앞에 끌고 가거든 어떻게 무엇으로 대답하며 무엇으로 말할까 염려하지 말라 12 마땅히 할 말을 성령이 곧 그 때에 너희에게 가르치시리라 하시니라	
2) 탐욕 교훈: 어리석은 부자 비유			㊁ 12:13-21 **한 부자 비유** 13 무리 중에 한 사람이 이르되 선생님 내 형을 명하여 유산을 나와 나누게 하소서 하니 14 이르시되 이 사람아 누가 나를 너희의 재판장이나 물건 나누는 자로 세웠느냐 하시고	

사건 명	마태복음	마가복음	누가복음	요한복음
			15 그들에게 이르시되 삼가 모든 탐심을 물리치라 사람의 생명이 그 소유의 넉넉한 데 있지 아니하니라 하시고 16 또 비유로 그들에게 말하여 이르시되 한 부자가 그 밭에 소출이 풍성하매 17 심중에 생각하여 이르되 내가 곡식 쌓아 둘 곳이 없으니 어찌할까 하고 18 또 이르되 내가 이렇게 하리라 내 곳간을 헐고 더 크게 짓고 내 모든 곡식과 물건을 거기 쌓아 두리라 19 또 내가 내 영혼에게 이르되 영혼아 여러 해 쓸 물건을 많이 쌓아 두었으니 평안히 쉬고 먹고 마시고 즐거워하자 하리라 하되 20 하나님은 이르시되 어리석은 자여 오늘 밤에 네 영혼을 도로 찾으리니 그러면 네 준비한 것이 누구의 것이 되겠느냐 하셨으니 21 자기를 위하여 재물을 쌓아 두고 하나님께 대하여 부요하지 못한 자가 이와 같으니라	

사건 명	마태복음	마가복음	누가복음	요한복음
3) 세상 염려 교훈			㊋ 12:22-34 **목숨과 몸을 위하여 염려하지 말라 (마 6:25-34)** **22** 또 제자들에게 이르시되 그러므로 내가 너희에게 이르노니 너희 목숨을 위하여 무엇을 먹을까 몸을 위하여 무엇을 입을까 염려하지 말라 **23** 목숨이 음식보다 중하고 몸이 의복보다 중하니라 **24** 까마귀를 생각하라 심지도 아니하고 거두지도 아니하며 골방도 없고 창고도 없으되 하나님이 기르시나니 너희는 새보다 얼마나 더 귀하냐 **25** 또 너희 중에 누가 염려함으로 그 키를 한 자라도 더할 수 있느냐 **26** 그런즉 가장 작은 일도 하지 못하면서 어찌 다른 일들을 염려하느냐 **27** 백합화를 생각하여 보라 실도 만들지 않고 짜지도 아니하느니라 그러나 내가 너희에게 말하노니 솔로몬의 모든 영광으로도 입은 것이 이 꽃 하나만큼 훌륭하지 못하였느니라 **28** 오늘 있다가 내일 아궁이에 던져지는 들풀도 하나님이 이렇게 입히시거든 하물며 너희일까보냐 믿음이 작은 자들아	

사건 명	마태복음	마가복음	누가복음	요한복음
			29 너희는 무엇을 먹을까 무엇을 마실까 하여 구하지 말며 근심하지도 말라 30 이 모든 것은 세상 백성들이 구하는 것이라 너희 아버지께서는 이런 것이 너희에게 있어야 할 것을 아시느니라 31 다만 너희는 그의 나라를 구하라 그리하면 이런 것들을 너희에게 더하시리라 32 적은 무리여 무서워 말라 너희 아버지께서 그 나라를 너희에게 주시기를 기뻐하시느니라 33 너희 소유를 팔아 구제하여 낡아지지 아니하는 배낭을 만들라 곧 하늘에 둔 바 다함이 없는 보물이니 거기는 도둑도 가까이 하는 일이 없고 좀도 먹는 일이 없느니라 34 너희 보물 있는 곳에는 너희 마음도 있으리라	
4) 재림 준비 교훈			㉯ 12:35-48 **깨어 준비하고 있으라(마 24:45-51)** 35 허리에 띠를 띠고 등불을 켜고 서 있으라 36 너희는 마치 그 주인이 혼인 집에서 돌아와 문을 두드리면 곧 열어 주려고 기다리는 사람과 같이 되라	

사건 명	마태복음	마가복음	누가복음	요한복음
			37 주인이 와서 깨어 있는 것을 보면 그 종들은 복이 있으리로다 내가 진실로 너희에게 이르노니 주인이 띠를 띠고 그 종들을 자리에 앉히고 나아와 수종들리라 38 주인이 혹 이경에나 혹 삼경에 이르러서도 종들이 그같이 하고 있는 것을 보면 그 종들은 복이 있으리로다 39 너희도 아는 바니 집 주인이 만일 도둑이 어느 때에 이를 줄 알았더라면 그 집을 뚫지 못하게 하였으리라 40 그러므로 너희도 준비하고 있으라 생각하지 않은 때에 인자가 오리라 하시니라 41 베드로가 여짜오되 주께서 이 비유를 우리에게 하심이니이까 모든 사람에게 하심이니이까 42 주께서 이르시되 지혜 있고 진실한 청지기가 되어 주인에게 그 집 종들을 맡아 때를 따라 양식을 나누어 줄 자가 누구냐 43 주인이 이를 때에 그 종이 그렇게 하는 것을 보면 그 종은 복이 있으리로다 44 내가 참으로 너희에게 이르노니 주인이 그 모든 소유를 그에게 맡기리라	

사건 명	마태복음	마가복음	누가복음	요한복음
			45 만일 그 종이 마음에 생각하기를 주인이 더디 오리라 하여 남녀 종들을 때리며 먹고 마시고 취하게 되면 **46** 생각하지 않은 날 알지 못하는 시각에 그 종의 주인이 이르러 엄히 때리고 신실하지 아니한 자의 받는 벌에 처하리니 **47** 주인의 뜻을 알고도 준비하지 아니하고 그 뜻대로 행하지 아니한 종은 많이 맞을 것이요 **48** 알지 못하고 맞을 일을 행한 종은 적게 맞으리라 무릇 많이 받은 자에게는 많이 요구할 것이요 많이 맡은 자에게는 많이 달라 할 것이니라	
5) 예수로 인한 분쟁 교훈			㉷ 12:49-53 **불을 던지러, 분쟁을 일으키러 왔다 (마 10:34-36)** **49** 내가 불을 땅에 던지러 왔노니 이 불이 이미 붙었으면 내가 무엇을 원하리요 **50** 나는 받을 세례가 있으니 그것이 이루어지기까지 나의 답답함이 어떠하겠느냐 **51** 내가 세상에 화평을 주려고 온 줄로 아느냐 내가 너희에게 이르노니 아니라 도리어 분쟁하게 하려 함이로라	

사건 명	마태복음	마가복음	누가복음	요한복음
			52 이 후부터 한 집에 다섯 사람이 있어 분쟁하되 셋이 둘과, 둘이 셋과 하리니 53 아버지가 아들과, 아들이 아버지와, 어머니가 딸과, 딸이 어머니와, 시어머니가 며느리와, 며느리가 시어머니와 분쟁하리라 하시니라	
6) 시대 분별과 회개 촉구			㊍ 12:54-59 **시대를 분간하고, 화해하기를 힘쓰라(마 5:25-26; 16:2-3)** 54 또 무리에게 이르시되 너희가 구름이 서쪽에서 이는 것을 보면 곧 말하기를 소나기가 오리라 하나니 과연 그러하고 55 남풍이 부는 것을 보면 말하기를 심히 더우리라 하나니 과연 그러하니라 56 외식하는 자여 너희가 천지의 기상은 분간할 줄 알면서 어찌 이 시대는 분간하지 못하느냐 57 또 어찌하여 옳은 것을 스스로 판단하지 아니하느냐 58 네가 너를 고발하는 자와 함께 법관에게 갈 때에 길에서 화해하기를 힘쓰라 그가 너를 재판장에게 끌어 가고 재판장이 너를 옥졸에게 넘겨 주어 옥졸이 옥에 가둘까 염려하라	

사건 명	마태복음	마가복음	누가복음	요한복음
			59 네게 이르노니 한 푼이라도 남김이 없이 갚지 아니하고서는 결코 거기서 나오지 못하리라 하시니라	
13. 회개 촉구와 열매 맺지 못하는 무화과나무 비유 1) 회개 촉구			㊟ 13:1–5 **회개하지 아니하면 망하리라** 1 그 때 마침 두어 사람이 와서 빌라도가 어떤 갈릴리 사람들의 피를 그들의 제물에 섞은 일로 예수께 아뢰니 2 대답하여 이르시되 너희는 이 갈릴리 사람들이 이같이 해 받으므로 다른 모든 갈릴리 사람보다 죄가 더 있는 줄 아느냐 3 너희에게 이르노니 아니라 너희도 만일 회개하지 아니하면 다 이와 같이 망하리라 4 또 실로암에서 망대가 무너져 치어 죽은 열여덟 사람이 예루살렘에 거한 다른 모든 사람보다 죄가 더 있는 줄 아느냐 5 너희에게 이르노니 아니라 너희도 만일 회개하지 아니하면 다 이와 같이 망하리라	
2) 열매 맺지 못하는 무화과나무 비유			㊟ 13:6–9 **열매 맺지 못하는 무화과나무 비유** 6 이에 비유로 말씀하시되 한 사람이 포도원에 무화과나무를 심은 것이 있더니 와서 그 열매를 구하였으나 얻지 못한지라	

사건 명	마태복음	마가복음	누가복음	요한복음
			7 포도원지기에게 이르되 내가 삼 년을 와서 이 무화과나무에서 열매를 구하되 얻지 못하니 찍어버리라 어찌 땅만 버리게 하겠느냐 8 대답하여 이르되 주인이여 금년에도 그대로 두소서 내가 두루 파고 거름을 주리니 9 이 후에 만일 열매가 열면 좋거니와 그렇지 않으면 찍어버리소서 하였다 하시니라	
14. 안식일 등 굽은 여인 치유 1) 안식일에 회당에서 등 굽은 여인 치유			**㉯ 13:10-17** **안식일에 꼬부라진 여자를 고치시다** 10 예수께서 안식일에 한 회당에서 가르치실 때에 11 열여덟 해 동안이나 귀신 들려 앓으며 꼬부라져 조금도 펴지 못하는 한 여자가 있더라 12 예수께서 보시고 불러 이르시되 여자여 네가 네 병에서 놓였다 하시고 13 안수하시니 여자가 곧 펴고 하나님께 영광을 돌리는지라 14 회당장이 예수께서 안식일에 병 고치시는 것을 분내어 무리에게 이르되 일할 날이 엿새가 있으니 그 동안에 와서 고침을 받을 것이요 안식일에는 하지 말 것이니라 하거늘	

사건 명	마태복음	마가복음	누가복음	요한복음
			15 주께서 대답하여 이르시되 외식하는 자들아 너희가 각각 안식일에 자기의 소나 나귀를 외양간에서 풀어내어 이끌고 가서 물을 먹이지 아니하느냐 **16** 그러면 열여덟 해 동안 사탄에게 매인 바 된 이 아브라함의 딸을 안식일에 이 매임에서 푸는 것이 합당하지 아니하냐 **17** 예수께서 이 말씀을 하시매 모든 반대하는 자들은 부끄러워하고 온 무리는 그가 하시는 모든 영광스러운 일을 기뻐하니라	
2) 겨자씨와 누룩 비유를 통한 하나님 나라 확장			**㊦ 13:18-21** **겨자씨와 누룩 비유(마 13:31-33; 막 4:30-32)** **18** 그러므로 예수께서 이르시되 하나님의 나라가 무엇과 같을까 내가 무엇으로 비교할까 **19** 마치 사람이 자기 채소밭에 갖다 심은 겨자씨 한 알 같으니 자라 나무가 되어 공중의 새들이 그 가지에 깃들였느니라 **20** 또 이르시되 내가 하나님의 나라를 무엇으로 비교할까 **21** 마치 여자가 가루 서 말 속에 갖다 넣어 전부 부풀게 한 누룩과 같으니라 하셨더라	

사건 명	마태복음	마가복음	누가복음	요한복음
15. 구원 얻을 자 자격 교훈(베레아)			㊨ 13:22-30 **좁은 문으로 들어가기를 힘쓰라(마 7:13-14, 21-23)** **22** 예수께서 각 성 각 마을로 다니사 가르치시며 예루살렘으로 여행하시더니 **23** 어떤 사람이 여짜오되 주여 구원을 받는 자가 적으니이까 그들에게 이르시되 **24** 좁은 문으로 들어가기를 힘쓰라 내가 너희에게 이르노니 들어가기를 구하여도 못하는 자가 많으리라 **25** 집 주인이 일어나 문을 한 번 닫은 후에 너희가 밖에 서서 문을 두드리며 주여 열어 주소서 하면 그가 대답하여 이르되 나는 너희가 어디에서 온 자인지 알지 못하노라 하리니 **26** 그 때에 너희가 말하되 우리는 주 앞에서 먹고 마셨으며 주는 또한 우리의 길거리에서 가르치셨나이다 하나 **27** 그가 너희에게 말하여 이르되 나는 너희가 어디에서 왔는지 알지 못하노라 행악하는 모든 자들아 나를 떠나 가라 하리라 **28** 너희가 아브라함과 이삭과 야곱과 모든 선지자는 하나님 나라에 있고 오직 너희는 밖에 쫓겨난 것을 볼 때에 거기서 슬피 울며 이를 갈리라	

사건 명	마태복음	마가복음	누가복음	요한복음
			29 사람들이 동서 남북으로부터 와서 하나님의 나라 잔치에 참여하리니 30 보라 나중 된 자로서 먼저 될 자도 있고 먼저 된 자로서 나중 될 자도 있느니라 하시더라	
16. 선한 목자 비유 1) 양의 '문지기'이신 예수				ⓨ 10:1-6 **양의 우리 비유** 1 내가 진실로 진실로 너희에게 이르노니 문을 통하여 양의 우리에 들어가지 아니하고 다른 데로 넘어가는 자는 절도며 강도요 2 문으로 들어가는 이는 양의 목자라 3 문지기는 그를 위하여 문을 열고 양은 그의 음성을 듣나니 그가 자기 양의 이름을 각각 불러 인도하여 내느니라 4 자기 양을 다 내놓은 후에 앞서 가면 양들이 그의 음성을 아는 고로 따라오되 5 타인의 음성은 알지 못하는 고로 타인을 따르지 아니하고 도리어 도망하느니라 6 예수께서 이 비유로 그들에게 말씀하셨으나 그들은 그가 하신 말씀이 무엇인지 알지 못하니라

사건 명	마태복음	마가복음	누가복음	요한복음
2) '양의 문'과 '선한 목자'이신 예수				ⓨ 10:7-21 **선한 목자** **7** 그러므로 예수께서 다시 이르시되 내가 진실로 진실로 너희에게 말하노니 나는 양의 문이라 **8** 나보다 먼저 온 자는 다 절도요 강도니 양들이 듣지 아니하였느니라 **9** 내가 문이니 누구든지 나로 말미암아 들어가면 구원을 받고 또는 들어가며 나오며 꼴을 얻으리라 **10** 도둑이 오는 것은 도둑질하고 죽이고 멸망시키려는 것뿐이요 내가 온 것은 양으로 생명을 얻게 하고 더 풍성히 얻게 하려는 것이라 **11** 나는 선한 목자라 선한 목자는 양들을 위하여 목숨을 버리거니와 **12** 삯꾼은 목자가 아니요 양도 제 양이 아니라 이리가 오는 것을 보면 양을 버리고 달아나나니 이리가 양을 물어 가고 또 헤치느니라 **13** 달아나는 것은 그가 삯꾼인 까닭에 양을 돌보지 아니함이니 **14** 나는 선한 목자라 나는 내 양을 알고 양도 나를 아는 것이 **15** 아버지께서 나를 아시고 내가 아버지를 아는 것 같으니 나는 양을 위하여 목숨을 버리노라

사건 명	마태복음	마가복음	누가복음	요한복음
				16 또 이 우리에 들지 아니한 다른 양들이 내게 있어 내가 인도하여야 할 터이니 그들도 내 음성을 듣고 한 무리가 되어 한 목자에게 있으리라 17 내가 내 목숨을 버리는 것은 그것을 내가 다시 얻기 위함이니 이로 말미암아 아버지께서 나를 사랑하시느니라 18 이를 내게서 빼앗는 자가 있는 것이 아니라 내가 스스로 버리노라 나는 버릴 권세도 있고 다시 얻을 권세도 있으니 이 계명은 내 아버지에게서 받았노라 하시니라 19 이 말씀으로 말미암아 유대인 중에 다시 분쟁이 일어나니 20 그 중에 많은 사람이 말하되 그가 귀신 들려 미쳤거늘 어찌하여 그 말을 듣느냐 하며 21 어떤 사람은 말하되 이 말은 귀신 들린 자의 말이 아니라 귀신이 맹인의 눈을 뜨게 할 수 있느냐 하더라
17. 수전절 논쟁과 도피(A.D. 29년 겨울/예루살렘)				**㉠ 10:22-39** **유대인들이 예수를 돌로 치려 하다** 22 예루살렘에 수전절이 이르니 때는 겨울이라 23 예수께서 성전 안 솔로몬 행각에서 거니시니

사건 명	마태복음	마가복음	누가복음	요한복음
				24 유대인들이 에워싸고 이르되 당신이 언제까지나 우리 마음을 의혹하게 하려 하나이까 그리스도이면 밝히 말씀하소서 하니 25 예수께서 대답하시되 내가 너희에게 말하였으되 믿지 아니하는도다 내가 내 아버지의 이름으로 행하는 일들이 나를 증거하는 것이거늘 26 너희가 내 양이 아니므로 믿지 아니하는도다 27 내 양은 내 음성을 들으며 나는 그들을 알며 그들은 나를 따르느니라 28 내가 그들에게 영생을 주노니 영원히 멸망하지 아니할 것이요 또 그들을 내 손에서 빼앗을 자가 없느니라 29 그들을 주신 내 아버지는 만물보다 크시매 아무도 아버지 손에서 빼앗을 수 없느니라 30 나와 아버지는 하나이니라 하신대 31 유대인들이 다시 돌을 들어 치려 하거늘 32 예수께서 대답하시되 내가 아버지로 말미암아 여러 가지 선한 일로 너희에게 보였거늘 그 중에 어떤 일로 나를 돌로 치려 하느냐

사건 명	마태복음	마가복음	누가복음	요한복음
				33 유대인들이 대답하되 선한 일로 말미암아 우리가 너를 돌로 치려는 것이 아니라 신성모독으로 인함이니 네가 사람이 되어 자칭 하나님이라 함이로라 34 예수께서 이르시되 너희 율법에 기록된 바 내가 너희를 신이라 하였노라 하지 아니하였느냐 35 성경은 폐하지 못하나니 하나님의 말씀을 받은 사람들을 신이라 하셨거든 36 하물며 아버지께서 거룩하게 하사 세상에 보내신 자가 나는 하나님의 아들이라 하는 것으로 너희가 어찌 신성모독이라 하느냐 37 만일 내가 내 아버지의 일을 행하지 아니하거든 나를 믿지 말려니와 38 내가 행하거든 나를 믿지 아니할지라도 그 일은 믿으라 그러면 너희가 아버지께서 내 안에 계시고 내가 아버지 안에 있음을 깨달아 알리라 하시니 39 그들이 다시 예수를 잡고자 하였으나 그 손에서 벗어나 나가시니라

9부

베레아 사역

(A.D. 29년 12월~30년 3월경)

사건 명	마태복음	마가복음	누가복음	요한복음
1. 베레아 피신 (A.D. 29년 겨울/베레아)				㉰ 10:40–42 40 다시 요단 강 저편 요한이 처음으로 세례 베풀던 곳에 가사 거기 거하시니 41 많은 사람이 왔다가 말하되 요한은 아무 표적도 행하지 아니하였으나 요한이 이 사람을 가리켜 말한 것은 다 참이라 하더라 42 그리하여 거기서 많은 사람이 예수를 믿으니라
2. 헤롯 안디바의 예수 살해 음모			㉯ 13:31–35 **선지자들을 죽이는 예루살렘아(마 23:37–39)** 31 곧 그 때에 어떤 바리새인들이 나아와서 이르되 나가서 여기를 떠나소서 헤롯이 당신을 죽이고자 하나이다 32 이르시되 너희는 가서 저 여우에게 이르되 오늘과 내일은 내가 귀신을 쫓아내며 병을 고치다가 제삼일에는 완전하여지리라 하라 33 그러나 오늘과 내일과 모레는 내가 갈 길을 가야 하리니 선지자가 예루살렘 밖에서는 죽는 법이 없느니라 34 예루살렘아 예루살렘아 선지자들을 죽이고 네게 파송된 자들을 돌로 치는 자여 암탉이 제 새끼를 날개 아래에 모음 같이 내가 너희의 자녀를 모으려 한 일이 몇 번이냐 그러나 너희가 원하지 아니하였도다	

사건 명	마태복음	마가복음	누가복음	요한복음
			35 보라 너희 집이 황폐하여 버린 바 되리라 내가 너희에게 이르노니 너희가 주의 이름으로 오시는 이를 찬송하리로다 할 때까지는 나를 보지 못하리라 하시니라	
3. 수종병자 치유와 교훈 1) 안식일에 바리새인 지도자 집에서 수종병자 치유			**(눅) 14:1-6** **수종병 든 사람을 고치시다** **1** 안식일에 예수께서 한 바리새인 지도자의 집에 떡 잡수시러 들어가시니 그들이 엿보고 있더라 **2** 주의 앞에 수종병 든 한 사람이 있는지라 **3** 예수께서 대답하여 율법교사들과 바리새인들에게 이르시되 안식일에 병 고쳐 주는 것이 합당하냐 아니하냐 **4** 그들이 잠잠하거늘 예수께서 그 사람을 데려다가 고쳐 보내시고 **5** 또 그들에게 이르시되 너희 중에 누가 그 아들이나 소가 우물에 빠졌으면 안식일에라도 곧 끌어내지 않겠느냐 하시니 **6** 그들이 이에 대하여 대답하지 못하니라	

사건 명	마태복음	마가복음	누가복음	요한복음
2) 낮은 자리에 앉는 겸손			㉦ 14:7-11 **끝자리에 앉으라** **7** 청함을 받은 사람들이 높은 자리 택함을 보시고 그들에게 비유로 말씀하여 이르시되 **8** 네가 누구에게나 혼인 잔치에 청함을 받았을 때에 높은 자리에 앉지 말라 그렇지 않으면 너보다 더 높은 사람이 청함을 받은 경우에 **9** 너와 그를 청한 자가 와서 너더러 이 사람에게 자리를 내주라 하리니 그 때에 네가 부끄러워 끝자리로 가게 되리라 **10** 청함을 받았을 때에 차라리 가서 끝자리에 앉으라 그러면 너를 청한 자가 와서 너더러 벗이여 올라 앉으라 하리니 그 때에야 함께 앉은 모든 사람 앞에서 영광이 있으리라 **11** 무릇 자기를 높이는 자는 낮아지고 자기를 낮추는 자는 높아지리라	
3) 집주인을 향한 교훈			㉦ 14:12-14 **12** 또 자기를 청한 자에게 이르시되 네가 점심이나 저녁이나 베풀거든 벗이나 형제나 친척이나 부한 이웃을 청하지 말라 두렵건대 그 사람들이 너를 도로 청하여 네게 갚음이 될까 하노라	

사건 명	마태복음	마가복음	누가복음	요한복음
			13 잔치를 베풀거든 차라리 가난한 자들과 몸 불편한 자들과 저는 자들과 맹인들을 청하라 14 그리하면 그들이 갚을 것이 없으므로 네게 복이 되리니 이는 의인들의 부활시에 네가 갚음을 받겠음이라 하시더라	
4) 강권하여 잔치자리를 채우라			㉣ 14:15-24 **큰 잔치 비유(마 22:1-10)** 15 함께 먹는 사람 중의 하나가 이 말을 듣고 이르되 무릇 하나님의 나라에서 떡을 먹는 자는 복되도다 하니 16 이르시되 어떤 사람이 큰 잔치를 베풀고 많은 사람을 청하였더니 17 잔치할 시각에 그 청하였던 자들에게 종을 보내어 이르되 오소서 모든 것이 준비되었나이다 하매 18 다 일치하게 사양하여 한 사람은 이르되 나는 밭을 샀으매 아무래도 나가 보아야 하겠으니 청컨대 나를 양해하도록 하라 하고 19 또 한 사람은 이르되 나는 소 다섯 겨리를 샀으매 시험하러 가니 청컨대 나를 양해하도록 하라 하고 20 또 한 사람은 이르되 나는 장가들었으니 그러므로 가지 못하겠노라 하는지라	

사건 명	마태복음	마가복음	누가복음	요한복음
			21 종이 돌아와 주인에게 그대로 고하니 이에 집 주인이 노하여 그 종에게 이르되 빨리 시내의 거리와 골목으로 나가서 가난한 자들과 몸 불편한 자들과 맹인들과 저는 자들을 데려오라 하니라 **22** 종이 이르되 주인이여 명하신 대로 하였으되 아직도 자리가 있나이다 **23** 주인이 종에게 이르되 길과 산울타리 가로 나가서 사람을 강권하여 데려다가 내 집을 채우라 **24** 내가 너희에게 말하노니 전에 청하였던 그 사람들은 하나도 내 잔치를 맛보지 못하리라 하였다 하시니라	
4. 예수 따르는 자의 자세 교훈			**㉯ 14:25-35** **제자가 되는 길(마 5:13; 막 9:50)** **25** 수많은 무리가 함께 갈새 예수께서 돌이키사 이르시되 **26** 무릇 내게 오는 자가 자기 부모와 처자와 형제와 자매와 더욱이 자기 목숨까지 미워하지 아니하면 능히 내 제자가 되지 못하고 **27** 누구든지 자기 십자가를 지고 나를 따르지 않는 자도 능히 내 제자가 되지 못하리라	

사건 명	마태복음	마가복음	누가복음	요한복음
			28 너희 중의 누가 망대를 세우고자 할진대 자기의 가진 것이 준공하기까지에 족할는지 먼저 앉아 그 비용을 계산하지 아니하겠느냐 29 그렇게 아니하여 그 기초만 쌓고 능히 이루지 못하면 보는 자가 다 비웃어 30 이르되 이 사람이 공사를 시작하고 능히 이루지 못하였다 하리라 31 또 어떤 임금이 다른 임금과 싸우러 갈 때에 먼저 앉아 일만 명으로써 저 이만 명을 거느리고 오는 자를 대적할 수 있을까 헤아리지 아니하겠느냐 32 만일 못할 터이면 그가 아직 멀리 있을 때에 사신을 보내어 화친을 청할지니라 33 이와 같이 너희 중의 누구든지 자기의 모든 소유를 버리지 아니하면 능히 내 제자가 되지 못하리라 34 소금이 좋은 것이나 소금도 만일 그 맛을 잃으면 무엇으로 짜게 하리요 35 땅에도, 거름에도 쓸 데 없어 내버리느니라 들을 귀가 있는 자는 들을지어다 하시니라	

사건 명	마태복음	마가복음	누가복음	요한복음
5. 세 가지 비유(잃은 양, 드라크마, 탕자)를 통한 하나님 사랑 교훈 1) '한 마리 잃은 양을 찾아다니는 목자' 비유			㉦ 15:1-7 **잃은 양을 찾은 목자 비유(마 18:12-14)** **1** 모든 세리와 죄인들이 말씀을 들으러 가까이 나아오니 **2** 바리새인과 서기관들이 수군거려 이르되 이 사람이 죄인을 영접하고 음식을 같이 먹는다 하더라 **3** 예수께서 그들에게 이 비유로 이르시되 **4** 너희 중에 어떤 사람이 양 백 마리가 있는데 그 중의 하나를 잃으면 아흔아홉 마리를 들에 두고 그 잃은 것을 찾아내기까지 찾아다니지 아니하겠느냐 **5** 또 찾아낸즉 즐거워 어깨에 메고 **6** 집에 와서 그 벗과 이웃을 불러 모으고 말하되 나와 함께 즐기자 나의 잃은 양을 찾아내었노라 하리라 **7** 내가 너희에게 이르노니 이와 같이 죄인 한 사람이 회개하면 하늘에서는 회개할 것 없는 의인 아흔아홉으로 말미암아 기뻐하는 것보다 더하리라	

사건 명	마태복음	마가복음	누가복음	요한복음
2) '잃은 드라크마' 비유			㊘ 15:8-10 **잃은 드라크마를 찾은 여인 비유** **8** 어떤 여자가 열 드라크마가 있는데 하나를 잃으면 등불을 켜고 집을 쓸며 찾아내기까지 부지런히 찾지 아니하겠느냐 **9** 또 찾아낸즉 벗과 이웃을 불러 모으고 말하되 나와 함께 즐기자 잃은 드라크마를 찾아내었노라 하리라 **10** 내가 너희에게 이르노니 이와 같이 죄인 한 사람이 회개하면 하나님의 사자들 앞에 기쁨이 되느니라	
3) '탕자 비유'			㊘ 15:11-32 **잃은 아들을 되찾은 아버지 비유** **11** 또 이르시되 어떤 사람에게 두 아들이 있는데 **12** 그 둘째가 아버지에게 말하되 아버지여 재산 중에서 내게 돌아올 분깃을 내게 주소서 하는지라 아버지가 그 살림을 각각 나눠 주었더니 **13** 그 후 며칠이 안 되어 둘째 아들이 재물을 다 모아 가지고 먼 나라에 가 거기서 허랑방탕하여 그 재산을 낭비하더니 **14** 다 없앤 후 그 나라에 크게 흉년이 들어 그가 비로소 궁핍한지라	

사건 명	마태복음	마가복음	누가복음	요한복음
			15 가서 그 나라 백성 중 한 사람에게 붙여 사니 그가 그를 들로 보내어 돼지를 치게 하였는데 16 그가 돼지 먹는 쥐엄 열매로 배를 채우고자 하되 주는 자가 없는지라 17 이에 스스로 돌이켜 이르되 내 아버지에게는 양식이 풍족한 품꾼이 얼마나 많은가 나는 여기서 주려 죽는구나 18 내가 일어나 아버지께 가서 이르기를 아버지 내가 하늘과 아버지께 죄를 지었사오니 19 지금부터는 아버지의 아들이라 일컬음을 감당하지 못하겠나이다 나를 품꾼의 하나로 보소서 하리라 하고 20 이에 일어나서 아버지께로 돌아가니라 아직도 거리가 먼데 아버지가 그를 보고 측은히 여겨 달려가 목을 안고 입을 맞추니 21 아들이 이르되 아버지 내가 하늘과 아버지께 죄를 지었사오니 지금부터는 아버지의 아들이라 일컬음을 감당하지 못하겠나이다 하나 22 아버지는 종들에게 이르되 제일 좋은 옷을 내어다가 입히고 손에 가락지를 끼우고 발에 신을 신기라	

사건 명	마태복음	마가복음	누가복음	요한복음
			23 그리고 살진 송아지를 끌어다가 잡으라 우리가 먹고 즐기자 24 이 내 아들은 죽었다가 다시 살아났으며 내가 잃었다가 다시 얻었노라 하니 그들이 즐거워하더라 25 맏아들은 밭에 있다가 돌아와 집에 가까이 왔을 때에 풍악과 춤추는 소리를 듣고 26 한 종을 불러 이 무슨 일인가 물은대 27 대답하되 당신의 동생이 돌아왔으매 당신의 아버지가 건강한 그를 다시 맞아들이게 됨으로 인하여 살진 송아지를 잡았나이다 하니 28 그가 노하여 들어가고자 하지 아니하거늘 아버지가 나와서 권한대 29 아버지께 대답하여 이르되 내가 여러 해 아버지를 섬겨 명을 어김이 없거늘 내게는 염소 새끼라도 주어 나와 내 벗으로 즐기게 하신 일이 없더니 30 아버지의 살림을 창녀들과 함께 삼켜 버린 이 아들이 돌아오매 이를 위하여 살진 송아지를 잡으셨나이다 31 아버지가 이르되 얘 너는 항상 나와 함께 있으니 내 것이 다 네 것이로되	

사건 명	마태복음	마가복음	누가복음	요한복음
			32 이 네 동생은 죽었다가 살아났으며 내가 잃었다가 얻었기로 우리가 즐거워하고 기뻐하는 것이 마땅하다 하니라	
6. 불의한 청지기 비유 1) 불의한 청지기 비유			㊦ **16:1-13** **옳지 않은 청지기 비유** **1** 또한 제자들에게 이르시되 어떤 부자에게 청지기가 있는데 그가 주인의 소유를 낭비한다는 말이 그 주인에게 들린지라 **2** 주인이 그를 불러 이르되 내가 네게 대하여 들은 이 말이 어찌 됨이냐 네가 보던 일을 셈하라 청지기 직무를 계속하지 못하리라 하니 **3** 청지기가 속으로 이르되 주인이 내 직분을 빼앗으니 내가 무엇을 할까 땅을 파자니 힘이 없고 빌어 먹자니 부끄럽구나 **4** 내가 할 일을 알았도다 이렇게 하면 직분을 빼앗긴 후에 사람들이 나를 자기 집으로 영접하리라 하고 **5** 주인에게 빚진 자를 일일이 불러다가 먼저 온 자에게 이르되 네가 내 주인에게 얼마나 빚졌느냐 **6** 말하되 기름 백 말이니이다 이르되 여기 네 증서를 가지고 빨리 앉아 오십이라 쓰라 하고	

사건 명	마태복음	마가복음	누가복음	요한복음
			7 또 다른 이에게 이르되 너는 얼마나 빚졌느냐 이르되 밀 백 석이니이다 이르되 여기 네 증서를 가지고 팔십이라 쓰라 하였는지라 8 주인이 이 옳지 않은 청지기가 일을 지혜 있게 하였으므로 칭찬하였으니 이 세대의 아들들이 자기 시대에 있어서는 빛의 아들들보다 더 지혜로움이니라 9 내가 너희에게 말하노니 불의의 재물로 친구를 사귀라 그리하면 그 재물이 없어질 때에 그들이 너희를 영주할 처소로 영접하리라 10 지극히 작은 것에 충성된 자는 큰 것에도 충성되고 지극히 작은 것에 불의한 자는 큰 것에도 불의하니라 11 너희가 만일 불의한 재물에도 충성하지 아니하면 누가 참된 것으로 너희에게 맡기겠느냐 12 너희가 만일 남의 것에 충성하지 아니하면 누가 너희의 것을 너희에게 주겠느냐 13 집 하인이 두 주인을 섬길 수 없나니 혹 이를 미워하고 저를 사랑하거나 혹 이를 중히 여기고 저를 경히 여길 것임이니라 너희는 하나님과 재물을 겸하여 섬길 수 없느니라	

사건 명	마태복음	마가복음	누가복음	요한복음
2) 바리새인 반응과 예수의 지적			눅 16:14–18 **율법과 하나님 나라의 복음** **14** 바리새인들은 돈을 좋아하는 자들이라 이 모든 것을 듣고 비웃거늘 **15** 예수께서 이르시되 너희는 사람 앞에서 스스로 옳다 하는 자들이나 너희 마음을 하나님께서 아시나니 사람 중에 높임을 받는 그것은 하나님 앞에 미움을 받는 것이니라 **16** 율법과 선지자는 요한의 때까지요 그 후부터는 하나님 나라의 복음이 전파되어 사람마다 그리로 침입하느니라 **17** 그러나 율법의 한 획이 떨어짐보다 천지가 없어짐이 쉬우리라 **18** 무릇 자기 아내를 버리고 다른 데 장가 드는 자도 간음함이요 무릇 버림당한 여자에게 장가드는 자도 간음함이니라	
7. 부자와 나사로 비유 교훈			눅 16:19–31 **부자와 거지** **19** 한 부자가 있어 자색 옷과 고운 베옷을 입고 날마다 호화롭게 즐기더라 **20** 그런데 나사로라 이름하는 한 거지가 헌데 투성이로 그의 대문 앞에 버려진 채	

사건 명	마태복음	마가복음	누가복음	요한복음
			21 그 부자의 상에서 떨어지는 것으로 배불리려 하매 심지어 개들이 와서 그 헌데를 핥더라 22 이에 그 거지가 죽어 천사들에게 받들려 아브라함의 품에 들어가고 부자도 죽어 장사되매 23 그가 음부에서 고통중에 눈을 들어 멀리 아브라함과 그의 품에 있는 나사로를 보고 24 불러 이르되 아버지 아브라함이여 나를 긍휼히 여기사 나사로를 보내어 그 손가락 끝에 물을 찍어 내 혀를 서늘하게 하소서 내가 이 불꽃 가운데서 괴로워하나이다 25 아브라함이 이르되 얘 너는 살았을 때에 좋은 것을 받았고 나사로는 고난을 받았으니 이것을 기억하라 이제 그는 여기서 위로를 받고 너는 괴로움을 받느니라 26 그뿐 아니라 너희와 우리 사이에 큰 구렁텅이가 놓여 있어 여기서 너희에게 건너가고자 하되 갈 수 없고 거기서 우리에게 건너올 수도 없게 하였느니라 27 이르되 그러면 아버지여 구하노니 나사로를 내 아버지의 집에 보내소서	

사건 명	마태복음	마가복음	누가복음	요한복음
			28 내 형제 다섯이 있으니 그들에게 증언하게 하여 그들로 이 고통 받는 곳에 오지 않게 하소서 29 아브라함이 이르되 그들에게 모세와 선지자들이 있으니 그들에게 들을지니라 30 이르되 그렇지 아니하니이다 아버지 아브라함이여 만일 죽은 자에게서 그들에게 가는 자가 있으면 회개하리이다 31 이르되 모세와 선지자들에게 듣지 아니하면 비록 죽은 자 가운데서 살아나는 자가 있을지라도 권함을 받지 아니하리라 하였다 하시니라	
8. 나사로의 소생 **(베다니)** 1) 나사로의 죽음				**요 11:1-16** **죽은 나사로를 살리시다** 1 어떤 병자가 있으니 이는 마리아와 그 자매 마르다의 마을 베다니에 사는 나사로라 2 이 마리아는 향유를 주께 붓고 머리털로 주의 발을 닦던 자요 병든 나사로는 그의 오라버니더라 3 이에 그 누이들이 예수께 사람을 보내어 이르되 주여 보시옵소서 사랑하시는 자가 병들었나이다 하니

사건 명	마태복음	마가복음	누가복음	요한복음
				4 예수께서 들으시고 이르시되 이 병은 죽을 병이 아니라 하나님의 영광을 위함이요 하나님의 아들이 이로 말미암아 영광을 받게 하려 함이라 하시더라 5 예수께서 본래 마르다와 그 동생과 나사로를 사랑하시더니 6 나사로가 병들었다 함을 들으시고 그 계시던 곳에 이틀을 더 유하시고 7 그 후에 제자들에게 이르시되 유대로 다시 가자 하시니 8 제자들이 말하되 랍비여 방금도 유대인들이 돌로 치려 하였는데 또 그리로 가시려 하나이까 9 예수께서 대답하시되 낮이 열두 시간이 아니냐 사람이 낮에 다니면 이 세상의 빛을 보므로 실족하지 아니하고 10 밤에 다니면 빛이 그 사람 안에 없는 고로 실족하느니라 11 이 말씀을 하신 후에 또 이르시되 우리 친구 나사로가 잠들었도다 그러나 내가 깨우러 가노라 12 제자들이 이르되 주여 잠들었으면 낫겠나이다 하더라

사건 명	마태복음	마가복음	누가복음	요한복음
				13 예수는 그의 죽음을 가리켜 말씀하신 것이나 그들은 잠들어 쉬는 것을 가리켜 말씀하심인 줄 생각하는지라 14 이에 예수께서 밝히 이르시되 나사로가 죽었느니라 15 내가 거기 있지 아니한 것을 너희를 위하여 기뻐하노니 이는 너희로 믿게 하려 함이라 그러나 그에게로 가자 하시니 16 디두모라고도 하는 도마가 다른 제자들에게 말하되 우리도 주와 함께 죽으러 가자 하니라
2) 마르다와 마리아 자매 만남				㉭ 11:17-37 **나는 부활이요 생명이니** 17 예수께서 와서 보시니 나사로가 무덤에 있은 지 이미 나흘이라 18 베다니는 예루살렘에서 가깝기가 한 오 리쯤 되매 19 많은 유대인이 마르다와 마리아에게 그 오라비의 일로 위문하러 왔더니 20 마르다는 예수께서 오신다는 말을 듣고 곧 나가 맞이하되 마리아는 집에 앉았더라 21 마르다가 예수께 여짜오되 주께서 여기 계셨더라면 내 오라버니가 죽지 아니하였겠나이다

사건 명	마태복음	마가복음	누가복음	요한복음
				22 그러나 나는 이제라도 주께서 무엇이든지 하나님께 구하시는 것을 하나님이 주실 줄을 아나이다 23 예수께서 이르시되 네 오라비가 다시 살아나리라 24 마르다가 이르되 마지막 날 부활 때에는 다시 살아날 줄을 내가 아나이다 25 예수께서 이르시되 나는 부활이요 생명이니 나를 믿는 자는 죽어도 살겠고 26 무릇 살아서 나를 믿는 자는 영원히 죽지 아니하리니 이것을 네가 믿느냐 27 이르되 주여 그러하외다 주는 그리스도시요 세상에 오시는 하나님의 아들이신 줄 내가 믿나이다 28 이 말을 하고 돌아가서 가만히 그 자매 마리아를 불러 말하되 선생님이 오셔서 너를 부르신다 하니 29 마리아가 이 말을 듣고 급히 일어나 예수께 나아가매 30 예수는 아직 마을로 들어오지 아니하시고 마르다가 맞이했던 곳에 그대로 계시더라

사건 명	마태복음	마가복음	누가복음	요한복음
				31 마리아와 함께 집에 있어 위로하던 유대인들은 그가 급히 일어나 나가는 것을 보고 곡하러 무덤에 가는 줄로 생각하고 따라가더니 32 마리아가 예수 계신 곳에 가서 뵈옵고 그 발 앞에 엎드리어 이르되 주께서 여기 계셨더라면 내 오라버니가 죽지 아니하였겠나이다 하더라 33 예수께서 그가 우는 것과 또 함께 온 유대인들이 우는 것을 보시고 심령에 비통히 여기시고 불쌍히 여기사 34 이르시되 그를 어디 두었느냐 이르되 주여 와서 보옵소서 하니 35 예수께서 눈물을 흘리시더라 36 이에 유대인들이 말하되 보라 그를 얼마나 사랑하셨는가 하며 37 그 중 어떤 이는 말하되 맹인의 눈을 뜨게 한 이 사람이 그 사람은 죽지 않게 할 수 없었더냐 하더라
3) 나사로 소생				㉭ 11:38-44 38 이에 예수께서 다시 속으로 비통히 여기시며 무덤에 가시니 무덤이 굴이라 돌로 막았거늘

사건 명	마태복음	마가복음	누가복음	요한복음
				39 예수께서 이르시되 돌을 옮겨 놓으라 하시니 그 죽은 자의 누이 마르다가 이르되 주여 죽은 지가 나흘이 되었으매 벌써 냄새가 나나이다 40 예수께서 이르시되 내 말이 네가 믿으면 하나님의 영광을 보리라 하지 아니하였느냐 하시니 41 돌을 옮겨 놓으니 예수께서 눈을 들어 우러러 보시고 이르시되 아버지여 내 말을 들으신 것을 감사하나이다 42 항상 내 말을 들으시는 줄을 내가 알았나이다 그러나 이 말씀 하옵는 것은 둘러선 무리를 위함이니 곧 아버지께서 나를 보내신 것을 그들로 믿게 하려 함이니이다 43 이 말씀을 하시고 큰 소리로 나사로야 나오라 부르시니 44 죽은 자가 수족을 베로 동인 채로 나오는데 그 얼굴은 수건에 싸였더라 예수께서 이르시되 풀어 놓아 다니게 하라 하시니라

사건 명	마태복음	마가복음	누가복음	요한복음
4) 산헤드린 공회 예수 처형 결의				Ⓨ 11:45-54 **예수를 죽이려고 모의하다(마 26:1-5; 막 14:1-2; 눅 22:1-2)** **45** 마리아에게 와서 예수께서 하신 일을 본 많은 유대인이 그를 믿었으나 **46** 그 중에 어떤 자는 바리새인들에게 가서 예수께서 하신 일을 알리니라 **47** 이에 대제사장들과 바리새인들이 공회를 모으고 이르되 이 사람이 많은 표적을 행하니 우리가 어떻게 하겠느냐 **48** 만일 그를 이대로 두면 모든 사람이 그를 믿을 것이요 그리고 로마인들이 와서 우리 땅과 민족을 빼앗아 가리라 하니 **49** 그 중의 한 사람 그 해의 대제사장인 가야바가 그들에게 말하되 너희가 아무 것도 알지 못하는도다 **50** 한 사람이 백성을 위하여 죽어서 온 민족이 망하지 않게 되는 것이 너희에게 유익한 줄을 생각하지 아니하는도다 하였으니 **51** 이 말은 스스로 함이 아니요 그 해의 대제사장이므로 예수께서 그 민족을 위하시고

사건 명	마태복음	마가복음	누가복음	요한복음
				52 또 그 민족만 위할 뿐 아니라 흩어진 하나님의 자녀를 모아 하나가 되게 하기 위하여 죽으실 것을 미리 말함이러라 **53** 이 날부터는 그들이 예수를 죽이려고 모의하니라 **54** 그러므로 예수께서 다시 유대인 가운데 드러나게 다니지 아니하시고 거기를 떠나 빈 들 가까운 곳인 에브라임이라는 동네에 가서 제자들과 함께 거기 머무르시니라

10부

십자가 수난을 위해 예루살렘으로 가면서

(A.D. 30년 3월경~4월경)

사건 명	마태복음	마가복음	누가복음	요한복음
1. 종의 임무(용서, 충성)			(눅) 17:1–10 **용서, 믿음, 종이 할 일(마 18:6–7; 21:22; 막 9:42)** 1 예수께서 제자들에게 이르시되 실족하게 하는 것이 없을 수는 없으나 그렇게 하게 하는 자에게는 화로다 2 그가 이 작은 자 중의 하나를 실족하게 할진대 차라리 연자맷돌이 그 목에 매여 바다에 던져지는 것이 나으리라 3 너희는 스스로 조심하라 만일 네 형제가 죄를 범하거든 경고하고 회개하거든 용서하라 4 만일 하루에 일곱 번이라도 네게 죄를 짓고 일곱 번 네게 돌아와 내가 회개하노라 하거든 너는 용서하라 하시더라 5 사도들이 주께 여짜오되 우리에게 믿음을 더하소서 하니 6 주께서 이르시되 너희에게 겨자씨 한 알만한 믿음이 있었더라면 이 뽕나무더러 뿌리가 뽑혀 바다에 심기어라 하였을 것이요 그것이 너희에게 순종하였으리라 7 너희 중 누구에게 밭을 갈거나 양을 치거나 하는 종이 있어 밭에서 돌아오면 그더러 곧 와 앉아서 먹으라 말할 자가 있느냐	

사건 명	마태복음	마가복음	누가복음	요한복음
			8 도리어 그더러 내 먹을 것을 준비하고 띠를 띠고 내가 먹고 마시는 동안에 수종들고 너는 그 후에 먹고 마시라 하지 않겠느냐 9 명한 대로 하였다고 종에게 감사하겠느냐 10 이와 같이 너희도 명령 받은 것을 다 행한 후에 이르기를 우리는 무익한 종이라 우리가 하여야 할 일을 한 것뿐이라 할지니라	
2. 열 명의 나병환자 치유(A.D. 30년 봄)			**㉦ 17:11–19** **나병환자 열 명이 깨끗함을 받다** 11 예수께서 예루살렘으로 가실 때에 사마리아와 갈릴리 사이로 지나가시다가 12 한 마을에 들어가시니 나병환자 열 명이 예수를 만나 멀리 서서 13 소리를 높여 이르되 예수 선생님이여 우리를 불쌍히 여기소서 하거늘 14 보시고 이르시되 가서 제사장들에게 너희 몸을 보이라 하셨더니 그들이 가다가 깨끗함을 받은지라 15 그 중의 한 사람이 자기가 나은 것을 보고 큰 소리로 하나님께 영광을 돌리며 돌아와 16 예수의 발 아래에 엎드리어 감사하니 그는 사마리아 사람이라	

사건 명	마태복음	마가복음	누가복음	요한복음
			17 예수께서 대답하여 이르시되 열 사람이 다 깨끗함을 받지 아니하였느냐 그 아홉은 어디 있느냐 18 이 이방인 외에는 하나님께 영광을 돌리러 돌아온 자가 없느냐 하시고 19 그에게 이르시되 일어나 가라 네 믿음이 너를 구원하였느니라 하시더라	
3. 하나님 나라에 대한 교훈 1) 하나님 나라는 언제 임하는가			㊍ **17:20-21** **하나님의 나라는 너희 안에 있다(마 24:23-28, 37-41)** 20 바리새인들이 하나님의 나라가 어느 때에 임하나이까 묻거늘 예수께서 대답하여 이르시되 하나님의 나라는 볼 수 있게 임하는 것이 아니요 21 또 여기 있다 저기 있다고도 못하리니 하나님의 나라는 너희 안에 있느니라	
2) 하나님 나라가 임할 때 모습			㊍ **17:22-37** 22 또 제자들에게 이르시되 때가 이르리니 너희가 인자의 날 하루를 보고자 하되 보지 못하리라 23 사람이 너희에게 말하되 보라 저기 있다 보라 여기 있다 하리라 그러나 너희는 가지도 말고 따르지도 말라	

사건 명	마태복음	마가복음	누가복음	요한복음
			24 번개가 하늘 아래 이쪽에서 번쩍이어 하늘 아래 저쪽까지 비침같이 인자도 자기 날에 그러하리라 25 그러나 그가 먼저 많은 고난을 받으며 이 세대에게 버린 바 되어야 할지니라 26 노아의 때에 된 것과 같이 인자의 때에도 그러하리라 27 노아가 방주에 들어가던 날까지 사람들이 먹고 마시고 장가 들고 시집 가더니 홍수가 나서 그들을 다 멸망시켰으며 28 또 롯의 때와 같으리니 사람들이 먹고 마시고 사고 팔고 심고 집을 짓더니 29 롯이 소돔에서 나가던 날에 하늘로부터 불과 유황이 비오듯 하여 그들을 멸망시켰느니라 30 인자가 나타나는 날에도 이러하리라 31 그 날에 만일 사람이 지붕 위에 있고 그의 세간이 그 집 안에 있으면 그것을 가지러 내려가지 말 것이요 밭에 있는 자도 그와 같이 뒤로 돌이키지 말 것이니라 32 롯의 처를 기억하라 33 무릇 자기 목숨을 보전하고자 하는 자는 잃을 것이요 잃는 자는 살리리라	

사건 명	마태복음	마가복음	누가복음	요한복음
			34 내가 너희에게 이르노니 그 밤에 둘이 한 자리에 누워 있으매 하나는 데려감을 얻고 하나는 버려둠을 당할 것이요 35 두 여자가 함께 맷돌을 갈고 있으매 하나는 데려감을 얻고 하나는 버려둠을 당할 것이니라 36 (없음) 37 그들이 대답하여 이르되 주여 어디오니이까 이르시되 주검 있는 곳에는 독수리가 모이느니라 하시니라	
4. 끈기 있는 과부와 바리새인, 세리 비유 통한 기도 교훈 1) 끈기 있는 과부 비유			㉠ **18:1-8** **과부와 재판장 비유** 1 예수께서 그들에게 항상 기도하고 낙심하지 말아야 할 것을 비유로 말씀하여 2 이르시되 어떤 도시에 하나님을 두려워하지 않고 사람을 무시하는 한 재판장이 있는데 3 그 도시에 한 과부가 있어 자주 그에게 가서 내 원수에 대한 나의 원한을 풀어 주소서 하되 4 그가 얼마 동안 듣지 아니하다가 후에 속으로 생각하되 내가 하나님을 두려워하지 않고 사람을 무시하나	

사건 명	마태복음	마가복음	누가복음	요한복음
			5 이 과부가 나를 번거롭게 하니 내가 그 원한을 풀어 주리라 그렇지 않으면 늘 와서 나를 괴롭게 하리라 하였느니라 6 주께서 또 이르시되 불의한 재판장이 말한 것을 들으라 7 하물며 하나님께서 그 밤낮 부르짖는 택하신 자들의 원한을 풀어 주지 아니하시겠느냐 그들에게 오래 참으시겠느냐 8 내가 너희에게 이르노니 속히 그 원한을 풀어 주시리라 그러나 인자가 올 때에 세상에서 믿음을 보겠느냐 하시니라	
2) 바리새인과 세리의 기도 비유			㊦ 18:9-14 **바리새인과 세리 비유** 9 또 자기를 의롭다고 믿고 다른 사람을 멸시하는 자들에게 이 비유로 말씀하시되 10 두 사람이 기도하러 성전에 올라가니 하나는 바리새인이요 하나는 세리라 11 바리새인은 서서 따로 기도하여 이르되 하나님이여 나는 다른 사람들 곧 토색, 불의, 간음을 하는 자들과 같지 아니하고 이 세리와도 같지 아니함을 감사하나이다 12 나는 이레에 두 번씩 금식하고 또 소득의 십일조를 드리나이다 하고	

사건 명	마태복음	마가복음	누가복음	요한복음
			13 세리는 멀리 서서 감히 눈을 들어 하늘을 쳐다보지도 못하고 다만 가슴을 치며 이르되 하나님이여 불쌍히 여기소서 나는 죄인이로소이다 하였느니라 14 내가 너희에게 이르노니 이에 저 바리새인이 아니고 이 사람이 의롭다 하심을 받고 그의 집으로 내려갔느니라 무릇 자기를 높이는 자는 낮아지고 자기를 낮추는 자는 높아지리라 하시니라	
5. 이혼 교훈	㉮ 19:1-12 **이혼에 대하여 가르치시다(막 10:1-12)** 1 예수께서 이 말씀을 마치시고 갈릴리를 떠나 요단 강 건너 유대 지경에 이르시니 2 큰 무리가 따르거늘 예수께서 거기서 그들의 병을 고치시더라 3 바리새인들이 예수께 나아와 그를 시험하여 이르되 사람이 어떤 이유가 있으면 그 아내를 버리는 것이 옳으니이까 4 예수께서 대답하여 이르시되 사람을 지으신 이가 본래 그들을 남자와 여자로 지으시고	㉯ 10:1-12 **이혼에 대하여 가르치시다(마 19:1-12)** 1 예수께서 거기서 떠나 유대 지경과 요단 강 건너편으로 가시니 무리가 다시 모여들거늘 예수께서 다시 전례대로 가르치시더니 2 바리새인들이 예수께 나아와 그를 시험하여 묻되 사람이 아내를 버리는 것이 옳으니이까 3 대답하여 이르시되 모세가 어떻게 너희에게 명하였느냐 4 이르되 모세는 이혼 증서를 써주어 버리기를 허락하였나이다 5 예수께서 그들에게 이르시되 너희 마음이 완악함으로 말미암아 이 명령을 기록하였거니와		

사건 명	마태복음	마가복음	누가복음	요한복음
	5 말씀하시기를 그러므로 사람이 그 부모를 떠나서 아내에게 합하여 그 둘이 한 몸이 될지니라 하신 것을 읽지 못하였느냐 6 그런즉 이제 둘이 아니요 한 몸이니 그러므로 하나님이 짝지어 주신 것을 사람이 나누지 못할지니라 하시니 7 여짜오되 그러면 어찌하여 모세는 이혼 증서를 주어서 버리라 명하였나이까 8 예수께서 이르시되 모세가 너희 마음의 완악함 때문에 아내 버림을 허락하였거니와 본래는 그렇지 아니하니라 9 내가 너희에게 말하노니 누구든지 음행한 이유 외에 아내를 버리고 다른 데 장가 드는 자는 간음함이니라 10 제자들이 이르되 만일 사람이 아내에게 이같이 할진대 장가 들지 않는 것이 좋겠나이다 11 예수께서 이르시되 사람마다 이 말을 받지 못하고 오직 타고난 자라야 할지니라 12 어머니의 태로부터 된 고자도 있고 사람이 만든 고자도 있고 천국을 위하여 스스로 된 고자도 있도다 이 말을 받을 만한 자는 받을지어다	6 창조 때로부터 사람을 남자와 여자로 지으셨으니 7 이러므로 사람이 그 부모를 떠나서 8 그 둘이 한 몸이 될지니라 이러한즉 이제 둘이 아니요 한 몸이니 9 그러므로 하나님이 짝지어 주신 것을 사람이 나누지 못할지니라 하시더라 10 집에서 제자들이 다시 이 일을 물으니 11 이르시되 누구든지 그 아내를 버리고 다른 데에 장가 드는 자는 본처에게 간음을 행함이요 12 또 아내가 남편을 버리고 다른 데로 시집 가면 간음을 행함이니라		

사건 명	마태복음	마가복음	누가복음	요한복음
6. 어린이 축복(베레아)	(마) 19:13–15 **어린 아이들에게 안수하시다(막 10:13–16; 눅 18:15–17)** 13 그 때에 사람들이 예수께서 안수하고 기도해 주심을 바라고 어린 아이들을 데리고 오매 제자들이 꾸짖거늘 14 예수께서 이르시되 어린 아이들을 용납하고 내게 오는 것을 금하지 말라 천국이 이런 사람의 것이니라 하시고 15 그들에게 안수하시고 거기를 떠나시니라	(막) 10:13–16 **어린 아이들을 축복하시다(마 19:13–15; 눅 18:15–17)** 13 사람들이 예수께서 만져 주심을 바라고 어린 아이들을 데리고 오매 제자들이 꾸짖거늘 14 예수께서 보시고 노하시어 이르시되 어린 아이들이 내게 오는 것을 용납하고 금하지 말라 하나님의 나라가 이런 자의 것이니라 15 내가 진실로 너희에게 이르노니 누구든지 하나님의 나라를 어린 아이와 같이 받들지 않는 자는 결단코 그 곳에 들어가지 못하리라 하시고 16 그 어린 아이들을 안고 그들 위에 안수하시고 축복하시니라	(눅) 18:15–17 **어린 아이들을 금하지 말라(마 19:13–15; 막 10:13–16)** 15 사람들이 예수께서 만져 주심을 바라고 자기 어린 아기를 데리고 오매 제자들이 보고 꾸짖거늘 16 예수께서 그 어린 아이들을 불러 가까이 하시고 이르시되 어린 아이들이 내게 오는 것을 용납하고 금하지 말라 하나님의 나라가 이런 자의 것이니라 17 내가 진실로 너희에게 이르노니 누구든지 하나님의 나라를 어린 아이와 같이 받아들이지 않는 자는 결단코 거기 들어가지 못하리라 하시니라	
7. 부자 청년과의 대화 1) 부자 청년	(마) 16:16–22 **재물이 많은 청년(막 10:17–31; 눅 18:18–30)** 16 어떤 사람이 주께 와서 이르되 선생님이여 내가 무슨 선한 일을 하여야 영생을 얻으리이까 17 예수께서 이르시되 어찌하여 선한 일을 내게 묻느냐 선한 이는 오직 한 분이시니라 네가 생명에 들어 가려면 계명들을 지키라	(막) 10:17–22 **재물이 많은 사람(마 19:16–30; 눅 18:18–30)** 17 예수께서 길에 나가실새 한 사람이 달려와서 꿇어앉아 묻자오되 선한 선생님이여 내가 무엇을 하여야 영생을 얻으리이까 18 예수께서 이르시되 네가 어찌하여 나를 선하다 일컫느냐 하나님 한 분 외에는 선한 이가 없느니라	(눅) 18:18–23 **부자 관리(마 19:16–30; 막 10:17–31)** 18 어떤 관리가 물어 이르되 선한 선생님이여 내가 무엇을 하여야 영생을 얻으리이까 19 예수께서 이르시되 네가 어찌하여 나를 선하다 일컫느냐 하나님 한 분 외에는 선한 이가 없느니라	

사건 명	마태복음	마가복음	누가복음	요한복음
	18 이르되 어느 계명이오니이까 예수께서 이르시되 살인하지 말라, 간음하지 말라, 도둑질하지 말라, 거짓 증언 하지 말라, **19** 네 부모를 공경하라, 네 이웃을 네 자신과 같이 사랑하라 하신 것이니라 **20** 그 청년이 이르되 이 모든 것을 내가 지키었사온대 아직도 무엇이 부족하니이까 **21** 예수께서 이르시되 네가 온전하고자 할진대 가서 네 소유를 팔아 가난한 자들에게 주라 그리하면 하늘에서 보화가 네게 있으리라 그리고 와서 나를 따르라 하시니 **22** 그 청년이 재물이 많으므로 이 말씀을 듣고 근심하며 가니라	**19** 네가 계명을 아나니 살인하지 말라, 간음하지 말라, 도둑질하지 말라, 거짓 증언 하지 말라, 속여 빼앗지 말라, 네 부모를 공경하라 하였느니라 **20** 그가 여짜오되 선생님이여 이것은 내가 어려서부터 다 지켰나이다 **21** 예수께서 그를 보시고 사랑하사 이르시되 네게 아직도 한 가지 부족한 것이 있으니 가서 네게 있는 것을 다 팔아 가난한 자들에게 주라 그리하면 하늘에서 보화가 네게 있으리라 그리고 와서 나를 따르라 하시니 **22** 그 사람은 재물이 많은 고로 이 말씀으로 인하여 슬픈 기색을 띠고 근심하며 가니라	**20** 네가 계명을 아나니 간음하지 말라, 살인하지 말라, 도둑질하지 말라, 거짓 증언 하지 말라, 네 부모를 공경하라 하였느니라 **21** 여짜오되 이것은 내가 어려서부터 다 지키었나이다 **22** 예수께서 이 말을 들으시고 이르시되 네게 아직도 한 가지 부족한 것이 있으니 네게 있는 것을 다 팔아 가난한 자들에게 나눠 주라 그리하면 하늘에서 네게 보화가 있으리라 그리고 와서 나를 따르라 하시니 **23** 그 사람이 큰 부자이므로 이 말씀을 듣고 심히 근심하더라	
2) 부자와 하나님 나라	**(마) 19:23-30** **23** 예수께서 제자들에게 이르시되 내가 진실로 너희에게 이르노니 부자는 천국에 들어가기가 어려우니라 **24** 다시 너희에게 말하노니 낙타가 바늘귀로 들어가는 것이 부자가 하나님의 나라에 들어가는 것보다 쉬우니라 하시니 **25** 제자들이 듣고 몹시 놀라 이르되 그렇다면 누가 구원을 얻을 수 있으리이까	**(막) 10:23-31** **23** 예수께서 둘러 보시고 제자들에게 이르시되 재물이 있는 자는 하나님의 나라에 들어가기가 심히 어렵도다 하시니 **24** 제자들이 그 말씀에 놀라는지라 예수께서 다시 대답하여 이르시되 얘들아 하나님의 나라에 들어가기가 얼마나 어려운지	**(눅) 18:24-30** **24** 예수께서 그를 보시고 이르시되 재물이 있는 자는 하나님의 나라에 들어가기가 얼마나 어려운지 **25** 낙타가 바늘귀로 들어가는 것이 부자가 하나님의 나라에 들어가는 것보다 쉬우니라 하시니 **26** 듣는 자들이 이르되 그런즉 누가 구원을 얻을 수 있나이까	

사건 명	마태복음	마가복음	누가복음	요한복음
	26 예수께서 그들을 보시며 이르시되 사람으로는 할 수 없으나 하나님으로서는 다 하실 수 있느니라 27 이에 베드로가 대답하여 이르되 보소서 우리가 모든 것을 버리고 주를 따랐사온대 그런즉 우리가 무엇을 얻으리이까 28 예수께서 이르시되 내가 진실로 너희에게 이르노니 세상이 새롭게 되어 인자가 자기 영광의 보좌에 앉을 때에 나를 따르는 너희도 열두 보좌에 앉아 이스라엘 열두 지파를 심판하리라 29 또 내 이름을 위하여 집이나 형제나 자매나 부모나 자식이나 전토를 버린 자마다 여러 배를 받고 또 영생을 상속하리라 30 그러나 먼저 된 자로서 나중 되고 나중 된 자로서 먼저 될 자가 많으니라	25 낙타가 바늘귀로 나가는 것이 부자가 하나님의 나라에 들어가는 것보다 쉬우니라 하시니 26 제자들이 매우 놀라 서로 말하되 그런즉 누가 구원을 얻을 수 있는가 하니 27 예수께서 그들을 보시며 이르시되 사람으로는 할 수 없으되 하나님으로는 그렇지 아니하니 하나님으로서는 다 하실 수 있느니라 28 베드로가 여짜와 이르되 보소서 우리가 모든 것을 버리고 주를 따랐나이다 29 예수께서 이르시되 내가 진실로 너희에게 이르노니 나와 복음을 위하여 집이나 형제나 자매나 어머니나 아버지나 자식이나 전토를 버린 자는 30 현세에 있어 집과 형제와 자매와 어머니와 자식과 전토를 백 배나 받되 박해를 겸하여 받고 내세에 영생을 받지 못할 자가 없느니라 31 그러나 먼저 된 자로서 나중 되고 나중 된 자로서 먼저 될 자가 많으니라	27 이르시되 무릇 사람이 할 수 없는 것을 하나님은 하실 수 있느니라 28 베드로가 여짜오되 보옵소서 우리가 우리의 것을 다 버리고 주를 따랐나이다 29 이르시되 내가 진실로 너희에게 이르노니 하나님의 나라를 위하여 집이나 아내나 형제나 부모나 자녀를 버린 자는 30 현세에 여러 배를 받고 내세에 영생을 받지 못할 자가 없느니라 하시니라	

사건 명	마태복음	마가복음	누가복음	요한복음
8. 포도원 품꾼 비유	㉮ 20:1-16 **포도원의 품꾼들** 1 천국은 마치 품꾼을 얻어 포도원에 들여보내려고 이른 아침에 나간 집 주인과 같으니 2 그가 하루 한 데나리온씩 품꾼들과 약속하여 포도원에 들여보내고 3 또 제삼시에 나가 보니 장터에 놀고 서 있는 사람들이 또 있는지라 4 그들에게 이르되 너희도 포도원에 들어가라 내가 너희에게 상당하게 주리라 하니 그들이 가고 5 제육시와 제구시에 또 나가 그와 같이 하고 6 제십일시에도 나가 보니 서 있는 사람들이 또 있는지라 이르되 너희는 어찌하여 종일토록 놀고 여기 서 있느냐 7 이르되 우리를 품꾼으로 쓰는 이가 없음이니이다 이르되 너희도 포도원에 들어가라 하니라 8 저물매 포도원 주인이 청지기에게 이르되 품꾼들을 불러 나중 온 자로부터 시작하여 먼저 온 자까지 삯을 주라 하니 9 제십일시에 온 자들이 와서 한 데나리온씩을 받거늘			

사건 명	마태복음	마가복음	누가복음	요한복음
	10 먼저 온 자들이 와서 더 받을 줄 알았더니 그들도 한 데나리온씩 받은지라 11 받은 후 집 주인을 원망하여 이르되 12 나중 온 이 사람들은 한 시간밖에 일하지 아니하였거늘 그들을 종일 수고하며 더위를 견딘 우리와 같게 하였나이다 13 주인이 그 중의 한 사람에게 대답하여 이르되 친구여 내가 네게 잘못한 것이 없노라 네가 나와 한 데나리온의 약속을 하지 아니하였느냐 14 네 것이나 가지고 가라 나중 온 이 사람에게 너와 같이 주는 것이 내 뜻이니라 15 내 것을 가지고 내 뜻대로 할 것이 아니냐 내가 선하므로 네가 악하게 보느냐 16 이와 같이 나중 된 자로서 먼저 되고 먼저 된 자로서 나중 되리라			

사건 명	마태복음	마가복음	누가복음	요한복음
9. 3차 수난 예고 및 야고보와 요한의 자리 욕심(예루살렘 가면서) 1) 3차 수난 예고	㉰ 20:17-19 **죽음과 부활을 세 번째로 이르시다(막 10:32-34; 눅 18:31-34)** **17** 예수께서 예루살렘으로 올라가려 하실 때에 열두 제자를 따로 데리시고 길에서 이르시되 **18** 보라 우리가 예루살렘으로 올라가노니 인자가 대제사장들과 서기관들에게 넘겨지매 그들이 죽이기로 결의하고 **19** 이방인들에게 넘겨 주어 그를 조롱하며 채찍질하며 십자가에 못 박게 할 것이나 제삼일에 살아나리라	㉯ 10:32-34 **죽음과 부활을 세 번째로 이르시다(마 20:17-19; 눅 18:31-34)** **32** 예루살렘으로 올라가는 길에 예수께서 그들 앞에 서서 가시는데 그들이 놀라고 따르는 자들은 두려워하더라 이에 다시 열두 제자를 데리시고 자기가 당할 일을 말씀하여 이르시되 **33** 보라 우리가 예루살렘에 올라가노니 인자가 대제사장들과 서기관들에게 넘겨지매 그들이 죽이기로 결의하고 이방인들에게 넘겨 주겠고 **34** 그들은 능욕하며 침 뱉으며 채찍질하고 죽일 것이나 그는 삼 일 만에 살아나리라 하시니라	㉱ 18:31-34 **죽음과 부활을 다시 이르시다(마 20:17-19; 막 10:32-34)** **31** 예수께서 열두 제자를 데리시고 이르시되 보라 우리가 예루살렘으로 올라가노니 선지자들을 통하여 기록된 모든 것이 인자에게 응하리라 **32** 인자가 이방인들에게 넘겨져 희롱을 당하고 능욕을 당하고 침 뱉음을 당하겠으며 **33** 그들은 채찍질하고 그를 죽일 것이나 그는 삼 일 만에 살아나리라 하시되 **34** 제자들이 이것을 하나도 깨닫지 못하였으니 그 말씀이 감취었으므로 그들이 그 이르신 바를 알지 못하였더라	
2) 야고보와 예수의 자리 욕심	㉰ 20:20-28 **한 어머니의 요구(막 10:35-45)** **20** 그 때에 세베대의 아들의 어머니가 그 아들들을 데리고 예수께 와서 절하며 무엇을 구하니 **21** 예수께서 이르시되 무엇을 원하느냐 이르되 나의 이 두 아들을 주의 나라에서 하나는 주의 우편에, 하나는 주의 좌편에 앉게 명하소서	㉯ 10:35-45 **야고보와 요한이 구하는 것(마 20:20-28)** **35** 세베대의 아들 야고보와 요한이 주께 나아와 여짜오되 선생님이여 무엇이든지 우리가 구하는 바를 우리에게 하여 주시기를 원하옵나이다 **36** 이르시되 너희에게 무엇을 하여 주기를 원하느냐 **37** 여짜오되 주의 영광중에서 우리를 하나는 주의 우편에, 하나는 좌편에 앉게 하여 주옵소서		

사건 명	마태복음	마가복음	누가복음	요한복음
	22 예수께서 대답하여 이르시되 너희는 너희가 구하는 것을 알지 못하는도다 내가 마시려는 잔을 너희가 마실 수 있느냐 그들이 말하되 할 수 있나이다 23 이르시되 너희가 과연 내 잔을 마시려니와 내 좌우편에 앉는 것은 내가 주는 것이 아니라 내 아버지께서 누구를 위하여 예비하셨든지 그들이 얻을 것이니라 24 열 제자가 듣고 그 두 형제에 대하여 분히 여기거늘 25 예수께서 제자들을 불러다가 이르시되 이방인의 집권자들이 그들을 임의로 주관하고 그 고관들이 그들에게 권세를 부리는 줄을 너희가 알거니와 26 너희 중에는 그렇지 않아야 하나니 너희 중에 누구든지 크고자 하는 자는 너희를 섬기는 자가 되고 27 너희 중에 누구든지 으뜸이 되고자 하는 자는 너희의 종이 되어야 하리라 28 인자가 온 것은 섬김을 받으려 함이 아니라 도리어 섬기려 하고 자기 목숨을 많은 사람의 대속물로 주려 함이니라	38 예수께서 이르시되 너희는 너희가 구하는 것을 알지 못하는도다 내가 마시는 잔을 너희가 마실 수 있으며 내가 받는 세례를 너희가 받을 수 있느냐 39 그들이 말하되 할 수 있나이다 예수께서 이르시되 너희는 내가 마시는 잔을 마시며 내가 받는 세례를 받으려니와 40 내 좌우편에 앉는 것은 내가 줄 것이 아니라 누구를 위하여 준비되었든지 그들이 얻을 것이니라 41 열 제자가 듣고 야고보와 요한에 대하여 화를 내거늘 42 예수께서 불러다가 이르시되 이방인의 집권자들이 그들을 임의로 주관하고 그 고관들이 그들에게 권세를 부리는 줄을 너희가 알거니와 43 너희 중에는 그렇지 않을지니 너희 중에 누구든지 크고자 하는 자는 너희를 섬기는 자가 되고 44 너희 중에 누구든지 으뜸이 되고자 하는 자는 모든 사람의 종이 되어야 하리라 45 인자가 온 것은 섬김을 받으려 함이 아니라 도리어 섬기려 하고 자기 목숨을 많은 사람의 대속물로 주려 함이니라		

사건 명	마태복음	마가복음	누가복음	요한복음
10. 바디매오 치유 (여리고)	(마) 20:29–34 **맹인 두 사람을 고치시다(막 10:46–52; 눅 18:35–43)** **29** 그들이 여리고에서 떠나 갈 때에 큰 무리가 예수를 따르더라 **30** 맹인 두 사람이 길 가에 앉았다가 예수께서 지나가신다 함을 듣고 소리 질러 이르되 주여 우리를 불쌍히 여기소서 다윗의 자손이여 하니 **31** 무리가 꾸짖어 잠잠하라 하되 더욱 소리 질러 이르되 주여 우리를 불쌍히 여기소서 다윗의 자손이여 하는지라 **32** 예수께서 머물러 서서 그들을 불러 이르시되 너희에게 무엇을 하여 주기를 원하느냐 **33** 이르되 주여 우리의 눈 뜨기를 원하나이다 **34** 예수께서 불쌍히 여기사 그들의 눈을 만지시니 곧 보게 되어 그들이 예수를 따르니라	(막) 10:46–52 **맹인 바디매오가 고침을 받다(마 20:29–34; 눅 18:35–43)** **46** 그들이 여리고에 이르렀더니 예수께서 제자들과 허다한 무리와 함께 여리고에서 나가실 때에 디매오의 아들인 맹인 거지 바디매오가 길 가에 앉았다가 **47** 나사렛 예수시란 말을 듣고 소리 질러 이르되 다윗의 자손 예수여 나를 불쌍히 여기소서 하거늘 **48** 많은 사람이 꾸짖어 잠잠하라 하되 그가 더욱 크게 소리 질러 이르되 다윗의 자손이여 나를 불쌍히 여기소서 하는지라 **49** 예수께서 머물러 서서 그를 부르라 하시니 그들이 그 맹인을 부르며 이르되 안심하고 일어나라 그가 너를 부르신다 하매 **50** 맹인이 겉옷을 내버리고 뛰어 일어나 예수께 나아오거늘 **51** 예수께서 말씀하여 이르시되 네게 무엇을 하여 주기를 원하느냐 맹인이 이르되 선생님이여 보기를 원하나이다 **52** 예수께서 이르시되 가라 네 믿음이 너를 구원하였느니라 하시니 그가 곧 보게 되어 예수를 길에서 따르니라	(눅) 18:35–43 **맹인을 고치시다(마 20:29–34; 막 10:46–52)** **35** 여리고에 가까이 가셨을 때에 한 맹인이 길 가에 앉아 구걸하다가 **36** 무리가 지나감을 듣고 이 무슨 일이냐고 물은대 **37** 그들이 나사렛 예수께서 지나가신다 하니 **38** 맹인이 외쳐 이르되 다윗의 자손 예수여 나를 불쌍히 여기소서 하거늘 **39** 앞서 가는 자들이 그를 꾸짖어 잠잠하라 하되 그가 더욱 크게 소리 질러 다윗의 자손이여 나를 불쌍히 여기소서 하는지라 **40** 예수께서 머물러 서서 명하여 데려오라 하셨더니 그가 가까이 오매 물어 이르시되 **41** 네게 무엇을 하여 주기를 원하느냐 이르되 주여 보기를 원하나이다 **42** 예수께서 그에게 이르시되 보라 네 믿음이 너를 구원하였느니라 하시매 **43** 곧 보게 되어 하나님께 영광을 돌리며 예수를 따르니 백성이 다 이를 보고 하나님을 찬양하니라	

사건 명	마태복음	마가복음	누가복음	요한복음
11. 삭개오 사건 및 열 므나 비유 1) 삭개오 사건			㉯ **19:1-10** **예수와 삭개오** **1** 예수께서 여리고로 들어가 지나가시더라 **2** 삭개오라 이름하는 자가 있으니 세리장이요 또한 부자라 **3** 그가 예수께서 어떠한 사람인가 하여 보고자 하되 키가 작고 사람이 많아 할 수 없어 **4** 앞으로 달려가서 보기 위하여 돌무화과나무에 올라가니 이는 예수께서 그리로 지나가시게 됨이러라 **5** 예수께서 그 곳에 이르사 쳐다 보시고 이르시되 삭개오야 속히 내려오라 내가 오늘 네 집에 유하여야 하겠다 하시니 **6** 급히 내려와 즐거워하며 영접하거늘 **7** 뭇 사람이 보고 수군거려 이르되 저가 죄인의 집에 유하러 들어갔도다 하더라 **8** 삭개오가 서서 주께 여짜오되 주여 보시옵소서 내 소유의 절반을 가난한 자들에게 주겠사오며 만일 누구의 것을 속여 빼앗은 일이 있으면 네 갑절이나 갚겠나이다 **9** 예수께서 이르시되 오늘 구원이 이 집에 이르렀으니 이 사람도 아브라함의 자손임이로다	

사건 명	마태복음	마가복음	누가복음	요한복음
			10 인자가 온 것은 잃어버린 자를 찾아 구원하려 함이니라	
2) 열 므나 비유			㉯ **19:11-27** **은 열 므나 비유(마 25:14-30)** **11** 그들이 이 말씀을 듣고 있을 때에 비유를 더하여 말씀하시니 이는 자기가 예루살렘에 가까이 오셨고 그들은 하나님의 나라가 당장에 나타날 줄로 생각함이더라 **12** 이르시되 어떤 귀인이 왕위를 받아가지고 오려고 먼 나라로 갈 때에 **13** 그 종 열을 불러 은화 열 므나를 주며 이르되 내가 돌아올 때까지 장사하라 하니라 **14** 그런데 그 백성이 그를 미워하여 사자를 뒤로 보내어 이르되 우리는 이 사람이 우리의 왕 됨을 원하지 아니하나이다 하였더라 **15** 귀인이 왕위를 받아가지고 돌아와서 은화를 준 종들이 각각 어떻게 장사하였는지를 알고자 하여 그들을 부르니 **16** 그 첫째가 나아와 이르되 주인이여 당신의 한 므나로 열 므나를 남겼나이다	

사건 명	마태복음	마가복음	누가복음	요한복음
			17 주인이 이르되 잘하였다 착한 종이여 네가 지극히 작은 것에 충성하였으니 열 고을 권세를 차지하라 하고 18 그 둘째가 와서 이르되 주인이여 당신의 한 므나로 다섯 므나를 만들었나이다 19 주인이 그에게도 이르되 너도 다섯 고을을 차지하라 하고 20 또 한 사람이 와서 이르되 주인이여 보소서 당신의 한 므나가 여기 있나이다 내가 수건으로 싸 두었었나이다 21 이는 당신이 엄한 사람인 것을 내가 무서워함이라 당신은 두지 않은 것을 취하고 심지 않은 것을 거두나이다 22 주인이 이르되 악한 종아 내가 네 말로 너를 심판하노니 너는 내가 두지 않은 것을 취하고 심지 않은 것을 거두는 엄한 사람인 줄로 알았느냐 23 그러면 어찌하여 내 돈을 은행에 맡기지 아니하였느냐 그리하였으면 내가 와서 그 이자와 함께 그 돈을 찾았으리라 하고 24 곁에 섰는 자들에게 이르되 그 한 므나를 빼앗아 열 므나 있는 자에게 주라 하니	

사건 명	마태복음	마가복음	누가복음	요한복음
			25 그들이 이르되 주여 그에게 이미 열 므나가 있나이다 26 주인이 이르되 내가 너희에게 말하노니 무릇 있는 자는 받겠고 없는 자는 그 있는 것도 빼앗기리라 27 그리고 내가 왕 됨을 원하지 아니하던 저 원수들을 이리로 끌어다가 내 앞에서 죽이라 하였느니라	

11부

예루살렘 십자가 처형, 부활, 승천

(A.D. 30년 4월경)

사건 명	마태복음	마가복음	누가복음	요한복음
<금요일 사건> 1. 베다니 귀향 (A.D. 30년 유월절)				㊋ 11:55–12:1 55 유대인의 유월절이 가까우매 많은 사람이 자기를 성결하게 하기 위하여 유월절 전에 시골에서 예루살렘으로 올라갔더니 56 그들이 예수를 찾으며 성전에 서서 서로 말하되 너희 생각에는 어떠하냐 그가 명절에 오지 아니하겠느냐 하니 57 이는 대제사장들과 바리새인들이 누구든지 예수 있는 곳을 알거든 신고하여 잡게 하라 명령하였음이러라 **예수의 발에 향유를 붓다(마 26:6–13; 막 14:3–9)** 1 유월절 엿새 전에 예수께서 베다니에 이르시니 이 곳은 예수께서 죽은 자 가운데서 살리신 나사로가 있는 곳이라
<토요일 사건> 1. 나병환자 시몬 집 향유 사건	㊋ 26:6–13 **예수의 머리에 향유를 붓다(막 14:3–9; 요 12:1–8)** 6 예수께서 베다니 나병환자 시몬의 집에 계실 때에 7 한 여자가 매우 귀한 향유 한 옥합을 가지고 나아와서 식사하시는 예수의 머리에 부으니 8 제자들이 보고 분개하여 이르되 무슨 의도로 이것을 허비하느냐	㊋ 14:3–9 **예수의 머리에 향유를 붓다(마 26:6–13; 요 12:1–8)** 3 예수께서 베다니 나병환자 시몬의 집에서 식사하실 때에 한 여자가 매우 값진 향유 곧 순전한 나드 한 옥합을 가지고 와서 그 옥합을 깨뜨려 예수의 머리에 부으니 4 어떤 사람들이 화를 내어 서로 말하되 어찌하여 이 향유를 허비하는가		㊋ 12:2–8 2 거기서 예수를 위하여 잔치할새 마르다는 일을 하고 나사로는 예수와 함께 앉은 자 중에 있더라 3 마리아는 지극히 비싼 향유 곧 순전한 나드 한 근을 가져다가 예수의 발에 붓고 자기 머리털로 그의 발을 닦으니 향유 냄새가 집에 가득하더라 4 제자 중 하나로서 예수를 잡아 줄 가룟 유다가 말하되

사건 명	마태복음	마가복음	누가복음	요한복음
	9 이것을 비싼 값에 팔아 가난한 자들에게 줄 수 있었겠도다 하거늘 10 예수께서 아시고 그들에게 이르시되 너희가 어찌하여 이 여자를 괴롭게 하느냐 그가 내게 좋은 일을 하였느니라 11 가난한 자들은 항상 너희와 함께 있거니와 나는 항상 함께 있지 아니하리라 12 이 여자가 내 몸에 이 향유를 부은 것은 내 장례를 위하여 함이니라 13 내가 진실로 너희에게 이르노니 온 천하에 어디서든지 이 복음이 전파되는 곳에서는 이 여자가 행한 일도 말하여 그를 기억하리라 하시니라	5 이 향유를 삼백 데나리온 이상에 팔아 가난한 자들에게 줄 수 있었겠도다 하며 그 여자를 책망하는지라 6 예수께서 이르시되 가만 두라 너희가 어찌하여 그를 괴롭게 하느냐 그가 내게 좋은 일을 하였느니라 7 가난한 자들은 항상 너희와 함께 있으니 아무 때라도 원하는 대로 도울 수 있거니와 나는 너희와 항상 함께 있지 아니하리라 8 그는 힘을 다하여 내 몸에 향유를 부어 내 장례를 미리 준비하였느니라 9 내가 진실로 너희에게 이르노니 온 천하에 어디서든지 복음이 전파되는 곳에는 이 여자가 행한 일도 말하여 그를 기억하리라 하시니라		5 이 향유를 어찌하여 삼백 데나리온에 팔아 가난한 자들에게 주지 아니하였느냐 하니 6 이렇게 말함은 가난한 자들을 생각함이 아니요 그는 도둑이라 돈궤를 맡고 거기 넣는 것을 훔쳐 감이러라 7 예수께서 이르시되 그를 가만 두어 나의 장례할 날을 위하여 그것을 간직하게 하라 8 가난한 자들은 항상 너희와 함께 있거니와 나는 항상 있지 아니하리라 하시니라
2. 대제사장들의 나사로 살해 음모				㉾ 12:9–11 **나사로까지 죽이려고 모의하다** 9 유대인의 큰 무리가 예수께서 여기 계신 줄을 알고 오니 이는 예수만 보기 위함이 아니요 죽은 자 가운데서 살리신 나사로도 보려 함이러라 10 대제사장들이 나사로까지 죽이려고 모의하니 11 나사로 때문에 많은 유대인이 가서 예수를 믿음이러라

사건 명	마태복음	마가복음	누가복음	요한복음
〈일요일〉 1. 예루살렘 입성	㉤ 21:1–11 **예루살렘에 들어가시다(막 11:1–11; 눅 19:28–38; 요 12:12–19)** **1** 그들이 예루살렘에 가까이 가서 감람 산 벳바게에 이르렀을 때에 예수께서 두 제자를 보내시며 **2** 이르시되 너희는 맞은편 마을로 가라 그리하면 곧 매인 나귀와 나귀 새끼가 함께 있는 것을 보리니 풀어 내게로 끌고 오라 **3** 만일 누가 무슨 말을 하거든 주가 쓰시겠다 하라 그리하면 즉시 보내리라 하시니 **4** 이는 선지자를 통하여 하신 말씀을 이루려 하심이라 일렀으되 **5** 시온 딸에게 이르기를 네 왕이 네게 임하나니 그는 겸손하여 나귀, 곧 멍에 메는 짐승의 새끼를 탔도다 하라 하였느니라 **6** 제자들이 가서 예수께서 명하신 대로 하여 **7** 나귀와 나귀 새끼를 끌고 와서 자기들의 겉옷을 그 위에 얹으매 예수께서 그 위에 타시니 **8** 무리의 대다수는 그들의 겉옷을 길에 펴고 다른 이들은 나뭇가지를 베어 길에 펴고	㉤ 11:1–11 **예루살렘에 들어가시다(마 21:1–11; 눅 19:28–40; 요 12:12–19)** **1** 그들이 예루살렘에 가까이 와서 감람 산 벳바게와 베다니에 이르렀을 때에 예수께서 제자 중 둘을 보내시며 **2** 이르시되 너희는 맞은편 마을로 가라 그리로 들어가면 곧 아직 아무도 타 보지 않은 나귀 새끼가 매여 있는 것을 보리니 풀어 끌고 오라 **3** 만일 누가 너희에게 왜 이렇게 하느냐 묻거든 주가 쓰시겠다 하라 그리하면 즉시 이리로 보내리라 하시니 **4** 제자들이 가서 본즉 나귀 새끼가 문 앞 거리에 매여 있는지라 그것을 푸니 **5** 거기 서 있는 사람 중 어떤 이들이 이르되 나귀 새끼를 풀어 무엇 하려느냐 하매 **6** 제자들이 예수께서 이르신 대로 말한대 이에 허락하는지라 **7** 나귀 새끼를 예수께로 끌고 와서 자기들의 겉옷을 그 위에 얹어 놓으매 예수께서 타시니 **8** 많은 사람들은 자기들의 겉옷을, 또 다른 이들은 들에서 벤 나뭇가지를 길에 펴며	㉤ 19:28–44 **예루살렘을 향하여 가시다(마 21:1–11; 막 11:1–11; 요 12:12–19)** **28** 예수께서 이 말씀을 하시고 예루살렘을 향하여 앞서서 가시더라 **29** 감람원이라 불리는 산쪽에 있는 벳바게와 베다니에 가까이 가셨을 때에 제자 중 둘을 보내시며 **30** 이르시되 너희는 맞은편 마을로 가라 그리로 들어가면 아직 아무도 타 보지 않은 나귀 새끼가 매여 있는 것을 보리니 풀어 끌고 오라 **31** 만일 누가 너희에게 어찌하여 푸느냐 묻거든 말하기를 주가 쓰시겠다 하라 하시매 **32** 보내심을 받은 자들이 가서 그 말씀하신 대로 만난지라 **33** 나귀 새끼를 풀 때에 그 임자들이 이르되 어찌하여 나귀 새끼를 푸느냐 **34** 대답하되 주께서 쓰시겠다 하고 **35** 그것을 예수께로 끌고 와서 자기들의 겉옷을 나귀 새끼 위에 걸쳐 놓고 예수를 태우니 **36** 가실 때에 그들이 자기의 겉옷을 길에 펴더라	㉤ 12:12–19 **예루살렘으로 가시다(마 21:1–11; 막 11:1–11; 눅 19:28–40)** **12** 그 이튿날에는 명절에 온 큰 무리가 예수께서 예루살렘으로 오신다는 것을 듣고 **13** 종려나무 가지를 가지고 맞으러 나가 외치되 호산나 찬송하리로다 주의 이름으로 오시는 이 곧 이스라엘의 왕이시여 하더라 **14** 예수는 한 어린 나귀를 보고 타시니 **15** 이는 기록된 바 시온 딸아 두려워하지 말라 보라 너의 왕이 나귀 새끼를 타고 오신다 함과 같더라 **16** 제자들은 처음에 이 일을 깨닫지 못하였다가 예수께서 영광을 얻으신 후에야 이것이 예수께 대하여 기록된 것임과 사람들이 예수께 이같이 한 것임이 생각났더라 **17** 나사로를 무덤에서 불러내어 죽은 자 가운데서 살리실 때에 함께 있던 무리가 증언한지라 **18** 이에 무리가 예수를 맞음은 이 표적 행하심을 들었음이러라 **19** 바리새인들이 서로 말하되 볼지어다 너희 하는 일이 쓸 데 없다 보라 온 세상이 그를 따르는도다 하니라

사건 명	마태복음	마가복음	누가복음	요한복음
	9 앞에서 가고 뒤에서 따르는 무리가 소리 높여 이르되 호산나 다윗의 자손이여 찬송하리로다 주의 이름으로 오시는 이여 가장 높은 곳에서 호산나 하더라 **10** 예수께서 예루살렘에 들어가시니 온 성이 소동하여 이르되 이는 누구냐 하거늘 **11** 무리가 이르되 갈릴리 나사렛에서 나온 선지자 예수라 하니라	**9** 앞에서 가고 뒤에서 따르는 자들이 소리 지르되 호산나 찬송하리로다 주의 이름으로 오시는 이여 **10** 찬송하리로다 오는 우리 조상 다윗의 나라여 가장 높은 곳에서 호산나 하더라 **11** 예수께서 예루살렘에 이르러 성전에 들어가사 모든 것을 둘러 보시고 때가 이미 저물매 열두 제자를 데리시고 베다니에 나가시니라	**37** 이미 감람 산 내리막길에 가까이 오시매 제자의 온 무리가 자기들이 본 바 모든 능한 일로 인하여 기뻐하며 큰 소리로 하나님을 찬양하여 **38** 이르되 찬송하리로다 주의 이름으로 오시는 왕이여 하늘에는 평화요 가장 높은 곳에는 영광이로다 하니 **39** 무리 중 어떤 바리새인들이 말하되 선생이여 당신의 제자들을 책망하소서 하거늘 **40** 대답하여 이르시되 내가 너희에게 말하노니 만일 이 사람들이 침묵하면 돌들이 소리 지르리라 하시니라 **41** 가까이 오사 성을 보시고 우시며 **42** 이르시되 너도 오늘 평화에 관한 일을 알았더라면 좋을 뻔하였거니와 지금 네 눈에 숨겨졌도다 **43** 날이 이를지라 네 원수들이 토둔을 쌓고 너를 둘러 사면으로 가두고 **44** 또 너와 및 그 가운데 있는 네 자식들을 땅에 메어치며 돌 하나도 돌 위에 남기지 아니하리니 이는 네가 보살핌 받는 날을 알지 못함을 인함이니라 하시니라	

사건 명	마태복음	마가복음	누가복음	요한복음
2. 헬라인 방문				㊏ 12:20-36 **인자가 들려야 하리라** **20** 명절에 예배하러 올라온 사람 중에 헬라인 몇이 있는데 **21** 그들이 갈릴리 벳새다 사람 빌립에게 가서 청하여 이르되 선생이여 우리가 예수를 뵈옵고자 하나이다 하니 **22** 빌립이 안드레에게 가서 말하고 안드레와 빌립이 예수께 가서 여쭈니 **23** 예수께서 대답하여 이르시되 인자가 영광을 얻을 때가 왔도다 **24** 내가 진실로 진실로 너희에게 이르노니 한 알의 밀이 땅에 떨어져 죽지 아니하면 한 알 그대로 있고 죽으면 많은 열매를 맺느니라 **25** 자기의 생명을 사랑하는 자는 잃어버릴 것이요 이 세상에서 자기의 생명을 미워하는 자는 영생하도록 보전하리라 **26** 사람이 나를 섬기려면 나를 따르라 나 있는 곳에 나를 섬기는 자도 거기 있으리니 사람이 나를 섬기면 내 아버지께서 그를 귀히 여기시리라 **27** 지금 내 마음이 괴로우니 무슨 말을 하리요 아버지여 나를 구원하여 이 때를 면하게 하여 주옵소서 그러나 내가 이를 위하여 이 때에 왔나이다

사건 명	마태복음	마가복음	누가복음	요한복음
				28 아버지여, 아버지의 이름을 영광스럽게 하옵소서 하시니 이에 하늘에서 소리가 나서 이르되 내가 이미 영광스럽게 하였고 또다시 영광스럽게 하리라 하시니 29 곁에 서서 들은 무리는 천둥이 울었다고도 하며 또 어떤 이들은 천사가 그에게 말하였다고도 하니 30 예수께서 대답하여 이르시되 이 소리가 난 것은 나를 위한 것이 아니요 너희를 위한 것이니라 31 이제 이 세상에 대한 심판이 이르렀으니 이 세상의 임금이 쫓겨나리라 32 내가 땅에서 들리면 모든 사람을 내게로 이끌겠노라 하시니 33 이렇게 말씀하심은 자기가 어떠한 죽음으로 죽을 것을 보이심이러라 34 이에 무리가 대답하되 우리는 율법에서 그리스도가 영원히 계신다 함을 들었거늘 너는 어찌하여 인자가 들려야 하리라 하느냐 이 인자는 누구냐 35 예수께서 이르시되 아직 잠시 동안 빛이 너희 중에 있으니 빛이 있을 동안에 다녀 어둠에 붙잡히지 않게 하라 어둠에 다니는 자는 그 가는 곳을 알지 못하느니라

사건 명	마태복음	마가복음	누가복음	요한복음
				36 너희에게 아직 빛이 있을 동안에 빛을 믿으라 그리하면 빛의 아들이 되리라
〈월요일〉 1. 무화과나무 저주 사건	㉮ 21:18-19 **무화과나무가 마르다(막 11:12-14, 20-24)** 18 이른 아침에 성으로 들어오실 때에 시장하신지라 19 길 가에서 한 무화과나무를 보시고 그리로 가사 잎사귀 밖에 아무 것도 찾지 못하시고 나무에게 이르시되 이제부터 영원토록 네가 열매를 맺지 못하리라 하시니 무화과나무가 곧 마른지라	㉯ 11:12-14 **무화과나무에게 이르시다(마 21:18-19)** 12 이튿날 그들이 베다니에서 나왔을 때에 예수께서 시장하신지라 13 멀리서 잎사귀 있는 한 무화과나무를 보시고 혹 그 나무에 무엇이 있을까 하여 가셨더니 가서 보신즉 잎사귀 외에 아무 것도 없더라 이는 무화과의 때가 아님이라 14 예수께서 나무에게 말씀하여 이르시되 이제부터 영원토록 사람이 네게서 열매를 따먹지 못하리라 하시니 제자들이 이를 듣더라		
2. 2차 성전 정화 사건	㉮ 21:12-17 **성전을 깨끗하게 하시다(막 11:15-19; 눅 19:45-48; 요 2:13-22)** 12 예수께서 성전에 들어가사 성전 안에서 매매하는 모든 사람들을 내쫓으시며 돈 바꾸는 사람들의 상과 비둘기 파는 사람들의 의자를 둘러엎으시고	㉯ 11:15-19 **성전을 깨끗하게 하시다(마 21:12-17; 눅 19:45-48; 요 2:13-22)** 15 그들이 예루살렘에 들어가니라 예수께서 성전에 들어가사 성전 안에서 매매하는 자들을 내쫓으시며 돈 바꾸는 자들의 상과 비둘기 파는 자들의 의자를 둘러 엎으시며 16 아무나 물건을 가지고 성전 안으로 지나다님을 허락하지 아니하시고	㉰ 19:45-48 **성전에 들어가신 예수(마 21:12-17; 막 11:15-19; 요 2:13-22)** 45 성전에 들어가사 장사하는 자들을 내쫓으시며 46 그들에게 이르시되 기록된 바 내 집은 기도하는 집이 되리라 하였거늘 너희는 강도의 소굴을 만들었도다 하시니라	

사건 명	마태복음	마가복음	누가복음	요한복음
	13 그들에게 이르시되 기록된 바 내 집은 기도하는 집이라 일컬음을 받으리라 하였거늘 너희는 강도의 소굴을 만드는도다 하시니라 14 맹인과 저는 자들이 성전에서 예수께 나아오매 고쳐주시니 15 대제사장들과 서기관들이 예수께서 하시는 이상한 일과 또 성전에서 소리 질러 호산나 다윗의 자손이여 하는 어린이들을 보고 노하여 16 예수께 말하되 그들이 하는 말을 듣느냐 예수께서 이르시되 그렇다 어린 아기와 젖먹이들의 입에서 나오는 찬미를 온전하게 하셨나이다 함을 너희가 읽어 본 일이 없느냐 하시고 17 그들을 떠나 성 밖으로 베다니에 가서 거기서 유하시니라	17 이에 가르쳐 이르시되 기록된 바 내 집은 만민이 기도하는 집이라 칭함을 받으리라고 하지 아니하였느냐 너희는 강도의 소굴을 만들었도다 하시매 18 대제사장들과 서기관들이 듣고 예수를 어떻게 죽일까 하고 꾀하니 이는 무리가 다 그의 교훈을 놀랍게 여기므로 그를 두려워함일러라 19 그리고 날이 저물매 그들이 성 밖으로 나가더라	47 예수께서 날마다 성전에서 가르치시니 대제사장들과 서기관들과 백성의 지도자들이 그를 죽이려고 꾀하되 48 백성이 다 그에게 귀를 기울여 들으므로 어찌할 방도를 찾지 못하였더라	
〈화요일〉 1. 마른 무화과나무 교훈	(마) 21:20-22 20 제자들이 보고 이상히 여겨 이르되 무화과나무가 어찌하여 곧 말랐나이까 21 예수께서 대답하여 이르시되 내가 진실로 너희에게 이르노니 만일 너희가 믿음이 있고 의심하지 아니하면 이 무화과나무에게 된 이런 일만 할 뿐 아니라 이 산더러 들려 바다	(막) 11:20-26 **무화과나무가 마르다(마 21:20-22)** 20 그들이 아침에 지나갈 때에 무화과나무가 뿌리째 마른 것을 보고 21 베드로가 생각이 나서 여짜오되 랍비여 보소서 저주하신 무화과나무가 말랐나이다 22 예수께서 그들에게 대답하여 이르시되 하나님을 믿으라		

사건 명	마태복음	마가복음	누가복음	요한복음
	에 던져지라 하여도 될 것이요 22 너희가 기도할 때에 무엇이든지 믿고 구하는 것은 다 받으리라 하시니라	23 내가 진실로 너희에게 이르노니 누구든지 이 산더러 들리어 바다에 던져지라 하며 그 말하는 것이 이루어질 줄 믿고 마음에 의심하지 아니하면 그대로 되리라 24 그러므로 내가 너희에게 말하노니 무엇이든지 기도하고 구하는 것은 받은 줄로 믿으라 그리하면 너희에게 그대로 되리라 25 서서 기도할 때에 아무에게나 혐의가 있거든 용서하라 그리하여야 하늘에 계신 너희 아버지께서도 너희 허물을 사하여 주시리라 하시니라 26 (없음)		
2. 산헤드린 공회원의 예수 권위 질문(성전 뜰)	㉮ 21:23–27 **예수의 권위를 두고 말하다(막 11:27–33; 눅 20:1–8)** 23 예수께서 성전에 들어가 가르치실새 대제사장들과 백성의 장로들이 나아와 이르되 네가 무슨 권위로 이런 일을 하느냐 또 누가 이 권위를 주었느냐 24 예수께서 대답하시되 나도 한 말을 너희에게 물으리니 너희가 대답하면 나도 무슨 권위로 이런 일을 하는지 이르리라	㉯ 11:27–33 **예수의 권위를 두고 말하다(마 21:23–27; 눅 20:1–8)** 27 그들이 다시 예루살렘에 들어가니라 예수께서 성전에서 거니실 때에 대제사장들과 서기관들과 장로들이 나아와 28 이르되 무슨 권위로 이런 일을 하느냐 누가 이런 일 할 권위를 주었느냐 29 예수께서 이르시되 나도 한 말을 너희에게 물으리니 대답하라 그리하면 나도 무슨 권위로 이런 일을 하는지 이르리라	㉰ 20:1–8 **예수의 권위를 두고 말하다(마 21:23–27; 막 11:27–33)** 1 하루는 예수께서 성전에서 백성을 가르치시며 복음을 전하실새 대제사장들과 서기관들이 장로들과 함께 가까이 와서 2 말하여 이르되 당신이 무슨 권위로 이런 일을 하는지 이 권위를 준 이가 누구인지 우리에게 말하라 3 대답하여 이르시되 나도 한 말을 너희에게 물으리니 내게 말하라 4 요한의 세례가 하늘로부터냐 사람으로부터냐	

사건 명	마태복음	마가복음	누가복음	요한복음
	25 요한의 세례가 어디로부터 왔느냐 하늘로부터냐 사람으로부터냐 그들이 서로 의논하여 이르되 만일 하늘로부터라 하면 어찌하여 그를 믿지 아니하였느냐 할 것이요 26 만일 사람으로부터라 하면 모든 사람이 요한을 선지자로 여기니 백성이 무섭다 하여 27 예수께 대답하여 이르되 우리가 알지 못하노라 하니 예수께서 이르시되 나도 무슨 권위로 이런 일을 하는지 너희에게 이르지 아니하리라	30 요한의 세례가 하늘로부터냐 사람으로부터냐 내게 대답하라 31 그들이 서로 의논하여 이르되 만일 하늘로부터라 하면 어찌하여 그를 믿지 아니하였느냐 할 것이니 32 그러면 사람으로부터라 할까 하였으나 모든 사람이 요한을 참 선지자로 여기므로 그들이 백성을 두려워하는지라 33 이에 예수께 대답하여 이르되 우리가 알지 못하노라 하니 예수께서 이르시되 나도 무슨 권위로 이런 일을 하는지 너희에게 이르지 아니하리라 하시니라	5 그들이 서로 의논하여 이르되 만일 하늘로부터라 하면 어찌하여 그를 믿지 아니하였느냐 할 것이요 6 만일 사람으로부터라 하면 백성이 요한을 선지자로 인정하니 그들이 다 우리를 돌로 칠 것이라 하고 7 대답하되 어디로부터인지 알지 못하노라 하니 8 예수께서 이르시되 나도 무슨 권위로 이런 일을 하는지 너희에게 이르지 아니하리라 하시니라	
3. 산헤드린 공회 질문 첫째 답변: 두 아들 비유	㉮ 21:28-32 28 그러나 너희 생각에는 어떠하냐 어떤 사람에게 두 아들이 있는데 맏아들에게 가서 이르되 얘 오늘 포도원에 가서 일하라 하니 29 대답하여 이르되 아버지 가겠나이다 하더니 가지 아니하고 30 둘째 아들에게 가서 또 그와 같이 말하니 대답하여 이르되 싫소이다 하였다가 그 후에 뉘우치고 갔으니			

사건 명	마태복음	마가복음	누가복음	요한복음
	31 그 둘 중의 누가 아버지의 뜻대로 하였느냐 이르되 둘째 아들이니이다 예수께서 그들에게 이르시되 내가 진실로 너희에게 이르노니 세리들과 창녀들이 너희보다 먼저 하나님의 나라에 들어가리라 32 요한이 의의 도로 너희에게 왔거늘 너희는 그를 믿지 아니하였으되 세리와 창녀는 믿었으며 너희는 이것을 보고도 끝내 뉘우쳐 믿지 아니하였도다			
4. 산헤드린 공회 질문 둘째 답변: 악한 농부 비유(성전 뜰)	**(마) 21:33–46** **포도원 농부 비유 (막 12:1–12; 눅 20:9–19)** 33 다른 한 비유를 들으라 한 집 주인이 포도원을 만들어 산울타리로 두르고 거기에 즙 짜는 틀을 만들고 망대를 짓고 농부들에게 세로 주고 타국에 갔더니 34 열매 거둘 때가 가까우매 그 열매를 받으려고 자기 종들을 농부들에게 보내니 35 농부들이 종들을 잡아 하나는 심히 때리고 하나는 죽이고 하나는 돌로 쳤거늘 36 다시 다른 종들을 처음보다 많이 보내니 그들에게도 그렇게 하였는지라 37 후에 자기 아들을 보내며 이르되 그들이 내 아들은 존대하리라 하였더니	**(막) 12:1–12** **포도원 농부 비유 (마 21:33–46; 눅 20:9–19)** 1 예수께서 비유로 그들에게 말씀하시되 한 사람이 포도원을 만들어 산울타리로 두르고 즙 짜는 틀을 만들고 망대를 지어서 농부들에게 세로 주고 타국에 갔더니 2 때가 이르매 농부들에게 포도원 소출 얼마를 받으려고 한 종을 보내니 3 그들이 종을 잡아 심히 때리고 거저 보내었거늘 4 다시 다른 종을 보내니 그의 머리에 상처를 내고 능욕하였거늘 5 또 다른 종을 보내니 그들이 그를 죽이고 또 그 외 많은 종들도 더러는 때리고 더러는 죽인지라	**(눅) 20:9–18** **포도원 농부 비유 (마 21:33–46; 막 12:1–12)** 9 그가 또 이 비유로 백성에게 말씀하시기 시작하시니라 한 사람이 포도원을 만들어 농부들에게 세로 주고 타국에 가서 오래 있다가 10 때가 이르매 포도원 소출 얼마를 바치게 하려고 한 종을 농부들에게 보내니 농부들이 종을 몹시 때리고 거저 보내었거늘 11 다시 다른 종을 보내니 그도 몹시 때리고 능욕하고 거저 보내었거늘 12 다시 세 번째 종을 보내니 이 종도 상하게 하고 내쫓은지라	

사건 명	마태복음	마가복음	누가복음	요한복음
	38 농부들이 그 아들을 보고 서로 말하되 이는 상속자니 자 죽이고 그의 유산을 차지하자 하고 39 이에 잡아 포도원 밖에 내쫓아 죽였느니라 40 그러면 포도원 주인이 올 때에 그 농부들을 어떻게 하겠느냐 41 그들이 말하되 그 악한 자들을 진멸하고 포도원은 제 때에 열매를 바칠 만한 다른 농부들에게 세로 줄지니이다 42 예수께서 이르시되 너희가 성경에 건축자들이 버린 돌이 모퉁이의 머릿돌이 되었나니 이것은 주로 말미암아 된 것이요 우리 눈에 기이하도다 함을 읽어 본 일이 없느냐 43 그러므로 내가 너희에게 이르노니 하나님의 나라를 너희는 빼앗기고 그 나라의 열매 맺는 백성이 받으리라 44 이 돌 위에 떨어지는 자는 깨지겠고 이 돌이 사람 위에 떨어지면 그를 가루로 만들어 흩으리라 하시니 45 대제사장들과 바리새인들이 예수의 비유를 듣고 자기들을 가리켜 말씀하심인 줄 알고 46 잡고자 하나 무리를 무서워하니 이는 그들이 예수를 선지자로 앎이었더라	6 이제 한 사람이 남았으니 곧 그가 사랑하는 아들이라 최후로 이를 보내며 이르되 내 아들은 존대하리라 하였더니 7 그 농부들이 서로 말하되 이는 상속자니 자 죽이자 그러면 그 유산이 우리 것이 되리라 하고 8 이에 잡아 죽여 포도원 밖에 내던졌느니라 9 포도원 주인이 어떻게 하겠느냐 와서 그 농부들을 진멸하고 포도원을 다른 사람들에게 주리라 10 너희가 성경에 건축자들이 버린 돌이 모퉁이의 머릿돌이 되었나니 11 이것은 주로 말미암아 된 것이요 우리 눈에 놀랍도다 함을 읽어 보지도 못하였느냐 하시니라 12 그들이 예수의 이 비유가 자기들을 가리켜 말씀하심인 줄 알고 잡고자 하되 무리를 두려워하여 예수를 두고 가니라	13 포도원 주인이 이르되 어찌할까 내 사랑하는 아들을 보내리니 그들이 혹 그는 존대하리라 하였더니 14 농부들이 그를 보고 서로 의논하여 이르되 이는 상속자니 죽이고 그 유산을 우리의 것으로 만들자 하고 15 포도원 밖에 내쫓아 죽였느니라 그런즉 포도원 주인이 이 사람들을 어떻게 하겠느냐 16 와서 그 농부들을 진멸하고 포도원을 다른 사람들에게 주리라 하시니 사람들이 듣고 이르되 그렇게 되지 말아지이다 하거늘 17 그들을 보시며 이르시되 그러면 기록된 바 건축자들의 버린 돌이 모퉁이의 머릿돌이 되었느니라 함이 어찜이냐 18 무릇 이 돌 위에 떨어지는 자는 깨어지겠고 이 돌이 사람 위에 떨어지면 그를 가루로 만들어 흩으리라 하시니라	

사건 명	마태복음	마가복음	누가복음	요한복음
5. 산헤드린 공회 질문 셋째 답변: 혼인 잔치 비유	㉮ 22:1-14 **혼인 잔치 비유(눅 14:15-24)** 1 예수께서 다시 비유로 대답하여 이르시되 2 천국은 마치 자기 아들을 위하여 혼인 잔치를 베푼 어떤 임금과 같으니 3 그 종들을 보내어 그 청한 사람들을 혼인 잔치에 오라 하였더니 오기를 싫어하거늘 4 다시 다른 종들을 보내며 이르되 청한 사람들에게 이르기를 내가 오찬을 준비하되 나의 소와 살진 짐승을 잡고 모든 것을 갖추었으니 혼인 잔치에 오소서 하라 하였더니 5 그들이 돌아 보지도 않고 한 사람은 자기 밭으로, 한 사람은 자기 사업하러 가고 6 그 남은 자들은 종들을 잡아 모욕하고 죽이니 7 임금이 노하여 군대를 보내어 그 살인한 자들을 진멸하고 그 동네를 불사르고 8 이에 종들에게 이르되 혼인 잔치는 준비되었으나 청한 사람들은 합당하지 아니하니 9 네거리 길에 가서 사람을 만나는 대로 혼인 잔치에 청하여 오라 한대			

사건 명	마태복음	마가복음	누가복음	요한복음
	10 종들이 길에 나 가 악한 자나 선한 자나 만나는 대로 모두 데려오니 혼 인 잔치에 손님들 이 가득한지라 11 임금이 손님들 을 보러 들어올새 거기서 예복을 입 지 않은 한 사람을 보고 12 이르되 친구여 어찌하여 예복을 입지 않고 여기 들 어왔느냐 하니 그 가 아무 말도 못하 거늘 13 임금이 사환들 에게 말하되 그 손 발을 묶어 바깥 어 두운 데에 내던지 라 거기서 슬피 울 며 이를 갈게 되리 라 하니라 14 청함을 받은 자 는 많되 택함을 입 은 자는 적으니라			
6. 세금 논쟁	㉮ 22:15-22 **가이사에게 세금을 바치는 것(막 12: 13-17; 눅 20:20- 26)** 15 이에 바리새인 들이 가서 어떻게 하면 예수를 말의 올무에 걸리게 할 까 상의하고 16 자기 제자들을 헤롯 당원들과 함 께 예수께 보내어 말하되 선생님이여 우리가 아노니 당 신은 참되시고 진 리로 하나님의 도 를 가르치시며 아 무도 꺼리는 일이 없으시니 이는 사 람을 외모로 보지 아니하심이니이다	㉯ 12:13-17 **가이사에게 세금을 바치는 것(마 22: 15-22; 눅 20:20- 26)** 13 그들이 예수의 말씀을 책잡으려 하여 바리새인과 헤롯당 중에서 사 람을 보내매 14 와서 이르되 선 생님이여 우리가 아노니 당신은 참 되시고 아무도 꺼 리는 일이 없으시 니 이는 사람을 외 모로 보지 않고 오 직 진리로써 하나 님의 도를 가르치 심이니이다 가이사 에게 세금을 바치 는 것이 옳으니이 까 옳지 아니하니 이까	㉰ 20:19-26 **가이사에게 세를 바치는 것(마 22: 15-22; 막 12:13- 17)** 19 서기관들과 대 제사장들이 예수의 이 비유는 자기들 을 가리켜 말씀하 심인 줄 알고 즉시 잡고자 하되 백성 을 두려워하더라 20 이에 그들이 엿 보다가 예수를 총 독의 다스림과 권 세 아래에 넘기려 하여 정탐들을 보 내어 그들로 스스 로 의인인 체하며 예수의 말을 책잡 게 하니	

사건 명	마태복음	마가복음	누가복음	요한복음
	17 그러면 당신의 생각에는 어떠한지 우리에게 이르소서 가이사에게 세금을 바치는 것이 옳으니이까 옳지 아니하니이까 하니 18 예수께서 그들의 악함을 아시고 이르시되 외식하는 자들아 어찌하여 나를 시험하느냐 19 세금 낼 돈을 내게 보이라 하시니 데나리온 하나를 가져왔거늘 20 예수께서 말씀하시되 이 형상과 이 글이 누구의 것이냐 21 이르되 가이사의 것이니이다 이에 이르시되 그런즉 가이사의 것은 가이사에게, 하나님의 것은 하나님께 바치라 하시니 22 그들이 이 말씀을 듣고 놀랍게 여겨 예수를 떠나가니라	15 우리가 바치리이까 말리이까 한대 예수께서 그 외식함을 아시고 이르시되 어찌하여 나를 시험하느냐 데나리온 하나를 가져다가 내게 보이라 하시니 16 가져왔거늘 예수께서 이르시되 이 형상과 이 글이 누구의 것이냐 이르되 가이사의 것이니이다 17 이에 예수께서 이르시되 가이사의 것은 가이사에게, 하나님의 것은 하나님께 바치라 하시니 그들이 예수께 대하여 매우 놀랍게 여기더라	21 그들이 물어 이르되 선생님이여 우리가 아노니 당신은 바로 말씀하시고 가르치시며 사람을 외모로 취하지 아니하시고 오직 진리로써 하나님의 도를 가르치시나이다 22 우리가 가이사에게 세를 바치는 것이 옳으니이까 옳지 않으니이까 하니 23 예수께서 그 간계를 아시고 이르시되 24 데나리온 하나를 내게 보이라 누구의 형상과 글이 여기 있느냐 대답하되 가이사의 것이니이다 25 이르시되 그런즉 가이사의 것은 가이사에게, 하나님의 것은 하나님께 바치라 하시니 26 그들이 백성 앞에서 그의 말을 능히 책잡지 못하고 그의 대답을 놀랍게 여겨 침묵하니라	
7. 사두개인과의 부활 논쟁(성전 뜰)	(마) 22:23-33 **부활 논쟁(막 12:18-27; 눅 20:27-40)** 23 부활이 없다 하는 사두개인들이 그 날 예수께 와서 물어 이르되 24 선생님이여 모세가 일렀으되 사람이 만일 자식이 없이 죽으면 그 동생이 그 아내에게 장가 들어 형을 위하여 상속자를 세울지니라 하였나이다	(막) 12:18-27 **부활 논쟁(마 22:23-33; 눅 20:27-40)** 18 부활이 없다 하는 사두개인들이 예수께 와서 물어 이르되 19 선생님이여 모세가 우리에게 써 주기를 어떤 사람의 형이 자식이 없이 아내를 두고 죽으면 그 동생이 그 아내를 취하여 형을 위하여 상속자를 세울지니라 하였나이다	(눅) 20:27-40 **부활 논쟁(마 22:23-33; 막 12:18-27)** 27 부활이 없다고 주장하는 사두개인 중 어떤 이들이 와서 28 물어 이르되 선생님이여 모세가 우리에게 써 주기를 만일 어떤 사람의 형이 아내를 두고 자식이 없이 죽으면 그 동생이 그 아내를 취하여 형을 위하여 상속자를 세울지니라 하였나이다	

사건 명	마태복음	마가복음	누가복음	요한복음
	25 우리 중에 칠 형제가 있었는데 맏이가 장가 들었다가 죽어 상속자가 없으므로 그 아내를 그 동생에게 물려 주고 26 그 둘째와 셋째로 일곱째까지 그렇게 하다가 27 최후에 그 여자도 죽었나이다 28 그런즉 그들이 다 그를 취하였으니 부활 때에 일곱 중의 누구의 아내가 되리이까 29 예수께서 대답하여 이르시되 너희가 성경도, 하나님의 능력도 알지 못하는 고로 오해하였도다 30 부활 때에는 장가도 아니 가고 시집도 아니 가고 하늘에 있는 천사들과 같으니라 31 죽은 자의 부활을 논할진대 하나님이 너희에게 말씀하신 바 32 나는 아브라함의 하나님이요 이삭의 하나님이요 야곱의 하나님이로라 하신 것을 읽어 보지 못하였느냐 하나님은 죽은 자의 하나님이 아니요 살아 있는 자의 하나님이시니라 하시니 33 무리가 듣고 그의 가르치심에 놀라더라	20 칠 형제가 있었는데 맏이가 아내를 취하였다가 상속자가 없이 죽고 21 둘째도 그 여자를 취하였다가 상속자가 없이 죽고 셋째도 그렇게 하여 22 일곱이 다 상속자가 없었고 최후에 여자도 죽었나이다 23 일곱 사람이 다 그를 아내로 취하였으니 부활 때 곧 그들이 살아날 때에 그 중의 누구의 아내가 되리이까 24 예수께서 이르시되 너희가 성경도 하나님의 능력도 알지 못하므로 오해함이 아니냐 25 사람이 죽은 자 가운데서 살아날 때에는 장가도 아니 가고 시집도 아니 가고 하늘에 있는 천사들과 같으니라	29 그런데 칠 형제가 있었는데 맏이가 아내를 취하였다가 자식이 없이 죽고 30 그 둘째와 셋째가 그를 취하고 31 일곱이 다 그와 같이 자식이 없이 죽고 32 그 후에 여자도 죽었나이다 33 일곱이 다 그를 아내로 취하였으니 부활 때에 그 중에 누구의 아내가 되리이까 34 예수께서 이르시되 이 세상의 자녀들은 장가도 가고 시집도 가되 35 저 세상과 및 죽은 자 가운데서 부활함을 얻기에 합당히 여김을 받은 자들은 장가 가고 시집 가는 일이 없으며 36 그들은 다시 죽을 수도 없나니 이는 천사와 동등이요 부활의 자녀로서 하나님의 자녀임이라 37 죽은 자가 살아난다는 것은 모세도 가시나무 떨기에 관한 글에서 주를 아브라함의 하나님이요 이삭의 하나님이요 야곱의 하나님이시라 칭하였나니 38 하나님은 죽은 자의 하나님이 아니요 살아 있는 자의 하나님이시라 하나님에게는 모든 사람이 살았느니라 하시니	

사건 명	마태복음	마가복음	누가복음	요한복음
		26 죽은 자가 살아 난다는 것을 말할진대 너희가 모세의 책 중 가시나무 떨기에 관한 글에 하나님께서 모세에게 이르시되 나는 아브라함의 하나님이요 이삭의 하나님이요 야곱의 하나님이로라 하신 말씀을 읽어보지 못하였느냐 27 하나님은 죽은 자의 하나님이 아니요 산 자의 하나님이시라 너희가 크게 오해하였도다 하시니라	39 서기관 중 어떤 이들이 말하되 선생님 잘 말씀하셨나이다 하니 40 그들은 아무 것도 감히 더 물을 수 없음이더라	
8. 율법사(서기관) **와의 첫째 계명 논쟁**(성전 뜰)	㉮ 22:34-40 **가장 큰 계명(막 12:28-34; 눅 10: 25-28)** 34 예수께서 사두개인들로 대답할 수 없게 하셨다 함을 바리새인들이 듣고 모였는데 35 그 중의 한 율법사가 예수를 시험하여 묻되 36 선생님 율법 중에서 어느 계명이 크니이까 37 예수께서 이르시되 네 마음을 다하고 목숨을 다하고 뜻을 다하여 주 너의 하나님을 사랑하라 하셨으니 38 이것이 크고 첫째 되는 계명이요 39 둘째도 그와 같으니 네 이웃을 네 자신 같이 사랑하라 하셨으니 40 이 두 계명이 온 율법과 선지자의 강령이니라	㉯ 12:28-34 **가장 큰 계명(마 22:34 -40; 눅 10: 25-28)** 28 서기관 중 한 사람이 그들이 변론하는 것을 듣고 예수께서 잘 대답하신 줄을 알고 나아와 묻되 모든 계명 중에 첫째가 무엇이니이까 29 예수께서 대답하시되 첫째는 이것이니 이스라엘아 들으라 주 곧 우리 하나님은 유일한 주시라 30 네 마음을 다하고 목숨을 다하고 뜻을 다하고 힘을 다하여 주 너의 하나님을 사랑하라 하신 것이요 31 둘째는 이것이니 네 이웃을 네 자신과 같이 사랑하라 하신 것이라 이보다 더 큰 계명이 없느니라		

사건 명	마태복음	마가복음	누가복음	요한복음
		32 서기관이 이르되 선생님이여 옳소이다 하나님은 한 분이시요 그 외에 다른 이가 없다 하신 말씀이 참이니이다 33 또 마음을 다하고 지혜를 다하고 힘을 다하여 하나님을 사랑하는 것과 또 이웃을 자기 자신과 같이 사랑하는 것이 전체로 드리는 모든 번제물과 기타 제물보다 나으니이다 34 예수께서 그가 지혜 있게 대답함을 보시고 이르시되 네가 하나님의 나라에서 멀지 않도다 하시니 그 후에 감히 묻는 자가 없더라		
9. 바리새인과의 메시아 논쟁(성전 뜰)	(마) 22:41-46 **그리스도와 다윗의 자손(막 12:35-37; 눅 20:41-44)** 41 바리새인들이 모였을 때에 예수께서 그들에게 물으시되 42 너희는 그리스도에 대하여 어떻게 생각하느냐 누구의 자손이냐 대답하되 다윗의 자손이니이다 43 이르시되 그러면 다윗이 성령에 감동되어 어찌 그리스도를 주라 칭하여 말하되 44 주께서 내 주께 이르시되 내가 네 원수를 네 발 아래에 둘 때까지 내 우편에 앉아 있으라 하셨도다 하였느냐	(막) 12:35-37 **그리스도와 다윗의 자손(마 22:41-46; 눅 20:41-44)** 35 예수께서 성전에서 가르치실새 대답하여 이르시되 어찌하여 서기관들이 그리스도를 다윗의 자손이라 하느냐 36 다윗이 성령에 감동되어 친히 말하되 주께서 내 주께 이르시되 내가 네 원수를 네 발 아래에 둘 때까지 내 우편에 앉았으라 하셨도다 하였느니라 37 다윗이 그리스도를 주라 하였은즉 어찌 그의 자손이 되겠느냐 하시니 많은 사람들이 즐겁게 듣더라	(눅) 20:41-44 **그리스도와 다윗의 자손(마 22:41-46; 막 12:35-37)** 41 예수께서 그들에게 이르시되 사람들이 어찌하여 그리스도를 다윗의 자손이라 하느냐 42 시편에 다윗이 친히 말하였으되 주께서 내 주께 이르시되 43 내가 네 원수를 네 발등상으로 삼을 때까지 내 우편에 앉았으라 하셨도다 하였느니라 44 그런즉 다윗이 그리스도를 주라 칭하였으니 어찌 그의 자손이 되겠느냐 하시니라	

사건 명	마태복음	마가복음	누가복음	요한복음
	45 다윗이 그리스도를 주라 칭하였은즉 어찌 그의 자손이 되겠느냐 하시니 46 한 마디도 능히 대답하는 자가 없고 그 날부터 감히 그에게 묻는 자도 없더라			
10. 바리새인, 서기관 책망	㉮ 23:1-39 **서기관들과 바리새인들을 꾸짖으시다 (막 12:38-40; 눅 11:37-52; 20:45-47)** 1 이에 예수께서 무리와 제자들에게 말씀하여 이르시되 2 서기관들과 바리새인들이 모세의 자리에 앉았으니 3 그러므로 무엇이든지 그들이 말하는 바는 행하고 지키되 그들이 하는 행위는 본받지 말라 그들은 말만 하고 행하지 아니하며 4 또 무거운 짐을 묶어 사람의 어깨에 지우되 자기는 이것을 한 손가락으로도 움직이려 하지 아니하며 5 그들의 모든 행위를 사람에게 보이고자 하나니 곧 그 경문 띠를 넓게 하며 옷술을 길게 하고 6 잔치의 윗자리와 회당의 높은 자리와 7 시장에서 문안 받는 것과 사람에게 랍비라 칭함을 받는 것을 좋아하느니라	㉯ 12:38-40 **서기관들을 삼가라(마 23:1-36; 눅 20:45-47)** 38 예수께서 가르치실 때에 이르시되 긴 옷을 입고 다니는 것과 시장에서 문안 받는 것과 39 회당의 높은 자리와 잔치의 윗자리를 원하는 서기관들을 삼가라 40 그들은 과부의 가산을 삼키며 외식으로 길게 기도하는 자니 그 받는 판결이 더욱 중하리라 하시니라	㉰ 20:45-47 **서기관들을 삼가라(마 23:1-36; 막 12:38-40; 눅 11:37-54)** 45 모든 백성이 들을 때에 예수께서 그 제자들에게 이르시되 46 긴 옷을 입고 다니는 것을 원하며 시장에서 문안 받는 것과 회당의 높은 자리와 잔치의 윗자리를 좋아하는 서기관들을 삼가라 47 그들은 과부의 가산을 삼키며 외식으로 길게 기도하니 그들이 더 엄중한 심판을 받으리라 하시니라	

사건 명	마태복음	마가복음	누가복음	요한복음
	8 그러나 너희는 랍비라 칭함을 받지 말라 너희 선생은 하나요 너희는 다 형제니라 9 땅에 있는 자를 아버지라 하지 말라 너희의 아버지는 한 분이시니 곧 하늘에 계신 이시니라 10 또한 지도자라 칭함을 받지 말라 너희의 지도자는 한 분이시니 곧 그리스도시니라 11 너희 중에 큰 자는 너희를 섬기는 자가 되어야 하리라 12 누구든지 자기를 높이는 자는 낮아지고 누구든지 자기를 낮추는 자는 높아지리라 13 화 있을진저 외식하는 서기관들과 바리새인들이여 너희는 천국 문을 사람들 앞에서 닫고 너희도 들어가지 않고 들어가려 하는 자도 들어가지 못하게 하는도다 14 (없음) 15 화 있을진저 외식하는 서기관들과 바리새인들이여 너희는 교인 한 사람을 얻기 위하여 바다와 육지를 두루 다니다가 생기면 너희보다 배나 더 지옥 자식이 되게 하는도다 16 화 있을진저 눈먼 인도자여 너희가 말하되 누구든지 성전으로 맹세하면 아무 일 없거니와 성전의 금으로 맹세하면 지킬지라 하는도다			

사건 명	마태복음	마가복음	누가복음	요한복음
	17 어리석은 맹인들이여 어느 것이 크냐 그 금이냐 그 금을 거룩하게 하는 성전이냐 18 너희가 또 이르되 누구든지 제단으로 맹세하면 아무 일 없거니와 그 위에 있는 예물로 맹세하면 지킬지라 하는도다 19 맹인들이여 어느 것이 크냐 그 예물이냐 그 예물을 거룩하게 하는 제단이냐 20 그러므로 제단으로 맹세하는 자는 제단과 그 위에 있는 모든 것으로 맹세함이요 21 또 성전으로 맹세하는 자는 성전과 그 안에 계신 이로 맹세함이요 22 또 하늘로 맹세하는 자는 하나님의 보좌와 그 위에 앉으신 이로 맹세함이니라 23 화 있을진저 외식하는 서기관들과 바리새인들이여 너희가 박하와 회향과 근채의 십일조는 드리되 율법의 더 중한 바 정의와 긍휼과 믿음은 버렸도다 그러나 이것도 행하고 저것도 버리지 말아야 할지니라 24 맹인 된 인도자여 하루살이는 걸러 내고 낙타는 삼키는도다			

사건 명	마태복음	마가복음	누가복음	요한복음
	25 화 있을진저 외식하는 서기관들과 바리새인들이여 잔과 대접의 겉은 깨끗이 하되 그 안에는 탐욕과 방탕으로 가득하게 하는도다 **26** 눈 먼 바리새인이여 너는 먼저 안을 깨끗이 하라 그리하면 겉도 깨끗하리라 **27** 화 있을진저 외식하는 서기관들과 바리새인들이여 회칠한 무덤 같으니 겉으로는 아름답게 보이나 그 안에는 죽은 사람의 뼈와 모든 더러운 것이 가득하도다 **28** 이와 같이 너희도 겉으로는 사람에게 옳게 보이되 안으로는 외식과 불법이 가득하도다 **29** 화 있을진저 외식하는 서기관들과 바리새인들이여 너희는 선지자들의 무덤을 만들고 의인들의 비석을 꾸미며 이르되 **30** 만일 우리가 조상 때에 있었더라면 우리는 그들이 선지자의 피를 흘리는 데 참여하지 아니하였으리라 하니 **31** 그러면 너희가 선지자를 죽인 자의 자손임을 스스로 증명함이로다 **32** 너희가 너희 조상의 분량을 채우라 **33** 뱀들아 독사의 새끼들아 너희가 어떻게 지옥의 판결을 피하겠느냐			

사건 명	마태복음	마가복음	누가복음	요한복음
	34 그러므로 내가 너희에게 선지자들과 지혜 있는 자들과 서기관들을 보내매 너희가 그 중에서 더러는 죽이거나 십자가에 못 박고 그 중에서 더러는 너희 회당에서 채찍질하고 이 동네에서 저 동네로 따라다니며 박해하리라 35 그러므로 의인 아벨의 피로부터 성전과 제단 사이에서 너희가 죽인 바라갸의 아들 사가랴의 피까지 땅 위에서 흘린 의로운 피가 다 너희에게 돌아가리라 36 내가 진실로 너희에게 이르노니 이것이 다 이 세대에 돌아가리라 **예루살렘을 두고 이르시다(눅 13:34-35)** 37 예루살렘아 예루살렘아 선지자들을 죽이고 네게 파송된 자들을 돌로 치는 자여 암탉이 그 새끼를 날개 아래에 모음 같이 내가 네 자녀를 모으려 한 일이 몇 번이더냐 그러나 너희가 원하지 아니하였도다 38 보라 너희 집이 황폐하여 버려진 바 되리라 39 내가 너희에게 이르노니 이제부터 너희는 찬송하리로다 주의 이름으로 오시는 이여 할 때까지 나를 보지 못하리라 하시니라			

사건 명	마태복음	마가복음	누가복음	요한복음
11. 유대인들 배척 이유 설명과 마지막 구원에의 초청				㉠ 12:37-50 **그들이 예수를 믿지 아니하다** 37 이렇게 많은 표적을 그들 앞에서 행하셨으나 그를 믿지 아니하니 38 이는 선지자 이사야의 말씀을 이루려 하심이라 이르되 주여 우리에게서 들은 바를 누가 믿었으며 주의 팔이 누구에게 나타났나이까 하였더라 39 그들이 능히 믿지 못한 것은 이 때문이니 곧 이사야가 다시 일렀으되 40 그들의 눈을 멀게 하시고 그들의 마음을 완고하게 하셨으니 이는 그들로 하여금 눈으로 보고 마음으로 깨닫고 돌이켜 내게 고침을 받지 못하게 하려 함이라 하였음이더라 41 이사야가 이렇게 말한 것은 주의 영광을 보고 주를 가리켜 말한 것이라 42 그러나 관리 중에도 그를 믿는 자가 많되 바리새인들 때문에 드러나게 말하지 못하니 이는 출교를 당할까 두려워함이라 43 그들은 사람의 영광을 하나님의 영광보다 더 사랑하였더라

사건 명	마태복음	마가복음	누가복음	요한복음
				마지막 날과 심판 **44** 예수께서 외쳐 이르시되 나를 믿는 자는 나를 믿는 것이 아니요 나를 보내신 이를 믿는 것이며 **45** 나를 보는 자는 나를 보내신 이를 보는 것이니라 **46** 나는 빛으로 세상에 왔나니 무릇 나를 믿는 자로 어둠에 거하지 않게 하려 함이로라 **47** 사람이 내 말을 듣고 지키지 아니할지라도 내가 그를 심판하지 아니하노라 내가 온 것은 세상을 심판하려 함이 아니요 세상을 구원하려 함이로라 **48** 나를 저버리고 내 말을 받지 아니하는 자를 심판할 이가 있으니 곧 내가 한 그 말이 마지막 날에 그를 심판하리라 **49** 내가 내 자의로 말한 것이 아니요 나를 보내신 아버지께서 내가 말할 것과 이를 것을 친히 명령하여 주셨으니 **50** 나는 그의 명령이 영생인 줄 아노라 그러므로 내가 이르는 것은 내 아버지께서 내게 말씀하신 그대로니라 하시니라

사건 명	마태복음	마가복음	누가복음	요한복음
12. 과부의 헌금 (성전 뜰)		㉮ 12:41–44 **가난한 과부의 헌금(눅 21:1–4)** 41 예수께서 헌금함을 대하여 앉으사 무리가 어떻게 헌금함에 돈 넣는가를 보실새 여러 부자는 많이 넣는데 42 한 가난한 과부는 와서 두 렙돈 곧 한 고드란트를 넣는지라 43 예수께서 제자들을 불러다가 이르시되 내가 진실로 너희에게 이르노니 이 가난한 과부는 헌금함에 넣는 모든 사람보다 많이 넣었도다 44 그들은 다 그 풍족한 중에서 넣었거니와 이 과부는 그 가난한 중에서 자기의 모든 소유 곧 생활비 전부를 넣었느니라 하시니라	㉯ 21:1–4 **가난한 과부의 헌금(막 12:41–44)** 1 예수께서 눈을 들어 부자들이 헌금함에 헌금 넣는 것을 보시고 2 또 어떤 가난한 과부가 두 렙돈 넣는 것을 보시고 3 이르시되 내가 참으로 너희에게 말하노니 이 가난한 과부가 다른 모든 사람보다 많이 넣었도다 4 저들은 그 풍족한 중에서 헌금을 넣었거니와 이 과부는 그 가난한 중에서 자기가 가지고 있는 생활비 전부를 넣었느니라 하시니라	
13. 감람산 종말론 강화(講話) 1) 감람산 종말론 강화 배경	㉰ 24:1–2 **성전이 무너뜨려질 것을 예언하시다(막 13:1–2; 눅 21:5–6)** 1 예수께서 성전에서 나와서 가실 때에 제자들이 성전 건물들을 가리켜 보이려고 나아오니 2 대답하여 이르시되 너희가 이 모든 것을 보지 못하느냐 내가 진실로 너희에게 이르노니 돌 하나도 돌 위에 남지 않고 다 무너뜨려지리라	㉮ 13:1–2 **성전이 무너뜨려질 것을 이르시다(마 24:1–2; 눅 21:5–6)** 1 예수께서 성전에서 나가실 때에 제자 중 하나가 이르되 선생님이여 보소서 이 돌들이 어떠하며 이 건물들이 어떠하니이까 2 예수께서 이르시되 네가 이 큰 건물들을 보느냐 돌 하나도 돌 위에 남지 않고 다 무너뜨려지리라 하시니라	㉯ 21:5–6 **성전이 무너뜨려질 것을 이르시다(마 24:1–2; 막 13:1–2)** 5 어떤 사람들이 성전을 가리켜 그 아름다운 돌과 헌물로 꾸민 것을 말하매 예수께서 이르시되 6 너희 보는 이것들이 날이 이르면 돌 하나도 돌 위에 남지 않고 다 무너뜨려지리라	

사건 명	마태복음	마가복음	누가복음	요한복음
2) 감람산 종말론 강화 시작(징조)	㉮ 24:3-14 **재난의 징조(막 13:3-13; 눅 21:7-19)** 3 예수께서 감람산 위에 앉으셨을 때에 제자들이 조용히 와서 이르되 우리에게 이르소서 어느 때에 이런 일이 있겠사오며 또 주의 임하심과 세상 끝에는 무슨 징조가 있사오리이까 4 예수께서 대답하여 이르시되 너희가 사람의 미혹을 받지 않도록 주의하라 5 많은 사람이 내 이름으로 와서 이르되 나는 그리스도라 하여 많은 사람을 미혹하리라 6 난리와 난리 소문을 듣겠으나 너희는 삼가 두려워하지 말라 이런 일이 있어야 하되 아직 끝은 아니니라 7 민족이 민족을, 나라가 나라를 대적하여 일어나겠고 곳곳에 기근과 지진이 있으리니 8 이 모든 것은 재난의 시작이니라 9 그 때에 사람들이 너희를 환난에 넘겨 주겠으며 너희를 죽이리니 너희가 내 이름 때문에 모든 민족에게 미움을 받으리라 10 그 때에 많은 사람이 실족하게 되어 서로 잡아 주고 서로 미워하겠으며 11 거짓 선지자가 많이 일어나 많은 사람을 미혹하겠으며	㉯ 13:3-13 **재난의 징조(마 24:3-14; 눅 21:7-19)** 3 예수께서 감람 산에서 성전을 마주 대하여 앉으셨을 때에 베드로와 야고보와 요한과 안드레가 조용히 묻되 4 우리에게 이르소서 어느 때에 이런 일이 있겠사오며 이 모든 일이 이루어지려 할 때에 무슨 징조가 있사오리이까 5 예수께서 이르시되 너희가 사람의 미혹을 받지 않도록 주의하라 6 많은 사람이 내 이름으로 와서 이르되 내가 그라 하여 많은 사람을 미혹하리라 7 난리와 난리의 소문을 들을 때에 두려워하지 말라 이런 일이 있어야 하되 아직 끝은 아니니라 8 민족이 민족을, 나라가 나라를 대적하여 일어나겠고 곳곳에 지진이 있으며 기근이 있으리니 이는 재난의 시작이니라 9 너희는 스스로 조심하라 사람들이 너희를 공회에 넘겨 주겠고 너희를 회당에서 매질하겠으며 나로 말미암아 너희가 권력자들과 임금들 앞에 서리니 이는 그들에게 증거가 되려 함이라	㉰ 21:7-19 7 그들이 물어 이르되 선생님이여 그러면 어느 때에 이런 일이 있겠사오며 이런 일이 일어나려 할 때에 무슨 징조가 있사오리이까 8 이르시되 미혹을 받지 않도록 주의하라 많은 사람이 내 이름으로 와서 이르되 내가 그라 하며 때가 가까이 왔다 하겠으나 그들을 따르지 말라 9 난리와 소요의 소문을 들을 때에 두려워하지 말라 이 일이 먼저 있어야 하되 끝은 곧 되지 아니하리라 **환난의 징조(마 24:3-14; 막 13:3-13)** 10 또 이르시되 민족이 민족을, 나라가 나라를 대적하여 일어나겠고 11 곳곳에 큰 지진과 기근과 전염병이 있겠고 또 무서운 일과 하늘로부터 큰 징조들이 있으리라 12 이 모든 일 전에 내 이름으로 말미암아 너희에게 손을 대어 박해하며 회당과 옥에 넘겨 주며 임금들과 집권자들 앞에 끌어 가려니와 13 이 일이 도리어 너희에게 증거가 되리라 14 그러므로 너희는 변명할 것을 미리 궁리하지 않도록 명심하라	

사건 명	마태복음	마가복음	누가복음	요한복음
	12 불법이 성하므로 많은 사람의 사랑이 식어지리라 13 그러나 끝까지 견디는 자는 구원을 얻으리라 14 이 천국 복음이 모든 민족에게 증언되기 위하여 온 세상에 전파되리니 그제야 끝이 오리라	10 또 복음이 먼저 만국에 전파되어야 할 것이니라 11 사람들이 너희를 끌어다가 넘겨줄 때에 무슨 말을 할까 미리 염려하지 말고 무엇이든지 그 때에 너희에게 주시는 그 말을 하라 말하는 이는 너희가 아니요 성령이시니라 12 형제가 형제를, 아버지가 자식을 죽는 데에 내주며 자식들이 부모를 대적하여 죽게 하리라 13 또 너희가 내 이름으로 말미암아 모든 사람에게 미움을 받을 것이나 끝까지 견디는 자는 구원을 받으리라	15 내가 너희의 모든 대적이 능히 대항하거나 변박할 수 없는 구변과 지혜를 너희에게 주리라 16 심지어 부모와 형제와 친척과 벗이 너희를 넘겨 주어 너희 중의 몇을 죽이게 하겠고 17 또 너희가 내 이름으로 말미암아 모든 사람에게 미움을 받을 것이나 18 너희 머리털 하나도 상하지 아니하리라 19 너희의 인내로 너희 영혼을 얻으리라	
3) 감람산 종말론 강화: 종말을 맞이하는 성도의 자세	㉮ 24:15-28 **가장 큰 환난(막 13:14-23; 눅 21:20-24)** 15 그러므로 너희가 선지자 다니엘이 말한 바 멸망의 가증한 것이 거룩한 곳에 선 것을 보거든 (읽는 자는 깨달을진저) 16 그 때에 유대에 있는 자들은 산으로 도망할지어다 17 지붕 위에 있는 자는 집 안에 있는 물건을 가지러 내려 가지 말며 18 밭에 있는 자는 겉옷을 가지러 뒤로 돌이키지 말지어다 19 그 날에는 아이 밴 자들과 젖 먹이는 자들에게 화가 있으리로다	㉯ 13:14-23 **가장 큰 환난(마 24:15-28; 눅 21:20-24)** 14 멸망의 가증한 것이 서지 못할 곳에 선 것을 보거든 (읽는 자는 깨달을진저) 그 때에 유대에 있는 자들은 산으로 도망할지어다 15 지붕 위에 있는 자는 내려가지도 말고 집에 있는 무엇을 가지러 들어가지도 말며 16 밭에 있는 자는 겉옷을 가지러 뒤로 돌이키지 말지어다 17 그 날에는 아이 밴 자들과 젖먹이는 자들에게 화가 있으리로다	㉰ 21:20-24 **예루살렘의 환난과 인자의 오심(마 24:15-21, 29-31; 막 13:14-19, 24-27)** 20 너희가 예루살렘이 군대들에게 에워싸이는 것을 보거든 그 멸망이 가까운 줄을 알라 21 그 때에 유대에 있는 자들은 산으로 도망갈 것이며 성내에 있는 자들은 나갈 것이며 촌에 있는 자들은 그리로 들어가지 말지어다 22 이 날들은 기록된 모든 것을 이루는 징벌의 날이니라	

사건 명	마태복음	마가복음	누가복음	요한복음
	20 너희가 도망하는 일이 겨울에나 안식일에 되지 않도록 기도하라 21 이는 그 때에 큰 환난이 있겠음이라 창세로부터 지금까지 이런 환난이 없었고 후에도 없으리라 22 그 날들을 감하지 아니하면 모든 육체가 구원을 얻지 못할 것이나 그러나 택하신 자들을 위하여 그 날들을 감하시리라 23 그 때에 사람이 너희에게 말하되 보라 그리스도가 여기 있다 혹은 저기 있다 하여도 믿지 말라 24 거짓 그리스도들과 거짓 선지자들이 일어나 큰 표적과 기사를 보여 할 수만 있으면 택하신 자들도 미혹하리라 25 보라 내가 너희에게 미리 말하였노라 26 그러면 사람들이 너희에게 말하되 보라 그리스도가 광야에 있다 하여도 나가지 말고 보라 골방에 있다 하여도 믿지 말라 27 번개가 동편에서 나서 서편까지 번쩍임 같이 인자의 임함도 그러하리라 28 주검이 있는 곳에는 독수리들이 모일 것이니라	18 이 일이 겨울에 일어나지 않도록 기도하라 19 이는 그 날들이 환난의 날이 되겠음이라 하나님께서 창조하신 시초부터 지금까지 이런 환난이 없었고 후에도 없으리라 20 만일 주께서 그 날들을 감하지 아니하셨더라면 모든 육체가 구원을 얻지 못할 것이거늘 자기가 택하신 자들을 위하여 그 날들을 감하셨느니라 21 그 때에 어떤 사람이 너희에게 말하되 보라 그리스도가 여기 있다 보라 저기 있다 하여도 믿지 말라 22 거짓 그리스도들과 거짓 선지자들이 일어나서 이적과 기사를 행하여 할 수만 있으면 택하신 자들을 미혹하려 하리라 23 너희는 삼가라 내가 모든 일을 너희에게 미리 말하였노라	23 그 날에는 아이 밴 자들과 젖먹이는 자들에게 화가 있으리니 이는 땅에 큰 환난과 이 백성에게 진노가 있겠음이로다 24 그들이 칼날에 죽임을 당하며 모든 이방에 사로잡혀 가겠고 예루살렘은 이방인의 때가 차기까지 이방인들에게 밟히리라	

사건 명	마태복음	마가복음	누가복음	요한복음
4) 그리스도 재림 모습	㉮ 24:29-31 **인자가 오는 것을 보리라(막 13:24-27; 눅 21:25-28)** 29 그 날 환난 후에 즉시 해가 어두워지며 달이 빛을 내지 아니하며 별들이 하늘에서 떨어지며 하늘의 권능들이 흔들리리라 30 그 때에 인자의 징조가 하늘에서 보이겠고 그 때에 땅의 모든 족속들이 통곡하며 그들이 인자가 구름을 타고 능력과 큰 영광으로 오는 것을 보리라 31 그가 큰 나팔소리와 함께 천사들을 보내리니 그들이 그의 택하신 자들을 하늘 이 끝에서 저 끝까지 사방에서 모으리라	㉯ 13:24-27 **인자가 오는 것을 보리라(마 24:29-31; 눅 21:25-28)** 24 그 때에 그 환난 후 해가 어두워지며 달이 빛을 내지 아니하며 25 별들이 하늘에서 떨어지며 하늘에 있는 권능들이 흔들리리라 26 그 때에 인자가 구름을 타고 큰 권능과 영광으로 오는 것을 사람들이 보리라 27 또 그 때에 그가 천사들을 보내어 자기가 택하신 자들을 땅 끝으로부터 하늘 끝까지 사방에서 모으리라	㉰ 21:25-28 25 일월 성신에는 징조가 있겠고 땅에서는 민족들이 바다와 파도의 성난 소리로 인하여 혼란한 중에 곤고하리라 26 사람들이 세상에 임할 일을 생각하고 무서워하므로 기절하리니 이는 하늘의 권능들이 흔들리겠음이라 27 그 때에 사람들이 인자가 구름을 타고 능력과 큰 영광으로 오는 것을 보리라 28 이런 일이 되기를 시작하거든 일어나 머리를 들라 너희 속량이 가까웠느니라 하시더라	
5) 종말을 살아가는 성도의 자세 6가지 교훈	㉮ 24:32-51 **무화과나무에서 배울 교훈(막 13:28-37; 눅 21:29-33; 17:26-30, 34-36; 12:35-48)** 32 무화과나무의 비유를 배우라 그 가지가 연하여지고 잎사귀를 내면 여름이 가까운 줄을 아나니 33 이와 같이 너희도 이 모든 일을 보거든 인자가 가까이 곧 문 앞에 이른 줄 알라 34 내가 진실로 너희에게 말하노니 이 세대가 지나가기 전에 이 일이 다 일어나리라	㉯ 13:28-37 **무화과나무 비유에서 배울 교훈(마 24:32-44; 눅 21:29-33)** 28 무화과나무의 비유를 배우라 그 가지가 연하여지고 잎사귀를 내면 여름이 가까운 줄 아나니 29 이와 같이 너희가 이런 일이 일어나는 것을 보거든 인자가 가까이 곧 문 앞에 이른 줄 알라 30 내가 진실로 너희에게 말하노니 이 세대가 지나가기 전에 이 일이 다 일어나리라	㉰ 21:29-36 **무화과나무에서 배울 교훈(마 24:32-35; 막 13:28-31)** 29 이에 비유로 이르시되 무화과나무와 모든 나무를 보라 30 싹이 나면 너희가 보고 여름이 가까운 줄을 자연히 아나니 31 이와 같이 너희가 이런 일이 일어나는 것을 보거든 하나님의 나라가 가까이 온 줄을 알라 32 내가 진실로 너희에게 말하노니 이 세대가 지나가기 전에 모든 일이 다 이루어지리라	

사건 명	마태복음	마가복음	누가복음	요한복음
	35 천지는 없어질지언정 내 말은 없어지지 아니하리라 36 그러나 그 날과 그 때는 아무도 모르나니 하늘의 천사들도, 아들도 모르고 오직 아버지만 아시느니라 37 노아의 때와 같이 인자의 임함도 그러하리라 38 홍수 전에 노아가 방주에 들어가던 날까지 사람들이 먹고 마시고 장가 들고 시집 가고 있으면서 39 홍수가 나서 그들을 다 멸하기까지 깨닫지 못하였으니 인자의 임함도 이와 같으리라 40 그 때에 두 사람이 밭에 있으매 한 사람은 데려가고 한 사람은 버려둠을 당할 것이요 41 두 여자가 맷돌질을 하고 있으매 한 사람은 데려가고 한 사람은 버려둠을 당할 것이니라 42 그러므로 깨어 있으라 어느 날에 너희 주가 임할는지 너희가 알지 못함이니라 43 너희도 아는 바니 만일 집 주인이 도둑이 어느 시각에 올 줄을 알았더라면 깨어 있어 그 집을 뚫지 못하게 하였으리라	31 천지는 없어지겠으나 내 말은 없어지지 아니하리라 32 그러나 그 날과 그 때는 아무도 모르나니 하늘에 있는 천사들도, 아들도 모르고 아버지만 아시느니라 33 주의하라 깨어 있으라 그 때가 언제인지 알지 못함이라 34 가령 사람이 집을 떠나 타국으로 갈 때에 그 종들에게 권한을 주어 각각 사무를 맡기며 문지기에게 깨어 있으라 명함과 같으니 35 그러므로 깨어 있으라 집 주인이 언제 올는지 혹 저물 때일는지, 밤중일는지, 닭 울 때일는지, 새벽일는지 너희가 알지 못함이라 36 그가 홀연히 와서 너희가 자는 것을 보지 않도록 하라 37 깨어 있으라 내가 너희에게 하는 이 말은 모든 사람에게 하는 말이니라 하시니라	33 천지는 없어지겠으나 내 말은 없어지지 아니하리라 **항상 기도하며 깨어 있으라** 34 너희는 스스로 조심하라 그렇지 않으면 방탕함과 술취함과 생활의 염려로 마음이 둔하여지고 뜻밖에 그 날이 덫과 같이 너희에게 임하리라 35 이 날은 온 지구상에 거하는 모든 사람에게 임하리라 36 이러므로 너희는 장차 올 이 모든 일을 능히 피하고 인자 앞에 서도록 항상 기도하며 깨어 있으라 하시니라	

사건 명	마태복음	마가복음	누가복음	요한복음
	44 이러므로 너희도 준비하고 있으라 생각하지 않은 때에 인자가 오리라 **45** 충성되고 지혜 있는 종이 되어 주인에게 그 집 사람들을 맡아 때를 따라 양식을 나눠 줄 자가 누구냐 **46** 주인이 올 때에 그 종이 이렇게 하는 것을 보면 그 종이 복이 있으리로다 **47** 내가 진실로 너희에게 이르노니 주인이 그의 모든 소유를 그에게 맡기리라 **48** 만일 그 악한 종이 마음에 생각하기를 주인이 더디 오리라 하여 **49** 동료들을 때리며 술친구들과 더불어 먹고 마시게 되면 **50** 생각하지 않은 날 알지 못하는 시각에 그 종의 주인이 이르러 **51** 엄히 때리고 외식하는 자가 받는 벌에 처하리니 거기서 슬피 울며 이를 갈리라 **㉮ 25:1-46** **열 처녀 비유** **1** 그 때에 천국은 마치 등을 들고 신랑을 맞으러 나간 열 처녀와 같다 하리니 **2** 그 중의 다섯은 미련하고 다섯은 슬기 있는 자라 **3** 미련한 자들은 등을 가지되 기름을 가지지 아니하고			

사건 명	마태복음	마가복음	누가복음	요한복음
	4 슬기 있는 자들은 그릇에 기름을 담아 등과 함께 가져갔더니 5 신랑이 더디 오므로 다 졸며 잘새 6 밤중에 소리가 나되 보라 신랑이로다 맞으러 나오라 하매 7 이에 그 처녀들이 다 일어나 등을 준비할새 8 미련한 자들이 슬기 있는 자들에게 이르되 우리 등불이 꺼져가니 너희 기름을 좀 나눠 달라 하거늘 9 슬기 있는 자들이 대답하여 이르되 우리와 너희가 쓰기에 다 부족할까 하노니 차라리 파는 자들에게 가서 너희 쓸 것을 사라 하니 10 그들이 사러 간 사이에 신랑이 오므로 준비하였던 자들은 함께 혼인 잔치에 들어가고 문은 닫힌지라 11 그 후에 남은 처녀들이 와서 이르되 주여 주여 우리에게 열어 주소서 12 대답하여 이르되 진실로 너희에게 이르노니 내가 너희를 알지 못하노라 하였느니라 13 그런즉 깨어 있으라 너희는 그 날과 그 때를 알지 못하느니라			

사건 명	마태복음	마가복음	누가복음	요한복음
	달란트 비유(눅 19:11–27) **14** 또 어떤 사람이 타국에 갈 때 그 종들을 불러 자기 소유를 맡김과 같으니 **15** 각각 그 재능대로 한 사람에게는 금 다섯 달란트를, 한 사람에게는 두 달란트를, 한 사람에게는 한 달란트를 주고 떠났더니 **16** 다섯 달란트 받은 자는 바로 가서 그것으로 장사하여 또 다섯 달란트를 남기고 **17** 두 달란트 받은 자도 그같이 하여 또 두 달란트를 남겼으되 **18** 한 달란트 받은 자는 가서 땅을 파고 그 주인의 돈을 감추어 두었더니 **19** 오랜 후에 그 종들의 주인이 돌아와 그들과 결산할새 **20** 다섯 달란트 받았던 자는 다섯 달란트를 더 가지고 와서 이르되 주인이여 내게 다섯 달란트를 주셨는데 보소서 내가 또 다섯 달란트를 남겼나이다 **21** 그 주인이 이르되 잘하였도다 착하고 충성된 종아 네가 적은 일에 충성하였으매 내가 많은 것을 네게 맡기리니 네 주인의 즐거움에 참여할지어다 하고			

사건 명	마태복음	마가복음	누가복음	요한복음
	22 두 달란트 받았던 자도 와서 이르되 주인이여 내게 두 달란트를 주셨는데 보소서 내가 또 두 달란트를 남겼나이다 23 그 주인이 이르되 잘하였도다 착하고 충성된 종아 네가 적은 일에 충성하였으매 내가 많은 것을 네게 맡기리니 네 주인의 즐거움에 참여할지어다 하고 24 한 달란트 받았던 자는 와서 이르되 주인이여 당신은 굳은 사람이라 심지 않은 데서 거두고 헤치지 않은 데서 모으는 줄을 내가 알았으므로 25 두려워하여 나가서 당신의 달란트를 땅에 감추어 두었었나이다 보소서 당신의 것을 가지셨나이다 26 그 주인이 대답하여 이르되 악하고 게으른 종아 나는 심지 않은 데서 거두고 헤치지 않은 데서 모으는 줄로 네가 알았느냐 27 그러면 네가 마땅히 내 돈을 취리하는 자들에게나 맡겼다가 내가 돌아와서 내 원금과 이자를 받게 하였을 것이니라 하고 28 그에게서 그 한 달란트를 빼앗아 열 달란트 가진 자에게 주라			

사건 명	마태복음	마가복음	누가복음	요한복음
	29 무릇 있는 자는 받아 풍족하게 되고 없는 자는 그 있는 것까지 빼앗기리라 **30** 이 무익한 종을 바깥 어두운 데로 내쫓으라 거기서 슬피 울며 이를 갈리라 하니라 **인자가 모든 천사와 함께 올 때** **31** 인자가 자기 영광으로 모든 천사와 함께 올 때에 자기 영광의 보좌에 앉으리니 **32** 모든 민족을 그 앞에 모으고 각각 구분하기를 목자가 양과 염소를 구분하는 것 같이 하여 **33** 양은 그 오른편에 염소는 왼편에 두리라 **34** 그 때에 임금이 그 오른편에 있는 자들에게 이르시되 내 아버지께 복 받을 자들이여 나아와 창세로부터 너희를 위하여 예비된 나라를 상속받으라 **35** 내가 주릴 때에 너희가 먹을 것을 주었고 목마를 때에 마시게 하였고 나그네 되었을 때에 영접하였고 **36** 헐벗었을 때에 옷을 입혔고 병들었을 때에 돌보았고 옥에 갇혔을 때에 와서 보았느니라			

사건 명	마태복음	마가복음	누가복음	요한복음
	37 이에 의인들이 대답하여 이르되 주여 우리가 어느 때에 주께서 주리신 것을 보고 음식을 대접하였으며 목마르신 것을 보고 마시게 하였나이까 38 어느 때에 나그네 되신 것을 보고 영접하였으며 헐벗으신 것을 보고 옷 입혔나이까 39 어느 때에 병드신 것이나 옥에 갇히신 것을 보고 가서 뵈었나이까 하리니 40 임금이 대답하여 이르시되 내가 진실로 너희에게 이르노니 너희가 여기 내 형제 중에 지극히 작은 자 하나에게 한 것이 곧 내게 한 것이니라 하시고 41 또 왼편에 있는 자들에게 이르시되 저주를 받은 자들아 나를 떠나 마귀와 그 사자들을 위하여 예비된 영원한 불에 들어가라 42 내가 주릴 때에 너희가 먹을 것을 주지 아니하였고 목마를 때에 마시게 하지 아니하였고 43 나그네 되었을 때에 영접하지 아니하였고 헐벗었을 때에 옷 입히지 아니하였고 병들었을 때와 옥에 갇혔을 때에 돌보지 아니하였느니라 하시니			

사건 명	마태복음	마가복음	누가복음	요한복음
	44 그들도 대답하여 이르되 주여 우리가 어느 때에 주께서 주리신 것이나 목마르신 것이나 나그네 되신 것이나 헐벗으신 것이나 병드신 것이나 옥에 갇히신 것을 보고 공양하지 아니하더이까 45 이에 임금이 대답하여 이르시되 내가 진실로 너희에게 이르노니 이 지극히 작은 자 하나에게 하지 아니한 것이 곧 내게 하지 아니한 것이니라 하시리니 46 그들은 영벌에, 의인들은 영생에 들어가리라 하시니			
14. 예수의 고난 주간(주일, 월, 화) 활동 요약			**㊦ 21:37–38** 37 예수께서 낮에는 성전에서 가르치시고 밤에는 나가 감람원이라 하는 산에서 쉬시니 38 모든 백성이 그 말씀을 들으려고 이른 아침에 성전에 나아가더라	
15. 산헤드린 공회 예수 살해 음모	**㊦ 26:1–5** **예수를 죽이려고 의논하다(막 14:1–2; 눅 22:1–2; 요 11:45–53)** 1 예수께서 이 말씀을 다 마치시고 제자들에게 이르시되 2 너희가 아는 바와 같이 이틀이 지나면 유월절이라 인자가 십자가에 못 박히기 위하여 팔리리라 하시더라	**㊦ 14:1–2** **예수를 죽일 방도를 찾다(마 26:1–5; 눅 22:1–2; 요 11:45–53)** 1 이틀이 지나면 유월절과 무교절이라 대제사장들과 서기관들이 예수를 흉계로 잡아 죽일 방도를 구하며 2 이르되 민란이 날까 하노니 명절에는 하지 말자 하더라	**㊦ 22:1–2** **유다가 배반하다(마 26:1–5, 14–16; 막 14:1–2, 10– 11; 요 11:45–53)** 1 유월절이라 하는 무교절이 다가오매 2 대제사장들과 서기관들이 예수를 무슨 방도로 죽일까 궁리하니 이는 그들이 백성을 두려워함이더라	

사건 명	마태복음	마가복음	누가복음	요한복음
	3 그 때에 대제사장들과 백성의 장로들이 가야바라 하는 대제사장의 관정에 모여 **4** 예수를 흉계로 잡아 죽이려고 의논하되 **5** 말하기를 민란이 날까 하노니 명절에는 하지 말자 하더라			
16. 가룟 유다 배신	㉮ 26:14-16 **유다가 배반하다(막 14:10-11; 눅 22:3-6)** **14** 그 때에 열둘 중의 하나인 가룟 유다라 하는 자가 대제사장들에게 가서 말하되 **15** 내가 예수를 너희에게 넘겨 주리니 얼마나 주려느냐 하니 그들이 은 삼십을 달아 주거늘 **16** 그가 그 때부터 예수를 넘겨 줄 기회를 찾더라	㉯ 14:10-11 **유다가 배반하다(마 26:14-16; 눅 22:3-6)** **10** 열둘 중의 하나인 가룟 유다가 예수를 넘겨 주려고 대제사장들에게 가매 **11** 그들이 듣고 기뻐하여 돈을 주기로 약속하니 유다가 예수를 어떻게 넘겨 줄까 하고 그 기회를 찾더라	㉰ 22:3-6 **3** 열둘 중의 하나인 가룟인이라 부르는 유다에게 사탄이 들어가니 **4** 이에 유다가 대제사장들과 성전 경비대장들에게 가서 예수를 넘겨 줄 방도를 의논하매 **5** 그들이 기뻐하여 돈을 주기로 언약하는지라 **6** 유다가 허락하고 예수를 무리가 없을 때에 넘겨 줄 기회를 찾더라	
<수요일: 기록 없음>				
<목요일> 1. 유월절 준비	㉮ 26:17-19 **마지막 만찬(막 14:12-26; 눅 22:7-23; 요 13:21-30; 고전 11:23-25)** **17** 무교절의 첫날에 제자들이 예수께 나아와서 이르되 유월절 음식 잡수실 것을 우리가 어디서 준비하기를 원하시나이까	㉯ 14:12-16 **제자들과 함께 유월절을 지키시다(마 26:17-25; 눅 22:7-14, 21-23; 요 13:21-30)** **12** 무교절의 첫날 곧 유월절 양 잡는 날에 제자들이 예수께 여짜오되 우리가 어디로 가서 선생님께서 유월절 음식을 잡수시게 준비하기를 원하시나이까 하매	㉰ 22:7-13 **유월절을 준비하다(마 26:17-25; 막 14:12-21; 요 13:21-30)** **7** 유월절 양을 잡을 무교절날이 이른지라 **8** 예수께서 베드로와 요한을 보내시며 이르시되 가서 우리를 위하여 유월절을 준비하여 우리로 먹게 하라 **9** 여짜오되 어디서 준비하기를 원하시나이까	

사건 명	마태복음	마가복음	누가복음	요한복음
	18 이르시되 성안 아무에게 가서 이르되 선생님 말씀이 내 때가 가까이 왔으니 내 제자들과 함께 유월절을 네 집에서 지키겠다 하시더라 하라 하시니 19 제자들이 예수께서 시키신 대로 하여 유월절을 준비하였더라	13 예수께서 제자 중의 둘을 보내시며 이르시되 성내로 들어가라 그리하면 물 한 동이를 가지고 가는 사람을 만나리니 그를 따라가서 14 어디든지 그가 들어가는 그 집 주인에게 이르되 선생님의 말씀이 내가 내 제자들과 함께 유월절 음식을 먹을 나의 객실이 어디 있느냐 하시더라 하라 15 그리하면 자리를 펴고 준비한 큰 다락방을 보이리니 거기서 우리를 위하여 준비하라 하시니 16 제자들이 나가 성내로 들어가서 예수께서 하시던 말씀대로 만나 유월절 음식을 준비하니라	10 이르시되 보라 너희가 성내로 들어가면 물 한 동이를 가지고 가는 사람을 만나리니 그가 들어가는 집으로 따라 들어가서 11 그 집 주인에게 이르되 선생님이 네게 하는 말씀이 내가 내 제자들과 함께 유월절을 먹을 객실이 어디 있느냐 하시더라 하라 12 그리하면 그가 자리를 마련한 큰 다락방을 보이리니 거기서 준비하라 하시니 13 그들이 나가 그 하신 말씀대로 만나 유월절을 준비하니라	
2. 유월절 만찬 중 제자 책망	**㉮ 26:20** 20 저물 때에 예수께서 열두 제자와 함께 앉으셨더니	**㉯ 14:17** 17 저물매 그 열둘을 데리시고 가서	**㉰ 22:14-16** **마지막 만찬(마 26:26-30; 막 14:22-26; 고전 11:23-25)** 14 때가 이르매 예수께서 사도들과 함께 앉으사 15 이르시되 내가 고난을 받기 전에 너희와 함께 이 유월절 먹기를 원하고 원하였노라 16 내가 너희에게 이르노니 이 유월절이 하나님의 나라에서 이루기까지 다시 먹지 아니하리라 하시고	

사건 명	마태복음	마가복음	누가복음	요한복음
			㉦ 22:24-30 **베드로가 부인할 것을 이르시다 (마 26:31-35; 막 14:27-31; 요 13:36-38)** **24** 또 그들 사이에 그 중 누가 크냐 하는 다툼이 난지라 **25** 예수께서 이르시되 이방인의 임금들은 그들을 주관하며 그 집권자들은 은인이라 칭함을 받으나 **26** 너희는 그렇지 않을지니 너희 중에 큰 자는 젊은 자와 같고 다스리는 자는 섬기는 자와 같을지니라 **27** 앉아서 먹는 자가 크냐 섬기는 자가 크냐 앉아서 먹는 자가 아니냐 그러나 나는 섬기는 자로 너희 중에 있노라 **28** 너희는 나의 모든 시험 중에 항상 나와 함께 한 자들인즉 **29** 내 아버지께서 나라를 내게 맡기신 것 같이 나도 너희에게 맡겨 **30** 너희로 내 나라에 있어 내 상에서 먹고 마시며 또는 보좌에 앉아 이스라엘 열두 지파를 다스리게 하려 하노라	

사건 명	마태복음	마가복음	누가복음	요한복음
3. 유월절 식사 중 세족식				㉴ 13:1-20 **제자들의 발을 씻으시다** 1 유월절 전에 예수께서 자기가 세상을 떠나 아버지께로 돌아가실 때가 이른 줄 아시고 세상에 있는 자기 사람들을 사랑하시되 끝까지 사랑하시니라 2 마귀가 벌써 시몬의 아들 가룟 유다의 마음에 예수를 팔려는 생각을 넣었더라 3 저녁 먹는 중 예수는 아버지께서 모든 것을 자기 손에 맡기신 것과 또 자기가 하나님께로부터 오셨다가 하나님께로 돌아가실 것을 아시고 4 저녁 잡수시던 자리에서 일어나 겉옷을 벗고 수건을 가져다가 허리에 두르시고 5 이에 대야에 물을 떠서 제자들의 발을 씻으시고 그 두르신 수건으로 닦기를 시작하여 6 시몬 베드로에게 이르시니 베드로가 이르되 주여 주께서 내 발을 씻으시나이까 7 예수께서 대답하여 이르시되 내가 하는 것을 네가 지금은 알지 못하나 이 후에는 알리라

사건 명	마태복음	마가복음	누가복음	요한복음
				8 베드로가 이르되 내 발을 절대로 씻지 못하시리이다 예수께서 대답하시되 내가 너를 씻어 주지 아니하면 네가 나와 상관이 없느니라 9 시몬 베드로가 이르되 주여 내 발뿐 아니라 손과 머리도 씻어 주옵소서 10 예수께서 이르시되 이미 목욕한 자는 발밖에 씻을 필요가 없느니라 온 몸이 깨끗하니라 너희가 깨끗하나 다는 아니니라 하시니 11 이는 자기를 팔 자가 누구인지 아심이라 그러므로 다는 깨끗하지 아니하다 하시니라 12 그들의 발을 씻으신 후에 옷을 입으시고 다시 앉아 그들에게 이르시되 내가 너희에게 행한 것을 너희가 아느냐 13 너희가 나를 선생이라 또는 주라 하니 너희 말이 옳도다 내가 그러하다 14 내가 주와 또는 선생이 되어 너희 발을 씻었으니 너희도 서로 발을 씻어 주는 것이 옳으니라 15 내가 너희에게 행한 것 같이 너희도 행하게 하려 하여 본을 보였노라

사건 명	마태복음	마가복음	누가복음	요한복음
				16 내가 진실로 진실로 너희에게 이르노니 종이 주인보다 크지 못하고 보냄을 받은 자가 보낸 자보다 크지 못하나니 17 너희가 이것을 알고 행하면 복이 있으리라 18 내가 너희 모두를 가리켜 말하는 것이 아니니라 나는 내가 택한 자들이 누구인지 앎이라 그러나 내 떡을 먹는 자가 내게 발꿈치를 들었다 한 성경을 응하게 하려는 것이니라 19 지금부터 일이 일어나기 전에 미리 너희에게 일러둠은 일이 일어날 때에 내가 그인 줄 너희가 믿게 하려 함이로라 20 내가 진실로 진실로 너희에게 이르노니 내가 보낸 자를 영접하는 자는 나를 영접하는 것이요 나를 영접하는 자는 나를 보내신 이를 영접하는 것이니라
4. 유월절 식사 중 유다 배신 예고	㉲ 26:21–25 21 그들이 먹을 때에 이르시되 내가 진실로 너희에게 이르노니 너희 중의 한 사람이 나를 팔리라 하시니 22 그들이 몹시 근심하여 각각 여짜오되 주여 나는 아니지요 23 대답하여 이르시되 나와 함께 그릇에 손을 넣는 그가 나를 팔리라	㉳ 14:18–21 18 다 앉아 먹을 때에 예수께서 이르시되 내가 진실로 너희에게 이르노니 너희 중의 한 사람 곧 나와 함께 먹는 자가 나를 팔리라 하신대 19 그들이 근심하며 하나씩 하나씩 나는 아니지요 하고 말하기 시작하니	㉴ 22:21–23 21 그러나 보라 나를 파는 자의 손이 나와 함께 상 위에 있도다 22 인자는 이미 작정된 대로 가거니와 그를 파는 그 사람에게는 화가 있으리로다 하시니 23 그들이 서로 묻되 우리 중에서 이 일을 행할 자가 누구일까 하더라	㉵ 13:21–30 **너희 중 하나가 나를 팔리라(마 26:20–25; 막 14:17–21; 눅 22:21–23)** 21 예수께서 이 말씀을 하시고 심령이 괴로워 증언하여 이르시되 내가 진실로 진실로 너희에게 이르노니 너희 중 하나가 나를 팔리라 하시니

사건 명	마태복음	마가복음	누가복음	요한복음
	24 인자는 자기에 대하여 기록된 대로 가거니와 인자를 파는 그 사람에게는 화가 있으리로다 그 사람은 차라리 태어나지 아니하였더라면 제게 좋을 뻔하였느니라 **25** 예수를 파는 유다가 대답하여 이르되 랍비여 나는 아니지요 대답하시되 네가 말하였도다 하시니라	**20** 그들에게 이르시되 열둘 중의 하나 곧 나와 함께 그릇에 손을 넣는 자니라 **21** 인자는 자기에 대하여 기록된 대로 가거니와 인자를 파는 그 사람에게는 화가 있으리로다 그 사람은 차라리 나지 아니하였더라면 자기에게 좋을 뻔하였느니라 하시니라		**22** 제자들이 서로 보며 누구에게 대하여 말씀하시는지 의심하더라 **23** 예수의 제자 중 하나 곧 그가 사랑하시는 자가 예수의 품에 의지하여 누웠는지라 **24** 시몬 베드로가 머릿짓을 하여 말하되 말씀하신 자가 누구인지 말하라 하니 **25** 그가 예수의 가슴에 그대로 의지하여 말하되 주여 누구니이까 **26** 예수께서 대답하시되 내가 떡 한 조각을 적셔다 주는 자가 그니라 하시고 곧 한 조각을 적셔서 가룟 시몬의 아들 유다에게 주시니 **27** 조각을 받은 후 곧 사탄이 그 속에 들어간지라 이에 예수께서 유다에게 이르시되 네가 하는 일을 속히 하라 하시니 **28** 이 말씀을 무슨 뜻으로 하셨는지 그 앉은 자 중에 아는 자가 없고 **29** 어떤 이들은 유다가 돈궤를 맡았으므로 명절에 우리가 쓸 물건을 사라 하시는지 혹은 가난한 자들에게 무엇을 주라 하시는 줄로 생각하더라 **30** 유다가 그 조각을 받고 곧 나가니 밤이러라

사건 명	마태복음	마가복음	누가복음	요한복음
5. 성만찬 규례 수여	(마) 26:26–29 26 그들이 먹을 때에 예수께서 떡을 가지사 축복하시고 떼어 제자들에게 주시며 이르시되 받아서 먹으라 이것은 내 몸이니라 하시고 27 또 잔을 가지사 감사 기도 하시고 그들에게 주시며 이르시되 너희가 다 이것을 마시라 28 이것은 죄 사함을 얻게 하려고 많은 사람을 위하여 흘리는 바 나의 피 곧 언약의 피니라 29 그러나 너희에게 이르노니 내가 포도나무에서 난 것을 이제부터 내 아버지의 나라에서 새것으로 너희와 함께 마시는 날까지 마시지 아니하리라 하시니라	(막) 14:22–25 **마지막 만찬(마 26:26–30; 눅 22:15–20; 고전 11:23–25)** 22 그들이 먹을 때에 예수께서 떡을 가지사 축복하시고 떼어 제자들에게 주시며 이르시되 받으라 이것은 내 몸이니라 하시고 23 또 잔을 가지사 감사 기도 하시고 그들에게 주시니 다 이를 마시매 24 이르시되 이것은 많은 사람을 위하여 흘리는 나의 피 곧 언약의 피니라 25 진실로 너희에게 이르노니 내가 포도나무에서 난 것을 하나님 나라에서 새 것으로 마시는 날까지 다시 마시지 아니하리라 하시니라	(눅) 22:17–20 17 이에 잔을 받으사 감사 기도 하시고 이르시되 이것을 갖다가 너희끼리 나누라 18 내가 너희에게 이르노니 내가 이제부터 하나님의 나라가 임할 때까지 포도나무에서 난 것을 다시 마시지 아니하리라 하시고 19 또 떡을 가져 감사 기도 하시고 떼어 그들에게 주시며 이르시되 이것은 너희를 위하여 주는 내 몸이라 너희가 이를 행하여 나를 기념하라 하시고 20 저녁 먹은 후에 잔도 그와 같이 하여 이르시되 이 잔은 내 피로 세우는 새 언약이니 곧 너희를 위하여 붓는 것이라	
6. 베드로와 다른 제자 배신 예고	(마) 26:31–35 **베드로가 부인할 것을 예언하시다(막 14:27–31; 눅 22:31–34; 요 13:36–38)** 31 그 때에 예수께서 제자들에게 이르시되 오늘 밤에 너희가 다 나를 버리리라 기록된 바 내가 목자를 치리니 양의 떼가 흩어지리라 하였느니라 32 그러나 내가 살아난 후에 너희보다 먼저 갈릴리로 가리라	(막) 14:27–31 **베드로가 부인할 것을 예언하시다(마 26:31–35; 눅 22:31–34; 요 13:36–38)** 27 예수께서 제자들에게 이르시되 너희가 다 나를 버리리라 이는 기록된 바 내가 목자를 치리니 양들이 흩어지리라 하였음이니라 28 그러나 내가 살아난 후에 너희보다 먼저 갈릴리로 가리라	(눅) 22:31–38 31 시몬아, 시몬아, 보라 사탄이 너희를 밀 까부르듯 하려고 요구하였으나 32 그러나 내가 너를 위하여 네 믿음이 떨어지지 않기를 기도하였노니 너는 돌이킨 후에 네 형제를 굳게 하라 33 그가 말하되 주여 내가 주와 함께 옥에도, 죽는 데에도 가기를 각오하였나이다	(요) 13:31–38 **새 계명** 31 그가 나간 후에 예수께서 이르시되 지금 인자가 영광을 받았고 하나님도 인자로 말미암아 영광을 받으셨도다 32 만일 하나님이 그로 말미암아 영광을 받으셨으면 하나님도 자기로 말미암아 그에게 영광을 주시리니 곧 주시리라

사건 명	마태복음	마가복음	누가복음	요한복음
	33 베드로가 대답하여 이르되 모두 주를 버릴지라도 나는 결코 버리지 않겠나이다 34 예수께서 이르시되 내가 진실로 네게 이르노니 오늘 밤 닭 울기 전에 네가 세 번 나를 부인하리라 35 베드로가 이르되 내가 주와 함께 죽을지언정 주를 부인하지 않겠나이다 하고 모든 제자도 그와 같이 말하니라	29 베드로가 여짜오되 다 버릴지라도 나는 그리하지 않겠나이다 30 예수께서 이르시되 내가 진실로 네게 이르노니 오늘 이 밤 닭이 두 번 울기 전에 네가 세 번 나를 부인하리라 31 베드로가 힘있게 말하되 내가 주와 함께 죽을지언정 주를 부인하지 않겠나이다 하고 모든 제자도 이와 같이 말하니라	34 이르시되 베드로야 내가 네게 말하노니 오늘 닭 울기 전에 네가 세 번 나를 모른다고 부인하리라 하시니라 **전대와 배낭과 검** 35 그들에게 이르시되 내가 너희를 전대와 배낭과 신발도 없이 보내었을 때에 부족한 것이 있더냐 이르되 없었나이다 36 이르시되 이제는 전대 있는 자는 가질 것이요 배낭도 그리하고 검 없는 자는 겉옷을 팔아 살지어다 37 내가 너희에게 말하노니 기록된 바 그는 불법자의 동류로 여김을 받았다 한 말이 내게 이루어져야 하리니 내게 관한 일이 이루어져 감이니라 38 그들이 여짜오되 주여 보소서 여기 검 둘이 있나이다 대답하시되 족하다 하시니라	33 작은 자들아 내가 아직 잠시 너희와 함께 있겠노라 너희가 나를 찾을 것이나 일찍이 내가 유대인들에게 너희는 내가 가는 곳에 올 수 없다고 말한 것과 같이 지금 너희에게도 이르노라 34 새 계명을 너희에게 주노니 서로 사랑하라 내가 너희를 사랑한 것 같이 너희도 서로 사랑하라 35 너희가 서로 사랑하면 이로써 모든 사람이 너희가 내 제자인 줄 알리라 **베드로가 부인할 것을 이르시다(마 26: 31-35; 막 14: 27-31; 눅 22:31-34)** 36 시몬 베드로가 이르되 주여 어디로 가시나이까 예수께서 대답하시되 내가 가는 곳에 네가 지금은 따라올 수 없으나 후에는 따라오리라 37 베드로가 이르되 주여 내가 지금은 어찌하여 따라갈 수 없나이까 주를 위하여 내 목숨을 버리겠나이다 38 예수께서 대답하시되 네가 나를 위하여 네 목숨을 버리겠느냐 내가 진실로 진실로 네게 이르노니 닭 울기 전에 네가 세 번 나를 부인하리라

사건 명	마태복음	마가복음	누가복음	요한복음
7. 다락방 위로와 작별 말씀 1) 작별이 오히려 유익임				㊏ 14:1–7 **내가 곧 길이요 진리요 생명이니** **1** 너희는 마음에 근심하지 말라 하나님을 믿으니 또 나를 믿으라 **2** 내 아버지 집에 거할 곳이 많도다 그렇지 않으면 너희에게 일렀으리라 내가 너희를 위하여 거처를 예비하러 가노니 **3** 가서 너희를 위하여 거처를 예비하면 내가 다시 와서 너희를 내게로 영접하여 나 있는 곳에 너희도 있게 하리라 **4** 내가 어디로 가는지 그 길을 너희가 아느니라 **5** 도마가 이르되 주여 주께서 어디로 가시는지 우리가 알지 못하거늘 그 길을 어찌 알겠사옵나이까 **6** 예수께서 이르시되 내가 곧 길이요 진리요 생명이니 나로 말미암지 않고는 아버지께로 올 자가 없느니라 **7** 너희가 나를 알았더라면 내 아버지도 알았으리로다 이제부터는 너희가 그를 알았고 또 보았느니라
2) 하나님과 예수는 한 분이심				㊏ **14:8–15** **8** 빌립이 이르되 주여 아버지를 우리에게 보여 주옵소서 그리하면 족하겠나이다

사건 명	마태복음	마가복음	누가복음	요한복음
				9 예수께서 이르시되 빌립아 내가 이렇게 오래 너희와 함께 있으되 네가 나를 알지 못하느냐 나를 본 자는 아버지를 보았거늘 어찌하여 아버지를 보이라 하느냐 10 내가 아버지 안에 거하고 아버지는 내 안에 계신 것을 네가 믿지 아니하느냐 내가 너희에게 이르는 말은 스스로 하는 것이 아니라 아버지께서 내 안에 계셔서 그의 일을 하시는 것이라 11 내가 아버지 안에 거하고 아버지께서 내 안에 계심을 믿으라 그렇지 못하겠거든 행하는 그 일로 말미암아 나를 믿으라 12 내가 진실로 진실로 너희에게 이르노니 나를 믿는 자는 내가 하는 일을 그도 할 것이요 또한 그보다 큰 일도 하리니 이는 내가 아버지께로 감이라 13 너희가 내 이름으로 무엇을 구하든지 내가 행하리니 이는 아버지로 하여금 아들로 말미암아 영광을 받으시게 하려 함이라 14 내 이름으로 무엇이든지 내게 구하면 내가 행하리라 15 너희가 나를 사랑하면 나의 계명을 지키리라

사건 명	마태복음	마가복음	누가복음	요한복음
3) 보혜사 성령 보내주실 것 약속				㉯ 14:16-31 16 내가 아버지께 구하겠으니 그가 또 다른 보혜사를 너희에게 주사 영원토록 너희와 함께 있게 하리니 17 그는 진리의 영이라 세상은 능히 그를 받지 못하나니 이는 그를 보지도 못하고 알지도 못함이라 그러나 너희는 그를 아나니 그는 너희와 함께 거하심이요 또 너희 속에 계시겠음이라 18 내가 너희를 고아와 같이 버려두지 아니하고 너희에게로 오리라 19 조금 있으면 세상은 다시 나를 보지 못할 것이로되 너희는 나를 보리니 이는 내가 살아 있고 너희도 살아 있겠음이라 20 그 날에는 내가 아버지 안에, 너희가 내 안에, 내가 너희 안에 있는 것을 너희가 알리라 21 나의 계명을 지키는 자라야 나를 사랑하는 자니 나를 사랑하는 자는 내 아버지께 사랑을 받을 것이요 나도 그를 사랑하여 그에게 나를 나타내리라 22 가룟인 아닌 유다가 이르되 주여 어찌하여 자기를 우리에게는 나타내시고 세상에는 아니하려 하시나이까

사건 명	마태복음	마가복음	누가복음	요한복음
				23 예수께서 대답하여 이르시되 사람이 나를 사랑하면 내 말을 지키리니 내 아버지께서 그를 사랑하실 것이요 우리가 그에게 가서 거처를 그와 함께 하리라 24 나를 사랑하지 아니하는 자는 내 말을 지키지 아니하나니 너희가 듣는 말은 내 말이 아니요 나를 보내신 아버지의 말씀이니라 **보혜사** 25 내가 아직 너희와 함께 있어서 이 말을 너희에게 하였거니와 26 보혜사 곧 아버지께서 내 이름으로 보내실 성령 그가 너희에게 모든 것을 가르치고 내가 너희에게 말한 모든 것을 생각나게 하리라 27 평안을 너희에게 끼치노니 곧 나의 평안을 너희에게 주노라 내가 너희에게 주는 것은 세상이 주는 것과 같지 아니하니라 너희는 마음에 근심하지도 말고 두려워하지도 말라 28 내가 갔다가 너희에게로 온다 하는 말을 너희가 들었나니 나를 사랑하였더라면 내가 아버지께로 감을 기뻐하였으리라 아버지는 나보다 크심이라

사건 명	마태복음	마가복음	누가복음	요한복음
				29 이제 일이 일어나기 전에 너희에게 말한 것은 일이 일어날 때에 너희로 믿게 하려 함이라 30 이 후에는 내가 너희와 말을 많이 하지 아니하리니 이 세상의 임금이 오겠음이라 그러나 그는 내게 관계할 것이 없으니 31 오직 내가 아버지를 사랑하는 것과 아버지께서 명하신 대로 행하는 것을 세상이 알게 하려 함이로라 일어나라 여기를 떠나자 하시니라
8. 겟세마네 동산 도상(途上) 교훈과 중보기도 1) '참포도나무와 가지' 교훈				ⓐ 15:1–27 **나는 포도나무요 너희는 가지라** 1 나는 참포도나무요 내 아버지는 농부라 2 무릇 내게 붙어 있어 열매를 맺지 아니하는 가지는 아버지께서 그것을 제거해 버리시고 무릇 열매를 맺는 가지는 더 열매를 맺게 하려 하여 그것을 깨끗하게 하시느니라 3 너희는 내가 일러준 말로 이미 깨끗하여졌으니 4 내 안에 거하라 나도 너희 안에 거하리라 가지가 포도나무에 붙어 있지 아니하면 스스로 열매를 맺을 수 없음 같이 너희도 내 안에 있지 아니하면 그러하리라

사건 명	마태복음	마가복음	누가복음	요한복음
				5 나는 포도나무요 너희는 가지라 그가 내 안에, 내가 그 안에 거하면 사람이 열매를 많이 맺나니 나를 떠나서는 너희가 아무 것도 할 수 없음이라 6 사람이 내 안에 거하지 아니하면 가지처럼 밖에 버려져 마르나니 사람들이 그것을 모아다가 불에 던져 사르느니라 7 너희가 내 안에 거하고 내 말이 너희 안에 거하면 무엇이든지 원하는 대로 구하라 그리하면 이루리라 8 너희가 열매를 많이 맺으면 내 아버지께서 영광을 받으실 것이요 너희는 내 제자가 되리라 9 아버지께서 나를 사랑하신 것 같이 나도 너희를 사랑하였으니 나의 사랑 안에 거하라 10 내가 아버지의 계명을 지켜 그의 사랑 안에 거하는 것 같이 너희도 내 계명을 지키면 내 사랑 안에 거하리라 11 내가 이것을 너희에게 이름은 내 기쁨이 너희 안에 있어 너희 기쁨을 충만하게 하려 함이라 12 내 계명은 곧 내가 너희를 사랑한 것 같이 너희도 서로 사랑하라 하는 이것이니라

사건 명	마태복음	마가복음	누가복음	요한복음
				13 사람이 친구를 위하여 자기 목숨을 버리면 이보다 더 큰 사랑이 없나니 14 너희는 내가 명하는 대로 행하면 곧 나의 친구라 15 이제부터는 너희를 종이라 하지 아니하리니 종은 주인이 하는 것을 알지 못함이라 너희를 친구라 하였노니 내가 내 아버지께 들은 것을 다 너희에게 알게 하였음이라 16 너희가 나를 택한 것이 아니요 내가 너희를 택하여 세웠나니 이는 너희로 가서 열매를 맺게 하고 또 너희 열매가 항상 있게 하여 내 이름으로 아버지께 무엇을 구하든지 다 받게 하려 함이라 17 내가 이것을 너희에게 명함은 너희로 서로 사랑하게 하려 함이라 18 세상이 너희를 미워하면 너희보다 먼저 나를 미워한 줄을 알라 19 너희가 세상에 속하였으면 세상이 자기의 것을 사랑할 것이나 너희는 세상에 속한 자가 아니요 도리어 내가 너희를 세상에서 택하였기 때문에 세상이 너희를 미워하느니라

사건 명	마태복음	마가복음	누가복음	요한복음
				20 내가 너희에게 종이 주인보다 더 크지 못하다 한 말을 기억하라 사람들이 나를 박해하였은즉 너희도 박해할 것이요 내 말을 지켰은즉 너희 말도 지킬 것이라 21 그러나 사람들이 내 이름으로 말미암아 이 모든 일을 너희에게 하리니 이는 나를 보내신 이를 알지 못함이라 22 내가 와서 그들에게 말하지 아니하였더라면 죄가 없었으려니와 지금은 그 죄를 핑계할 수 없느니라 23 나를 미워하는 자는 또 내 아버지를 미워하느니라 24 내가 아무도 못한 일을 그들 중에서 하지 아니하였더라면 그들에게 죄가 없었으려니와 지금은 그들이 나와 내 아버지를 보았고 또 미워하였도다 25 그러나 이는 그들의 율법에 기록된 바 그들이 이유 없이 나를 미워하였다 한 말을 응하게 하려 함이라 26 내가 아버지께로부터 너희에게 보낼 보혜사 곧 아버지께로부터 나오시는 진리의 성령이 오실 때에 그가 나를 증언하실 것이요 27 너희도 처음부터 나와 함께 있었으므로 증언하느니라

사건 명	마태복음	마가복음	누가복음	요한복음
2) 고별 설교 결론				㉠ 16:1–33 **성령의 일** **1** 내가 이것을 너희에게 이름은 너희로 실족하지 않게 하려 함이니 **2** 사람들이 너희를 출교할 뿐 아니라 때가 이르면 무릇 너희를 죽이는 자가 생각하기를 이것이 하나님을 섬기는 일이라 하리라 **3** 그들이 이런 일을 할 것은 아버지와 나를 알지 못함이라 **4** 오직 너희에게 이 말을 한 것은 너희로 그 때를 당하면 내가 너희에게 말한 이것을 기억나게 하려 함이요 처음부터 이 말을 하지 아니한 것은 내가 너희와 함께 있었음이라 **5** 지금 내가 나를 보내신 이에게로 가는데 너희 중에서 나더러 어디로 가는지 묻는 자가 없고 **6** 도리어 내가 이 말을 하므로 너희 마음에 근심이 가득하였도다 **7** 그러나 내가 너희에게 실상을 말하노니 내가 떠나가는 것이 너희에게 유익이라 내가 떠나가지 아니하면 보혜사가 너희에게로 오시지 아니할 것이요 가면 내가 그를 너희에게로 보내리니

사건 명	마태복음	마가복음	누가복음	요한복음
				8 그가 와서 죄에 대하여, 의에 대하여, 심판에 대하여 세상을 책망하시리라 9 죄에 대하여라 함은 그들이 나를 믿지 아니함이요 10 의에 대하여라 함은 내가 아버지께로 가니 너희가 다시 나를 보지 못함이요 11 심판에 대하여라 함은 이 세상 임금이 심판을 받았음이라 12 내가 아직도 너희에게 이를 것이 많으나 지금은 너희가 감당하지 못하리라 13 그러나 진리의 성령이 오시면 그가 너희를 모든 진리 가운데로 인도하시리니 그가 스스로 말하지 않고 오직 들은 것을 말하며 장래 일을 너희에게 알리시리라 14 그가 내 영광을 나타내리니 내 것을 가지고 너희에게 알리시겠음이라 15 무릇 아버지께 있는 것은 다 내 것이라 그러므로 내가 말하기를 그가 내 것을 가지고 너희에게 알리시리라 하였노라 16 조금 있으면 너희가 나를 보지 못하겠고 또 조금 있으면 나를 보리라 하시니

사건 명	마태복음	마가복음	누가복음	요한복음
				17 제자 중에서 서로 말하되 우리에게 말씀하신 바 조금 있으면 나를 보지 못하겠고 또 조금 있으면 나를 보리라 하시며 또 내가 아버지께로 감이라 하신 것이 무슨 말씀이냐 하고 18 또 말하되 조금 있으면이라 하신 말씀이 무슨 말씀이냐 무엇을 말씀하시는지 알지 못하노라 하거늘 19 예수께서 그 묻고자 함을 아시고 이르시되 내 말이 조금 있으면 나를 보지 못하겠고 또 조금 있으면 나를 보리라 하므로 서로 문의하느냐 20 내가 진실로 진실로 너희에게 이르노니 너희는 곡하고 애통하겠으나 세상은 기뻐하리라 너희는 근심하겠으나 너희 근심이 도리어 기쁨이 되리라 21 여자가 해산하게 되면 그 때가 이르렀으므로 근심하나 아기를 낳으면 세상에 사람 난 기쁨으로 말미암아 그 고통을 다시 기억하지 아니하느니라 22 지금은 너희가 근심하나 내가 다시 너희를 보리니 너희 마음이 기쁠 것이요 너희 기쁨을 빼앗을 자가 없으리라

사건 명	마태복음	마가복음	누가복음	요한복음
				23 그 날에는 너희가 아무 것도 내게 묻지 아니하리라 내가 진실로 진실로 너희에게 이르노니 너희가 무엇이든지 아버지께 구하는 것을 내 이름으로 주시리라 24 지금까지는 너희가 내 이름으로 아무 것도 구하지 아니하였으나 구하라 그리하면 받으리니 너희 기쁨이 충만하리라 **내가 세상을 이기었다** 25 이것을 비유로 너희에게 일렀거니와 때가 이르면 다시는 비유로 너희에게 이르지 않고 아버지에 대한 것을 밝히 이르리라 26 그 날에 너희가 내 이름으로 구할 것이요 내가 너희를 위하여 아버지께 구하겠다 하는 말이 아니니 27 이는 너희가 나를 사랑하고 또 내가 하나님께로부터 온 줄 믿었으므로 아버지께서 친히 너희를 사랑하심이라 28 내가 아버지에게서 나와 세상에 왔고 다시 세상을 떠나 아버지께로 가노라 하시니 29 제자들이 말하되 지금은 밝히 말씀하시고 아무 비유로도 하지 아니하시니

사건 명	마태복음	마가복음	누가복음	요한복음
				30 우리가 지금에야 주께서 모든 것을 아시고 또 사람의 물음을 기다리시지 않는 줄 아나이다 이로써 하나님께로부터 나오심을 우리가 믿사옵나이다 **31** 예수께서 대답하시되 이제는 너희가 믿느냐 **32** 보라 너희가 다 각각 제 곳으로 흩어지고 나를 혼자 둘 때가 오나니 벌써 왔도다 그러나 내가 혼자 있는 것이 아니라 아버지께서 나와 함께 계시느니라 **33** 이것을 너희에게 이르는 것은 너희로 내 안에서 평안을 누리게 하려 함이라 세상에서는 너희가 환난을 당하나 담대하라 내가 세상을 이기었노라
3) 겟세마네 동산 부근에서의 중보기도				**㉭ 17:1–26** **기도하시다** **1** 예수께서 이 말씀을 하시고 눈을 들어 하늘을 우러러 이르시되 아버지여 때가 이르렀사오니 아들을 영화롭게 하사 아들로 아버지를 영화롭게 하게 하옵소서 **2** 아버지께서 아들에게 주신 모든 사람에게 영생을 주게 하시려고 만민을 다스리는 권세를 아들에게 주셨음이로소이다

사건 명	마태복음	마가복음	누가복음	요한복음
				3 영생은 곧 유일하신 참 하나님과 그가 보내신 자 예수 그리스도를 아는 것이니이다 4 아버지께서 내게 하라고 주신 일을 내가 이루어 아버지를 이 세상에서 영화롭게 하였사오니 5 아버지여 창세 전에 내가 아버지와 함께 가졌던 영화로써 지금도 아버지와 함께 나를 영화롭게 하옵소서 6 세상 중에서 내게 주신 사람들에게 내가 아버지의 이름을 나타내었나이다 그들은 아버지의 것이었는데 내게 주셨으며 그들은 아버지의 말씀을 지키었나이다 7 지금 그들은 아버지께서 내게 주신 것이 다 아버지로부터 온 것인 줄 알았나이다 8 나는 아버지께서 내게 주신 말씀들을 그들에게 주었사오며 그들은 이것을 받고 내가 아버지께로부터 나온 줄을 참으로 아오며 아버지께서 나를 보내신 줄도 믿었사옵나이다 9 내가 그들을 위하여 비옵나니 내가 비옵는 것은 세상을 위함이 아니요 내게 주신 자들을 위함이니이다 그들은 아버지의 것이로소이다

사건 명	마태복음	마가복음	누가복음	요한복음
				10 내 것은 다 아버지의 것이요 아버지의 것은 내 것이온데 내가 그들로 말미암아 영광을 받았나이다 11 나는 세상에 더 있지 아니하오나 그들은 세상에 있사옵고 나는 아버지께로 가옵나니 거룩하신 아버지여 내게 주신 아버지의 이름으로 그들을 보전하사 우리와 같이 그들도 하나가 되게 하옵소서 12 내가 그들과 함께 있을 때에 내게 주신 아버지의 이름으로 그들을 보전하고 지키었나이다 그 중의 하나도 멸망하지 않고 다만 멸망의 자식뿐이오니 이는 성경을 응하게 함이니이다 13 지금 내가 아버지께로 가오니 내가 세상에서 이 말을 하옵는 것은 그들로 내 기쁨을 그들 안에 충만히 가지게 하려 함이니이다 14 내가 아버지의 말씀을 그들에게 주었사오매 세상이 그들을 미워하였사오니 이는 내가 세상에 속하지 아니함 같이 그들도 세상에 속하지 아니함으로 인함이니이다

사건 명	마태복음	마가복음	누가복음	요한복음
				15 내가 비옵는 것은 그들을 세상에서 데려가시기를 위함이 아니요 다만 악에 빠지지 않게 보전하시기를 위함이니이다 16 내가 세상에 속하지 아니함 같이 그들도 세상에 속하지 아니하였사옵나이다 17 그들을 진리로 거룩하게 하옵소서 아버지의 말씀은 진리니이다 18 아버지께서 나를 세상에 보내신 것 같이 나도 그들을 세상에 보내었고 19 또 그들을 위하여 내가 나를 거룩하게 하오니 이는 그들도 진리로 거룩함을 얻게 하려 함이니이다 20 내가 비옵는 것은 이 사람들만 위함이 아니요 또 그들의 말로 말미암아 나를 믿는 사람들도 위함이니 21 아버지여, 아버지께서 내 안에, 내가 아버지 안에 있는 것 같이 그들도 다 하나가 되어 우리 안에 있게 하사 세상으로 아버지께서 나를 보내신 것을 믿게 하옵소서 22 내게 주신 영광을 내가 그들에게 주었사오니 이는 우리가 하나가 된 것 같이 그들도 하나가 되게 하려 함이니이다

사건 명	마태복음	마가복음	누가복음	요한복음
				23 곧 내가 그들 안에 있고 아버지 께서 내 안에 계시 어 그들로 온전함 을 이루어 하나가 되게 하려 함은 아 버지께서 나를 보 내신 것과 또 나를 사랑하심 같이 그 들도 사랑하신 것 을 세상으로 알게 하려 함이로소이다 24 아버지여 내게 주신 자도 나 있는 곳에 나와 함께 있 어 아버지께서 창 세 전부터 나를 사 랑하시므로 내게 주신 나의 영광을 그들로 보게 하시 기를 원하옵나이다 25 의로우신 아버 지여 세상이 아버 지를 알지 못하여 도 나는 아버지를 알았사옵고 그들도 아버지께서 나를 보내신 줄 알았사 옵나이다 26 내가 아버지의 이름을 그들에게 알 게 하였고 또 알게 하리니 이는 나를 사랑하신 사랑이 그 들 안에 있고 나도 그들 안에 있게 하 려 함이니이다

사건 명	마태복음	마가복음	누가복음	요한복음
9. 겟세마네 동산 마지막 기도(겟세마네 동산)	㉮ 26:30 30 이에 그들이 찬미하고 감람 산으로 나아가니라 ㉮ 26:36-46 **겟세마네에서 기도하시다(막 14:32-42; 눅 22:39-46)** 36 이에 예수께서 제자들과 함께 겟세마네라 하는 곳에 이르러 제자들에게 이르시되 내가 저기 가서 기도할 동안에 너희는 여기 앉아 있으라 하시고 37 베드로와 세베대의 두 아들을 데리고 가실새 고민하고 슬퍼하사 38 이에 말씀하시되 내 마음이 매우 고민하여 죽게 되었으니 너희는 여기 머물러 나와 함께 깨어 있으라 하시고 39 조금 나아가사 얼굴을 땅에 대시고 엎드려 기도하여 이르시되 내 아버지여 만일 할 만하시거든 이 잔을 내게서 지나가게 하옵소서 그러나 나의 원대로 마시옵고 아버지의 원대로 하옵소서 하시고 40 제자들에게 오사 그 자는 것을 보시고 베드로에게 말씀하시되 너희가 나와 함께 한 시간도 이렇게 깨어 있을 수 없더냐	㉯ 14:26 26 이에 그들이 찬미하고 감람 산으로 가니라 ㉯ 14:32-42 **겟세마네에서 기도하시다(마 26:36-46; 눅 22:39-46)** 32 그들이 겟세마네라 하는 곳에 이르매 예수께서 제자들에게 이르시되 내가 기도할 동안에 너희는 여기 앉아 있으라 하시고 33 베드로와 야고보와 요한을 데리고 가실새 심히 놀라시며 슬퍼하사 34 말씀하시되 내 마음이 심히 고민하여 죽게 되었으니 너희는 여기 머물러 깨어 있으라 하시고 35 조금 나아가사 땅에 엎드리어 될 수 있는 대로 이 때가 자기에게서 지나가기를 구하여 36 이르시되 아빠 아버지여 아버지께는 모든 것이 가능하오니 이 잔을 내게서 옮기시옵소서 그러나 나의 원대로 마시옵고 아버지의 원대로 하옵소서 하시고 37 돌아오사 제자들이 자는 것을 보시고 베드로에게 말씀하시되 시몬아 자느냐 네가 한 시간도 깨어 있을 수 없더냐	㉰ 22:39-46 **감람산에서 기도하시다(마 26:36-46; 막 14:32-42)** 39 예수께서 나가사 습관을 따라 감람산에 가시매 제자들도 따라갔더니 40 그 곳에 이르러 그들에게 이르시되 유혹에 빠지지 않게 기도하라 하시고 41 그들을 떠나 돌 던질 만큼 가서 무릎을 꿇고 기도하여 42 이르시되 아버지여 만일 아버지의 뜻이거든 이 잔을 내게서 옮기시옵소서 그러나 내 원대로 마시옵고 아버지의 원대로 되기를 원하나이다 하시니 43 천사가 하늘로부터 예수께 나타나 힘을 더하더라 44 예수께서 힘쓰고 애써 더욱 간절히 기도하시니 땀이 땅에 떨어지는 핏방울같이 되더라 45 기도 후에 일어나 제자들에게 가서 슬픔으로 인하여 잠든 것을 보시고 46 이르시되 어찌하여 자느냐 시험에 들지 않게 일어나 기도하라 하시니라	㉱ 18:1 **잡히시다(마 26:47-56; 막 14:43-50; 눅 22:47-53)** 1 예수께서 이 말씀을 하시고 제자들과 함께 기드론 시내 건너편으로 나가시니 그 곳에 동산이 있는데 제자들과 함께 들어가시니라

사건 명	마태복음	마가복음	누가복음	요한복음
	41 시험에 들지 않게 깨어 기도하라 마음에는 원이로되 육신이 약하도다 하시고 42 다시 두 번째 나아가 기도하여 이르시되 내 아버지여 만일 내가 마시지 않고는 이 잔이 내게서 지나갈 수 없거든 아버지의 원대로 되기를 원하나이다 하시고 43 다시 오사 보신즉 그들이 자니 이는 그들의 눈이 피곤함일러라 44 또 그들을 두시고 나아가 세 번째 같은 말씀으로 기도하신 후 45 이에 제자들에게 오사 이르시되 이제는 자고 쉬라 보라 때가 가까이 왔으니 인자가 죄인의 손에 팔리느니라 46 일어나라 함께 가자 보라 나를 파는 자가 가까이 왔느니라	38 시험에 들지 않게 깨어 있어 기도하라 마음에는 원이로되 육신이 약하도다 하시고 39 다시 나아가 동일한 말씀으로 기도하시고 40 다시 오사 보신즉 그들이 자니 이는 그들의 눈이 심히 피곤함이라 그들이 예수께 무엇으로 대답할 줄을 알지 못하더라 41 세 번째 오사 그들에게 이르시되 이제는 자고 쉬라 그만 되었다 때가 왔도다 보라 인자가 죄인의 손에 팔리느니라 42 일어나라 함께 가자 보라 나를 파는 자가 가까이 왔느니라		
〈금요일〉 **1. 예수의 체포(금요일 새벽)**	㉮ 26:47-56 **잡히시다(막 14:43-50; 눅 22:47-53; 요 18:3-12)** 47 말씀하실 때에 열둘 중의 하나인 유다가 왔는데 대제사장들과 백성의 장로들에게서 파송된 큰 무리가 칼과 몽치를 가지고 그와 함께 하였더라	㉯ 14:43-52 **잡히시다(마 26:47-56; 눅 22:47-53; 요 18:2-12)** 43 예수께서 말씀하실 때에 곧 열둘 중의 하나인 유다가 왔는데 대제사장들과 서기관들과 장로들에게서 파송된 무리가 검과 몽치를 가지고 그와 함께 하였더라	㉰ 22:47-53 **잡히시다(마 26:47-56; 막 14:43-50; 요 18:3-11)** 47 말씀하실 때에 한 무리가 오는데 열둘 중의 하나인 유다라 하는 자가 그들을 앞장서 와서 48 예수께 입을 맞추려고 가까이 하는지라 예수께서 이르시되 유다야 네가 입맞춤으로 인자를 파느냐 하시니	㉱ 18:2-11 2 그곳은 가끔 예수께서 제자들과 모이시는 곳이므로 예수를 파는 유다도 그 곳을 알더라 3 유다가 군대와 대제사장들과 바리새인들에게서 얻은 아랫사람들을 데리고 등과 횃불과 무기를 가지고 그리로 오는지라 4 예수께서 그 당할 일을 다 아시고 나아가 이르시되 너희가 누구를 찾느냐

사건 명	마태복음	마가복음	누가복음	요한복음
	48 예수를 파는 자가 그들에게 군호를 짜 이르되 내가 입맞추는 자가 그이니 그를 잡으라 한지라 49 곧 예수께 나아와 랍비여 안녕하시옵니까 하고 입을 맞추니 50 예수께서 이르시되 친구여 네가 무엇을 하려고 왔는지 행하라 하신대 이에 그들이 나아와 예수께 손을 대어 잡는지라 51 예수와 함께 있던 자 중의 하나가 손을 펴 칼을 빼어 대제사장의 종을 쳐 그 귀를 떨어뜨리니 52 이에 예수께서 이르시되 네 칼을 도로 칼집에 꽂으라 칼을 가지는 자는 다 칼로 망하느니라 53 너는 내가 내 아버지께 구하여 지금 열두 군단 더 되는 천사를 보내시게 할 수 없는 줄로 아느냐 54 내가 만일 그렇게 하면 이런 일이 있으리라 한 성경이 어떻게 이루어지겠느냐 하시더라 55 그 때에 예수께서 무리에게 말씀하시되 너희가 강도를 잡는 것 같이 칼과 몽치를 가지고 나를 잡으러 나왔느냐 내가 날마다 성전에 앉아 가르쳤으되 너희가 나를 잡지 아니하였도다	44 예수를 파는 자가 이미 그들과 군호를 짜 이르되 내가 입맞추는 자가 그이니 그를 잡아 단단히 끌어 가라 하였는지라 45 이에 와서 곧 예수께 나아와 랍비여 하고 입을 맞추니 46 그들이 예수께 손을 대어 잡거늘 47 곁에 서 있는 자 중의 한 사람이 칼을 빼어 대제사장의 종을 쳐 그 귀를 떨어뜨리니라 48 예수께서 무리에게 말씀하여 이르시되 너희가 강도를 잡는 것 같이 검과 몽치를 가지고 나를 잡으러 나왔느냐 49 내가 날마다 너희와 함께 성전에 있으면서 가르쳤으되 너희가 나를 잡지 아니하였도다 그러나 이는 성경을 이루려 함이니라 하시더라 50 제자들이 다 예수를 버리고 도망하니라 **한 청년이 벗은 몸으로 도망하다** 51 한 청년이 벗은 몸에 베 홑이불을 두르고 예수를 따라가다가 무리에게 잡히매 52 베 홑이불을 버리고 벗은 몸으로 도망하니라	49 그의 주위 사람들이 그 된 일을 보고 여짜오되 주여 우리가 칼로 치리이까 하고 50 그 중의 한 사람이 대제사장의 종을 쳐 그 오른쪽 귀를 떨어뜨린지라 51 예수께서 일러 이르시되 이것까지 참으라 하시고 그 귀를 만져 낫게 하시더라 52 예수께서 그 잡으러 온 대제사장들과 성전의 경비대장들과 장로들에게 이르시되 너희가 강도를 잡는 것 같이 검과 몽치를 가지고 나왔느냐 53 내가 날마다 너희와 함께 성전에 있을 때에 내게 손을 대지 아니하였도다 그러나 이제는 너희 때요 어둠의 권세로다 하시더라	5 대답하되 나사렛 예수라 하거늘 이르시되 내가 그니라 하시니라 그를 파는 유다도 그들과 함께 섰더라 6 예수께서 그들에게 내가 그니라 하실 때에 그들이 물러가서 땅에 엎드러지는지라 7 이에 다시 누구를 찾느냐고 물으신대 그들이 말하되 나사렛 예수라 하거늘 8 예수께서 대답하시되 너희에게 내가 그니라 하였으니 나를 찾거든 이 사람들이 가는 것은 용납하라 하시니 9 이는 아버지께서 내게 주신 자 중에서 하나도 잃지 아니하였사옵나이다 하신 말씀을 응하게 하려 함이러라 10 이에 시몬 베드로가 칼을 가졌는데 그것을 빼어 대제사장의 종을 쳐서 오른편 귀를 베어버리니 그 종의 이름은 말고라 11 예수께서 베드로더러 이르시되 칼을 칼집에 꽂으라 아버지께서 주신 잔을 내가 마시지 아니하겠느냐 하시니라

사건 명	마태복음	마가복음	누가복음	요한복음
	56 그러나 이렇게 된 것은 다 선지자들의 글을 이루려 함이니라 하시더라 이에 제자들이 다 예수를 버리고 도망하니라			
2. 안나스의 1차 예비 심문과 베드로 1차 부인(안나스)				ⓨ 18:12-24 **안나스에게로 끌고 가다(마 26:57-58; 막 14:53-54; 눅 22:54)** 12 이에 군대와 천부장과 유대인의 아랫사람들이 예수를 잡아 결박하여 13 먼저 안나스에게로 끌고 가니 안나스는 그 해의 대제사장인 가야바의 장인이라 14 가야바는 유대인들에게 한 사람이 백성을 위하여 죽는 것이 유익하다고 권고하던 자러라 **베드로가 제자가 아니라고 하다(마 26:69-70; 막 14:66-68; 눅 22:55-57)** 15 시몬 베드로와 또 다른 제자 한 사람이 예수를 따르니 이 제자는 대제사장과 아는 사람이라 예수와 함께 대제사장의 집 뜰에 들어가고 16 베드로는 문 밖에 서 있는지라 대제사장을 아는 그 다른 제자가 나가서 문 지키는 여자에게 말하여 베드로를 데리고 들어오니

사건 명	마태복음	마가복음	누가복음	요한복음
				17 문 지키는 여종이 베드로에게 말하되 너도 이 사람의 제자 중 하나가 아니냐 하니 그가 말하되 나는 아니라 하고 18 그 때가 추운 고로 종과 아랫사람들이 불을 피우고 서서 쬐니 베드로도 함께 서서 쬐더라 **대제사장이 예수에게 묻다(마 26:59–66; 막 14:55–64; 눅 22:66–71)** 19 대제사장이 예수에게 그의 제자들과 그의 교훈에 대하여 물으니 20 예수께서 대답하시되 내가 드러내 놓고 세상에 말하였노라 모든 유대인들이 모이는 회당과 성전에서 항상 가르쳤고 은밀하게는 아무 것도 말하지 아니하였거늘 21 어찌하여 내게 묻느냐 내가 무슨 말을 하였는지 들은 자들에게 물어 보라 그들이 내가 하던 말을 아느니라 22 이 말씀을 하시매 곁에 섰던 아랫사람 하나가 손으로 예수를 쳐 이르되 네가 대제사장에게 이같이 대답하느냐 하니

사건 명	마태복음	마가복음	누가복음	요한복음
				23 예수께서 대답하시되 내가 말을 잘못하였으면 그 잘못한 것을 증언하라 바른 말을 하였으면 네가 어찌하여 나를 치느냐 하시더라 **24** 안나스가 예수를 결박한 그대로 대제사장 가야바에게 보내니라
3. 산헤드린 공회(가야바) 1차 예비 심문	㉮ **26:57-68** **공회 앞에 서시다 (막 14:53-65; 눅 22:54-55, 63-71; 요 18:13-14, 19-24)** **57** 예수를 잡은 자들이 그를 끌고 대제사장 가야바에게로 가니 거기 서기관과 장로들이 모여 있더라 **58** 베드로가 멀찍이 예수를 따라 대제사장의 집 뜰에까지 가서 그 결말을 보려고 안에 들어가 하인들과 함께 앉아 있더라 **59** 대제사장들과 온 공회가 예수를 죽이려고 그를 칠 거짓 증거를 찾으매 **60** 거짓 증인이 많이 왔으나 얻지 못하더니 후에 두 사람이 와서 **61** 이르되 이 사람의 말이 내가 하나님의 성전을 헐고 사흘 동안에 지을 수 있다 하더라 하니 **62** 대제사장이 일어서서 예수께 묻되 아무 대답도 없느냐 이 사람들이 너를 치는 증거가 어떠하냐 하되	㉯ **14:53-65** **공회 앞에 서시다 (마 26:57-68; 눅 22:54-55, 63-71; 요 18:13-14, 19-24)** **53** 그들이 예수를 끌고 대제사장에게로 가니 대제사장들과 장로들과 서기관들이 다 모이더라 **54** 베드로가 예수를 멀찍이 따라 대제사장의 집 뜰 안까지 들어가서 아랫사람들과 함께 앉아 불을 쬐더라 **55** 대제사장들과 온 공회가 예수를 죽이려고 그를 칠 증거를 찾되 얻지 못하니 **56** 이는 예수를 쳐서 거짓 증언 하는 자가 많으나 그 증언이 서로 일치하지 못함이라 **57** 어떤 사람들이 일어나 예수를 쳐서 거짓 증언 하여 이르되		

사건 명	마태복음	마가복음	누가복음	요한복음
	63 예수께서 침묵하시거늘 대제사장이 이르되 내가 너로 살아 계신 하나님께 맹세하게 하노니 네가 하나님의 아들 그리스도인지 우리에게 말하라 64 예수께서 이르시되 네가 말하였느니라 그러나 내가 너희에게 이르노니 이 후에 인자가 권능의 우편에 앉아 있는 것과 하늘 구름을 타고 오는 것을 너희가 보리라 하시니 65 이에 대제사장이 자기 옷을 찢으며 이르되 그가 신성모독 하는 말을 하였으니 어찌 더 증인을 요구하리요 보라 너희가 지금 이 신성모독 하는 말을 들었도다 66 너희 생각은 어떠하냐 대답하여 이르되 그는 사형에 해당하니라 하고 67 이에 예수의 얼굴에 침 뱉으며 주먹으로 치고 어떤 사람은 손바닥으로 때리며 68 이르되 그리스도야 우리에게 선지자 노릇을 하라 너를 친 자가 누구냐 하더라	58 우리가 그의 말을 들으니 손으로 지은 이 성전을 내가 헐고 손으로 짓지 아니한 다른 성전을 사흘 동안에 지으리라 하더라 하되 59 그 증언도 서로 일치하지 않더라 60 대제사장이 가운데 일어서서 예수에게 물어 이르되 너는 아무 대답도 없느냐 이 사람들이 너를 치는 증거가 어떠하냐 하되 61 침묵하고 아무 대답도 아니하시거늘 대제사장이 다시 물어 이르되 네가 찬송 받을 이의 아들 그리스도냐 62 예수께서 이르시되 내가 그니라 인자가 권능자의 우편에 앉은 것과 하늘 구름을 타고 오는 것을 너희가 보리라 하시니 63 대제사장이 자기 옷을 찢으며 이르되 우리가 어찌 더 증인을 요구하리요 64 그 신성모독 하는 말을 너희가 들었도다 너희는 어떻게 생각하느냐 하니 그들이 다 예수를 사형에 해당한 자로 정죄하고 65 어떤 사람은 그에게 침을 뱉으며 그의 얼굴을 가리고 주먹으로 치며 이르되 선지자 노릇을 하라 하고 하인들은 손바닥으로 치더라		

사건 명	마태복음	마가복음	누가복음	요한복음
4. 베드로의 3차 부인(가야바)	㉮ 26:69-75 **베드로가 예수를 알지 못한다고 하다(막 14:66-72; 눅 22:56-62; 요 18:15-18, 25-27)** 69 베드로가 바깥 뜰에 앉았더니 한 여종이 나아와 이르되 너도 갈릴리 사람 예수와 함께 있었도다 하거늘 70 베드로가 모든 사람 앞에서 부인하여 이르되 나는 네가 무슨 말을 하는지 알지 못하겠노라 하며 71 앞문까지 나아가니 다른 여종이 그를 보고 거기 있는 사람들에게 말하되 이 사람은 나사렛 예수와 함께 있었도다 하매 72 베드로가 맹세하고 또 부인하여 이르되 나는 그 사람을 알지 못하노라 하더라 73 조금 후에 곁에 섰던 사람들이 나아와 베드로에게 이르되 너도 진실로 그 도당이라 네 말소리가 너를 표명한다 하거늘 74 그가 저주하며 맹세하여 이르되 나는 그 사람을 알지 못하노라 하니 곧 닭이 울더라 75 이에 베드로가 예수의 말씀에 닭 울기 전에 네가 세 번 나를 부인하리라 하심이 생각나서 밖에 나가서 심히 통곡하니라	㉯ 14:66-72 **베드로가 예수를 알지 못한다고 하다(마 26:69-75; 눅 22:56-62; 요 18:15-18, 25-27)** 66 베드로는 아랫뜰에 있더니 대제사장의 여종 하나가 와서 67 베드로가 불 쬐고 있는 것을 보고 주목하여 이르되 너도 나사렛 예수와 함께 있었도다 하거늘 68 베드로가 부인하여 이르되 나는 네가 말하는 것이 무엇인지 알지도 못하고 깨닫지도 못하겠노라 하며 앞뜰로 나갈새 69 여종이 그를 보고 곁에 서 있는 자들에게 다시 이르되 이 사람은 그 도당이라 하되 70 또 부인하더라 조금 후에 곁에 서 있는 사람들이 다시 베드로에게 말하되 너도 갈릴리 사람이니 참으로 그 도당이니라 71 그러나 베드로가 저주하며 맹세하되 나는 너희가 말하는 이 사람을 알지 못하노라 하니 72 닭이 곧 두 번째 울더라 이에 베드로가 예수께서 자기에게 하신 말씀 곧 닭이 두 번 울기 전에 네가 세 번 나를 부인하리라 하심이 기억되어 그 일을 생각하고 울었더라	㉰ 22:54-65 **베드로가 예수를 모른다고 하다(마 26:57-58; 막 14:53-54, 66-72; 요 18:12-18, 25-27)** 54 예수를 잡아 끌고 대제사장의 집으로 들어갈새 베드로가 멀찍이 따라가니라 55 사람들이 뜰 가운데 불을 피우고 함께 앉았는지라 베드로도 그 가운데 앉았더니 56 한 여종이 베드로의 불빛을 향하여 앉은 것을 보고 주목하여 이르되 이 사람도 그와 함께 있었느니라 하니 57 베드로가 부인하여 이르되 이 여자여 내가 그를 알지 못하노라 하더라 58 조금 후에 다른 사람이 보고 이르되 너도 그 도당이라 하거늘 베드로가 이르되 이 사람아 나는 아니로라 하더라 59 한 시간쯤 있다가 또 한 사람이 장담하여 이르되 이는 갈릴리 사람이니 참으로 그와 함께 있었느니라 60 베드로가 이르되 이 사람아 나는 네가 하는 말을 알지 못하노라고 아직 말하고 있을 때에 닭이 곧 울더라	㉱ 18:25-27 **베드로가 다시 제자가 아니라고 하다(마 26:71-75; 막 14:69-72; 눅 22:58-62)** 25 시몬 베드로가 서서 불을 쬐더니 사람들이 묻되 너도 그 제자 중 하나가 아니냐 베드로가 부인하여 이르되 나는 아니라 하니 26 대제사장의 종 하나는 베드로에게 귀를 잘린 사람의 친척이라 이르되 네가 그 사람과 함께 동산에 있는 것을 내가 보지 아니하였느냐 27 이에 베드로가 또 부인하니 곧 닭이 울더라

사건 명	마태복음	마가복음	누가복음	요한복음
			61 주께서 돌이켜 베드로를 보시니 베드로가 주의 말씀 곧 오늘 닭 울기 전에 네가 세 번 나를 부인하리라 하심이 생각나서 62 밖에 나가서 심히 통곡하니라 **예수를 희롱하고 때리다(마 26:67-68; 막 14:65)** 63 지키는 사람들이 예수를 희롱하고 때리며 64 그의 눈을 가리고 물어 이르되 선지자 노릇 하라 너를 친 자가 누구냐 하고 65 이 외에도 많은 말로 욕하더라	
5. 산헤드린 공회 정식 재판과 빌라도 이송	㉠ 27:1-2 **예수를 빌라도에게 넘기다(막 15:1; 눅 23:1-2; 요 18:28-32)** 1 새벽에 모든 대제사장과 백성의 장로들이 예수를 죽이려고 함께 의논하고 2 결박하여 끌고 가서 총독 빌라도에게 넘겨 주니라	㉡ 15:1 **빌라도가 예수께 묻다(마 27:1-2, 11-14; 눅 23:1-5; 요 18:28-38)** 1 새벽에 대제사장들이 즉시 장로들과 서기관들 곧 온 공회와 더불어 의논하고 예수를 결박하여 끌고 가서 빌라도에게 넘겨 주니	㉢ 22:66-71 **공회 앞에 서시다(마 26:59-66; 막 14:55-64; 요 18:19-24)** 66 날이 새매 백성의 장로들 곧 대제사장들과 서기관들이 모여서 예수를 그 공회로 끌어들여 67 이르되 네가 그리스도이거든 우리에게 말하라 대답하시되 내가 말할지라도 너희가 믿지 아니할 것이요 68 내가 물어도 너희가 대답하지 아니할 것이니라 69 그러나 이제부터는 인자가 하나님의 권능의 우편에 앉아 있으리라 하시니	

사건 명	마태복음	마가복음	누가복음	요한복음
			70 다 이르되 그러면 네가 하나님의 아들이냐 대답하시되 너희들이 내가 그라고 말하고 있느니라 **71** 그들이 이르되 어찌 더 증거를 요구하리요 우리가 친히 그 입에서 들었노라 하더라	
6. 가룟 유다 자살	㉮ **27:3–10** **유다가 목매어 죽다(행 1:18–19)** **3** 그 때에 예수를 판 유다가 그의 정죄됨을 보고 스스로 뉘우쳐 그 은 삼십을 대제사장들과 장로들에게 도로 갖다 주며 **4** 이르되 내가 무죄한 피를 팔고 죄를 범하였도다 하니 그들이 이르되 그것이 우리에게 무슨 상관이냐 네가 당하라 하거늘 **5** 유다가 은을 성소에 던져 넣고 물러가서 스스로 목매어 죽은지라 **6** 대제사장들이 그 은을 거두며 이르되 이것은 핏값이라 성전고에 넣어 둠이 옳지 않다 하고 **7** 의논한 후 이것으로 토기장이의 밭을 사서 나그네의 묘지를 삼았으니 **8** 그러므로 오늘날까지 그 밭을 피밭이라 일컫느니라			

사건 명	마태복음	마가복음	누가복음	요한복음
	9 이에 선지자 예레미야를 통하여 하신 말씀이 이루어졌나니 일렀으되 그들이 그 가격 매겨진 자 곧 이스라엘 자손 중에서 가격 매긴 자의 가격 곧 은 삼십을 가지고 10 토기장이의 밭 값으로 주었으니 이는 주께서 내게 명하신 바와 같으니라 하였더라			
7. 빌라도 1차 심문	㊈ 27:11–14 **십자가에 못 박히게 예수를 넘기다 (막 15:2–15; 눅 23:3–5, 13–25; 요 18:33–19:16)** 11 예수께서 총독 앞에 섰으매 총독이 물어 이르되 네가 유대인의 왕이냐 예수께서 대답하시되 네 말이 옳도다 하시고 12 대제사장들과 장로들에게 고발을 당하되 아무 대답도 아니하시는지라 13 이에 빌라도가 이르되 그들이 너를 쳐서 얼마나 많은 것으로 증언하는지 듣지 못하느냐 하되 14 한 마디도 대답하지 아니하시니 총독이 크게 놀라워하더라	㊉ 15:2–5 2 빌라도가 묻되 네가 유대인의 왕이냐 예수께서 대답하여 이르시되 네 말이 옳도다 하시매 3 대제사장들이 여러 가지로 고발하는지라 4 빌라도가 또 물어 이르되 아무 대답도 없느냐 그들이 얼마나 많은 것으로 너를 고발하는가 보라 하되 5 예수께서 다시 아무 말씀으로도 대답하지 아니하시니 빌라도가 놀랍게 여기더라	㊍ 23:1–7 **빌라도가 예수께 묻다(마 27:1–2, 11–14; 막 15:1–5; 요 18:28–38)** 1 무리가 다 일어나 예수를 빌라도에게 끌고 가서 2 고발하여 이르되 우리가 이 사람을 보매 우리 백성을 미혹하고 가이사에게 세금 바치는 것을 금하며 자칭 왕 그리스도라 하더이다 하니 3 빌라도가 예수께 물어 이르되 네가 유대인의 왕이냐 대답하여 이르시되 네 말이 옳도다 4 빌라도가 대제사장들과 무리에게 이르되 내가 보니 이 사람에게 죄가 없도다 하니 5 무리가 더욱 강하게 말하되 그가 온 유대에서 가르치고 갈릴리에서부터 시작하여 여기까지 와서 백성을 소동하게 하나이다 6 빌라도가 듣고 그가 갈릴리 사람이냐 물어	㊏ 18:28–38 **빌라도 앞에 서시다 (마 27:1–2, 11–14; 막 15:1–5; 눅 23:1–5)** 28 그들이 예수를 가야바에게서 관정으로 끌고 가니 새벽이라 그들은 더럽힘을 받지 아니하고 유월절 잔치를 먹고자 하여 관정에 들어가지 아니하더라 29 그러므로 빌라도가 밖으로 나가서 그들에게 말하되 너희가 무슨 일로 이 사람을 고발하느냐 30 대답하여 이르되 이 사람이 행악자가 아니었더라면 우리가 당신에게 넘기지 아니하였겠나이다 31 빌라도가 이르되 너희가 그를 데려다가 너희 법대로 재판하라 유대인들이 이르되 우리에게는 사람을 죽이는 권한이 없나이다 하니 32 이는 예수께서 자기가 어떠한 죽음으로 죽을 것을

사건 명	마태복음	마가복음	누가복음	요한복음
			7 헤롯의 관할에 속한 줄을 알고 헤롯에게 보내니 그 때에 헤롯이 예루살렘에 있더라	가리켜 하신 말씀을 응하게 하려 함이러라 33 이에 빌라도가 다시 관정에 들어가 예수를 불러 이르되 네가 유대인의 왕이냐 34 예수께서 대답하시되 이는 네가 스스로 하는 말이냐 다른 사람들이 나에 대하여 네게 한 말이냐 35 빌라도가 대답하되 내가 유대인이냐 네 나라 사람과 대제사장들이 너를 내게 넘겼으니 네가 무엇을 하였느냐 36 예수께서 대답하시되 내 나라는 이 세상에 속한 것이 아니니라 만일 내 나라가 이 세상에 속한 것이었더라면 내 종들이 싸워 나로 유대인들에게 넘겨지지 않게 하였으리라 이제 내 나라는 여기에 속한 것이 아니니라 37 빌라도가 이르되 그러면 네가 왕이 아니냐 예수께서 대답하시되 네 말과 같이 내가 왕이니라 내가 이를 위하여 태어났으며 이를 위하여 세상에 왔나니 곧 진리에 대하여 증언하려 함이로라 무릇 진리에 속한 자는 내 음성을 듣느니라 하신대 38 빌라도가 이르되 진리가 무엇이냐 하더라

사건 명	마태복음	마가복음	누가복음	요한복음
8. 헤롯 심문			㉯ 23:8–12 **헤롯 앞에 서시다** 8 헤롯이 예수를 보고 매우 기뻐하니 이는 그의 소문을 들었으므로 보고자 한 지 오래였고 또한 무엇이나 이적 행하심을 볼까 바랐던 연고러라 9 여러 말로 물으나 아무 말도 대답하지 아니하시니 10 대제사장들과 서기관들이 서서 힘써 고발하더라 11 헤롯이 그 군인들과 함께 예수를 업신여기며 희롱하고 빛난 옷을 입혀 빌라도에게 도로 보내니 12 헤롯과 빌라도가 전에는 원수였으나 당일에 서로 친구가 되니라	
9. 빌라도 2차 심문과 사형 판결	㉰ 27:15–26 15 명절이 되면 총독이 무리의 청원대로 죄수 한 사람을 놓아 주는 전례가 있더니 16 그 때에 바라바라 하는 유명한 죄수가 있는데 17 그들이 모였을 때에 빌라도가 물어 이르되 너희는 내가 누구를 너희에게 놓아 주기를 원하느냐 바라바냐 그리스도라 하는 예수냐 하니 18 이는 그가 그들의 시기로 예수를 넘겨 준 줄 앎이더라	㉱ 15:6–15 **십자가에 못 박히게 예수를 넘기다 (마 27:15–26; 눅 23:13–25; 요 18:39–19:16)** 6 명절이 되면 백성들이 요구하는 대로 죄수 한 사람을 놓아 주는 전례가 있더니 7 민란을 꾸미고 그 민란중에 살인하고 체포된 자 중에 바라바라 하는 자가 있는지라 8 무리가 나아가서 전례대로 하여 주기를 요구한대 9 빌라도가 대답하여 이르되 너희는 내가 유대인의 왕을 너희에게 놓아 주기를 원하느냐 하니	㉯ 23:13–25 **십자가에 못 박히게 예수를 넘기다 (마 27:15–26; 막 15:6–15; 요 18:39–19:16)** 13 빌라도가 대제사장들과 관리들과 백성을 불러 모으고 14 이르되 너희가 이 사람이 백성을 미혹하는 자라 하여 내게 끌고 왔도다 보라 내가 너희 앞에서 심문하였으되 너희가 고발하는 일에 대하여 이 사람에게서 죄를 찾지 못하였고	㉲ 18:38 하–40 **십자가에 못 박도록 예수를 넘겨 주다(마 27:15–31; 막 15:6–20; 눅 23:13–25)** 이 말을 하고 다시 유대인들에게 나가서 이르되 나는 그에게서 아무 죄도 찾지 못하였노라 39 유월절이면 내가 너희에게 한 사람을 놓아 주는 전례가 있으니 그러면 너희는 내가 유대인의 왕을 너희에게 놓아 주기를 원하느냐 하니 40 그들이 또 소리 질러 이르되 이 사람이 아니라 바라바라 하니 바라바는 강도였더라

사건 명	마태복음	마가복음	누가복음	요한복음
	19 총독이 재판석에 앉았을 때에 그의 아내가 사람을 보내어 이르되 저 옳은 사람에게 아무 상관도 하지 마옵소서 오늘 꿈에 내가 그 사람으로 인하여 애를 많이 태웠나이다 하더라 20 대제사장들과 장로들이 무리를 권하여 바라바를 달라 하게 하고 예수를 죽이자 하게 하였더니 21 총독이 대답하여 이르되 둘 중의 누구를 너희에게 놓아 주기를 원하느냐 이르되 바라바로소이다 22 빌라도가 이르되 그러면 그리스도라 하는 예수를 내가 어떻게 하랴 그들이 다 이르되 십자가에 못 박혀야 하겠나이다 23 빌라도가 이르되 어찜이냐 무슨 악한 일을 하였느냐 그들이 더욱 소리 질러 이르되 십자가에 못 박혀야 하겠나이다 하는지라 24 빌라도가 아무 성과도 없이 도리어 민란이 나려는 것을 보고 물을 가져다가 무리 앞에서 손을 씻으며 이르되 이 사람의 피에 대하여 나는 무죄하니 너희가 당하라 25 백성이 다 대답하여 이르되 그 피를 우리와 우리 자손에게 돌릴지어다 하거늘	10 이는 그가 대제사장들이 시기로 예수를 넘겨 준 줄 앎이러라 11 그러나 대제사장들이 무리를 충동하여 도리어 바라바를 놓아 달라 하게 하니 12 빌라도가 또 대답하여 이르되 그러면 너희가 유대인의 왕이라 하는 이를 내가 어떻게 하랴 13 그들이 다시 소리 지르되 그를 십자가에 못 박게 하소서 14 빌라도가 이르되 어찜이냐 무슨 악한 일을 하였느냐 하니 더욱 소리 지르되 십자가에 못 박게 하소서 하는지라 15 빌라도가 무리에게 만족을 주고자 하여 바라바는 놓아 주고 예수는 채찍질하고 십자가에 못 박히게 넘겨 주니라	15 헤롯이 또한 그렇게 하여 그를 우리에게 도로 보내었도다 보라 그가 행한 일에는 죽일 일이 없느니라 16 그러므로 때려서 놓겠노라 17 (없음) 18 무리가 일제히 소리 질러 이르되 이 사람을 없이하고 바라바를 우리에게 놓아 주소서 하니 19 이 바라바는 성 중에서 일어난 민란과 살인으로 말미암아 옥에 갇힌 자러라 20 빌라도는 예수를 놓고자 하여 다시 그들에게 말하되 21 그들은 소리 질러 이르되 그를 십자가에 못 박게 하소서 십자가에 못 박게 하소서 하는지라 22 빌라도가 세 번째 말하되 이 사람이 무슨 악한 일을 하였느냐 나는 그에게서 죽일 죄를 찾지 못하였나니 때려서 놓으리라 하니 23 그들이 큰 소리로 재촉하여 십자가에 못 박기를 구하니 그들의 소리가 이긴지라 24 이에 빌라도가 그들이 구하는 대로 하기를 언도하고	㉭ 19:1–16 1 이에 빌라도가 예수를 데려다가 채찍질하더라 2 군인들이 가시나무로 관을 엮어 그의 머리에 씌우고 자색 옷을 입히고 3 앞에 가서 이르되 유대인의 왕이여 평안할지어다 하며 손으로 때리더라 4 빌라도가 다시 밖에 나가 말하되 보라 이 사람을 데리고 너희에게 나오나니 이는 내가 그에게서 아무 죄도 찾지 못한 것을 너희로 알게 하려 함이로라 하더라 5 이에 예수께서 가시관을 쓰고 자색 옷을 입고 나오시니 빌라도가 그들에게 말하되 보라 이 사람이로다 하매 6 대제사장들과 아랫사람들이 예수를 보고 소리 질러 이르되 십자가에 못 박으소서 십자가에 못 박으소서 하는지라 빌라도가 이르되 너희가 친히 데려다가 십자가에 못 박으라 나는 그에게서 죄를 찾지 못하였노라 7 유대인들이 대답하되 우리에게 법이 있으니 그 법대로 하면 그가 당연히 죽을 것은 그가 자기를 하나님의 아들이라 함이니이다

사건 명	마태복음	마가복음	누가복음	요한복음
	26 이에 바라바는 그들에게 놓아 주고 예수는 채찍질하고 십자가에 못 박히게 넘겨 주니라		**25** 그들이 요구하는 자 곧 민란과 살인으로 말미암아 옥에 갇힌 자를 놓아 주고 예수는 넘겨 주어 그들의 뜻대로 하게 하니라	**8** 빌라도가 이 말을 듣고 더욱 두려워하여 **9** 다시 관정에 들어가서 예수께 말하되 너는 어디로부터냐 하되 예수께서 대답하여 주지 아니하시는지라 **10** 빌라도가 이르되 내게 말하지 아니하느냐 내가 너를 놓을 권한도 있고 십자가에 못 박을 권한도 있는 줄 알지 못하느냐 **11** 예수께서 대답하시되 위에서 주지 아니하셨더라면 나를 해할 권한이 없었으리니 그러므로 나를 네게 넘겨 준 자의 죄는 더 크다 하시니라 **12** 이러하므로 빌라도가 예수를 놓으려고 힘썼으나 유대인들이 소리 질러 이르되 이 사람을 놓으면 가이사의 충신이 아니니이다 무릇 자기를 왕이라 하는 자는 가이사를 반역하는 것이니이다 **13** 빌라도가 이 말을 듣고 예수를 끌고 나가서 돌을 깐 뜰(히브리 말로 가바다)에 있는 재판석에 앉아 있더라 **14** 이 날은 유월절의 준비일이요 때는 제육시라 빌라도가 유대인들에게 이르되 보라 너희 왕이로다

사건 명	마태복음	마가복음	누가복음	요한복음
				15 그들이 소리 지르되 없이 하소서 없이 하소서 그를 십자가에 못 박게 하소서 빌라도가 이르되 내가 너희 왕을 십자가에 못 박으랴 대제사장들이 대답하되 가이사 외에는 우리에게 왕이 없나이다 하니 **16** 이에 예수를 십자가에 못 박도록 그들에게 넘겨 주니라
10. 로마 군병의 모욕	㉮ 27:27–30 **군병들이 예수를 희롱하다(막 15: 16–20; 요 19:2 –3)** **27** 이에 총독의 군병들이 예수를 데리고 관정 안으로 들어가서 온 군대를 그에게로 모으고 **28** 그의 옷을 벗기고 홍포를 입히며 **29** 가시관을 엮어 그 머리에 씌우고 갈대를 그 오른손에 들리고 그 앞에서 무릎을 꿇고 희롱하여 이르되 유대인의 왕이여 평안할지어다 하며 **30** 그에게 침 뱉고 갈대를 빼앗아 그의 머리를 치더라	㉯ 15:16–19 **군인들이 예수를 희롱하다(마 27:27 –31; 요 19: 2–3)** **16** 군인들이 예수를 끌고 브라이도리온이라는 뜰 안으로 들어가서 온 군대를 모으고 **17** 예수에게 자색 옷을 입히고 가시관을 엮어 씌우고 **18** 경례하여 이르되 유대인의 왕이여 평안할지어다 하고 **19** 갈대로 그의 머리를 치며 침을 뱉으며 꿇어 절하더라		

사건 명	마태복음	마가복음	누가복음	요한복음
11. 골고다로 끌려 가심	(마) 27:31–34 31 희롱을 다 한 후 홍포를 벗기고 도로 그의 옷을 입혀 십자가에 못 박으려고 끌고 나가니라 **십자가에 못 박히시다(막 15:21–32; 눅 23:26–43; 요 19:17–27)** 32 나가다가 시몬이란 구레네 사람을 만나매 그에게 예수의 십자가를 억지로 지워 가게 하였더라 33 골고다 즉 해골의 곳이라는 곳에 이르러 34 쓸개 탄 포도주를 예수께 주어 마시게 하려 하였더니 예수께서 맛보시고 마시고자 하지 아니하시더라	(막) 15:20–23 20 희롱을 다 한 후 자색 옷을 벗기고 도로 그의 옷을 입히고 십자가에 못 박으려고 끌고 나가니라 **십자가에 못 박히시다(마 27:32–44; 눅 23:26–43; 요 19:17–27)** 21 마침 알렉산더와 루포의 아버지인 구레네 사람 시몬이 시골로부터 와서 지나가는데 그들이 그를 억지로 같이 가게 하여 예수의 십자가를 지우고 22 예수를 끌고 골고다라 하는 곳(번역하면 해골의 곳)에 이르러 23 몰약을 탄 포도주를 주었으나 예수께서 받지 아니하시니라	(눅) 23:26–32 **십자가에 못 박히시다(마 27:32–44; 막 15:21–32; 요 19:17–27)** 26 그들이 예수를 끌고 갈 때에 시몬이라는 구레네 사람이 시골에서 오는 것을 붙들어 그에게 십자가를 지워 예수를 따르게 하더라 27 또 백성과 및 그를 위하여 가슴을 치며 슬피 우는 여자의 큰 무리가 따라오는지라 28 예수께서 돌이켜 그들을 향하여 이르시되 예루살렘의 딸들아 나를 위하여 울지 말고 너희와 너희 자녀를 위하여 울라 29 보라 날이 이르면 사람이 말하기를 잉태하지 못하는 이와 해산하지 못한 배와 먹이지 못한 젖이 복이 있다 하리라 30 그 때에 사람이 산들을 대하여 우리 위에 무너지라 하며 작은 산들을 대하여 우리를 덮으라 하리라 31 푸른 나무에도 이같이 하거든 마른 나무에는 어떻게 되리요 하시니라 32 또 다른 두 행악자도 사형을 받게 되어 예수와 함께 끌려 가니라	(요) 19:17 **십자가에 못 박히시다(마 27:32–44; 막 15:21–32; 눅 23:26–43)** 17 그들이 예수를 맡으매 예수께서 자기의 십자가를 지시고 해골(히브리 말로 골고다)이라 하는 곳에 나가시니

사건 명	마태복음	마가복음	누가복음	요한복음
12. 십자가에 달리심 1) 십자가에 달리신 처음 3시간	㉮ 27:35-44 35 그들이 예수를 십자가에 못 박은 후에 그 옷을 제비 뽑아 나누고 36 거기 앉아 지키더라 37 그 머리 위에 이는 유대인의 왕 예수라 쓴 죄패를 붙였더라 38 이 때에 예수와 함께 강도 둘이 십자가에 못 박히니 하나는 우편에, 하나는 좌편에 있더라 39 지나가는 자들은 자기 머리를 흔들며 예수를 모욕하여 40 이르되 성전을 헐고 사흘에 짓는 자여 네가 만일 하나님의 아들이어든 자기를 구원하고 십자가에서 내려오라 하며 41 그와 같이 대제사장들도 서기관들과 장로들과 함께 희롱하여 이르되 42 그가 남은 구원하였으되 자기는 구원할 수 없도다 그가 이스라엘의 왕이로다 지금 십자가에서 내려올지어다 그리하면 우리가 믿겠노라 43 그가 하나님을 신뢰하니 하나님이 원하시면 이제 그를 구원하실지라 그의 말이 나는 하나님의 아들이라 하였도다 하며 44 함께 십자가에 못 박힌 강도들도 이와 같이 욕하더라	㉯ 15:24-32 24 십자가에 못 박고 그 옷을 나눌새 누가 어느 것을 가질까 하여 제비를 뽑더라 25 때가 제삼시가 되어 십자가에 못 박으니라 26 그 위에 있는 죄패에 유대인의 왕이라 썼고 27 강도 둘을 예수와 함께 십자가에 못 박으니 하나는 그의 우편에, 하나는 좌편에 있더라 28 (없음) 29 지나가는 자들은 자기 머리를 흔들며 예수를 모욕하여 이르되 아하 성전을 헐고 사흘에 짓는다는 자여 30 네가 너를 구원하여 십자가에서 내려오라 하고 31 그와 같이 대제사장들도 서기관들과 함께 희롱하며 서로 말하되 그가 남은 구원하였으되 자기는 구원할 수 없도다 32 이스라엘의 왕 그리스도가 지금 십자가에서 내려와 우리가 보고 믿게 할지어다 하며 함께 십자가에 못 박힌 자들도 예수를 욕하더라	㉰ 23:33-43 33 해골이라 하는 곳에 이르러 거기서 예수를 십자가에 못 박고 두 행악자도 그렇게 하니 하나는 우편에, 하나는 좌편에 있더라 34 이에 예수께서 이르시되 아버지 저들을 사하여 주옵소서 자기들이 하는 것을 알지 못함이니이다 하시더라 그들이 그의 옷을 나눠 제비 뽑을새 35 백성은 서서 구경하는데 관리들은 비웃어 이르되 저가 남을 구원하였으니 만일 하나님이 택하신 자 그리스도이면 자신도 구원할지어다 하고 36 군인들도 희롱하면서 나아와 신 포도주를 주며 37 이르되 네가 만일 유대인의 왕이면 네가 너를 구원하라 하더라 38 그의 위에 이는 유대인의 왕이라 쓴 패가 있더라 39 달린 행악자 중 하나는 비방하여 이르되 네가 그리스도가 아니냐 너와 우리를 구원하라 하되 40 하나는 그 사람을 꾸짖어 이르되 네가 동일한 정죄를 받고서도 하나님을 두려워하지 아니하느냐	㉱ 19:18-27 18 그들이 거기서 예수를 십자가에 못 박을새 다른 두 사람도 그와 함께 좌우편에 못 박으니 예수는 가운데 있더라 19 빌라도가 패를 써서 십자가 위에 붙이니 나사렛 예수 유대인의 왕이라 기록되었더라 20 예수께서 못 박히신 곳이 성에서 가까운 고로 많은 유대인이 이 패를 읽는데 히브리와 로마와 헬라 말로 기록되었더라 21 유대인의 대제사장들이 빌라도에게 이르되 유대인의 왕이라 쓰지 말고 자칭 유대인의 왕이라 쓰라 하니 22 빌라도가 대답하되 내가 쓸 것을 썼다 하니라 23 군인들이 예수를 십자가에 못 박고 그의 옷을 취하여 네 깃에 나눠 각각 한 깃씩 얻고 속옷도 취하니 이 속옷은 호지 아니하고 위에서부터 통으로 짠 것이라 24 군인들이 서로 말하되 이것을 찢지 말고 누가 얻나 제비 뽑자 하니 이는 성경에 그들이 내 옷을 나누고 내 옷을 제비 뽑나이다 한 것을 응하게 하려 함이러라 군인들은 이런 일을 하고

사건 명	마태복음	마가복음	누가복음	요한복음
			41 우리는 우리가 행한 일에 상당한 보응을 받는 것이니 이에 당연하거니와 이 사람이 행한 것은 옳지 않은 것이 없느니라 하고 **42** 이르되 예수여 당신의 나라에 임하실 때에 나를 기억하소서 하니 **43** 예수께서 이르시되 내가 진실로 네게 이르노니 오늘 네가 나와 함께 낙원에 있으리라 하시니라	**25** 예수의 십자가 곁에는 그 어머니와 이모와 글로바의 아내 마리아와 막달라 마리아가 섰는지라 **26** 예수께서 자기의 어머니와 사랑하시는 제자가 곁에 서 있는 것을 보시고 자기 어머니께 말씀하시되 여자여 보소서 아들이니이다 하시고 **27** 또 그 제자에게 이르시되 보라 네 어머니라 하신대 그 때부터 그 제자가 자기 집에 모시니라
2) 십자가에 달리신 나중 3시간	㉮ 27:45–50 **영혼이 떠나시다(막 15:33–41; 눅 23:44–49; 요 19:28–30)** **45** 제육시로부터 온 땅에 어둠이 임하여 제구시까지 계속되더니 **46** 제구시쯤에 예수께서 크게 소리 질러 이르시되 엘리 엘리 라마 사박다니 하시니 이는 곧 나의 하나님, 나의 하나님, 어찌하여 나를 버리셨나이까 하는 뜻이라 **47** 거기 섰던 자 중 어떤 이들이 듣고 이르되 이 사람이 엘리야를 부른다 하고 **48** 그 중의 한 사람이 곧 달려가서 해면을 가져다가 신 포도주에 적시어 갈대에 꿰어 마시게 하거늘	㉯ 15:33–37 **숨지시다(마 27:45–61; 눅 23:44–56; 요 19:28–30, 38–42)** **33** 제육시가 되매 온 땅에 어둠이 임하여 제구시까지 계속하더니 **34** 제구시에 예수께서 크게 소리 지르시되 엘리 엘리 라마 사박다니 하시니 이를 번역하면 나의 하나님, 나의 하나님 어찌하여 나를 버리셨나이까 하는 뜻이라 **35** 곁에 섰던 자 중 어떤 이들이 듣고 이르되 보라 엘리야를 부른다 하고 **36** 한 사람이 달려가서 해면에 신 포도주를 적시어 갈대에 꿰어 마시게 하고 이르되 가만두라 엘리야가 와서 그를 내려 주나 보자 하더라	㉰ 23:44–46 **숨지시다(마 27:45–56; 막 15:33–41; 요 19:28–30)** **44** 때가 제육시쯤 되어 해가 빛을 잃고 온 땅에 어둠이 임하여 제구시까지 계속하며 **45** 성소의 휘장이 한가운데가 찢어지더라 **46** 예수께서 큰 소리로 불러 이르시되 아버지 내 영혼을 아버지 손에 부탁하나이다 하고 이 말씀을 하신 후 숨지시니라	㉱ 19:28–30 **영혼이 떠나가시다(마 27:45–56; 막 15:33–41; 눅 23:44–49)** **28** 그 후에 예수께서 모든 일이 이미 이루어진 줄 아시고 성경을 응하게 하려 하사 이르시되 내가 목마르다 하시니 **29** 거기 신 포도주가 가득히 담긴 그릇이 있는지라 사람들이 신 포도주를 적신 해면을 우슬초에 매어 예수의 입에 대니 **30** 예수께서 신 포도주를 받으신 후에 이르시되 다 이루었다 하시고 머리를 숙이니 영혼이 떠나가시니라

사건 명	마태복음	마가복음	누가복음	요한복음
	49 그 남은 사람들이 이르되 가만 두라 엘리야가 와서 그를 구원하나 보자 하더라 50 예수께서 다시 크게 소리 지르시고 영혼이 떠나시니라	37 예수께서 큰 소리를 지르시고 숨지시니라		
13. 백부장의 고백	㉮ 27:51-56 51 이에 성소 휘장이 위로부터 아래까지 찢어져 둘이 되고 땅이 진동하며 바위가 터지고 52 무덤들이 열리며 자던 성도의 몸이 많이 일어나되 53 예수의 부활 후에 그들이 무덤에서 나와서 거룩한 성에 들어가 많은 사람에게 보이니라 54 백부장과 및 함께 예수를 지키던 자들이 지진과 그 일어난 일들을 보고 심히 두려워하여 이르되 이는 진실로 하나님의 아들이었도다 하더라 55 예수를 섬기며 갈릴리에서부터 따라온 많은 여자가 거기 있어 멀리서 바라보고 있으니 56 그 중에는 막달라 마리아와 또 야고보와 요셉의 어머니 마리아와 또 세베대의 아들들의 어머니도 있더라	㉯ 15:38-41 38 이에 성소 휘장이 위로부터 아래까지 찢어져 둘이 되니라 39 예수를 향하여 섰던 백부장이 그렇게 숨지심을 보고 이르되 이 사람은 진실로 하나님의 아들이었도다 하더라 40 멀리서 바라보는 여자들도 있었는데 그 중에 막달라 마리아와 또 작은 야고보와 요세의 어머니 마리아와 또 살로메가 있었으니 41 이들은 예수께서 갈릴리에 계실 때에 따르며 섬기던 자들이요 또 이 외에 예수와 함께 예루살렘에 올라온 여자들도 많이 있었더라	㉰ 23:47-49 47 백부장이 그 된 일을 보고 하나님께 영광을 돌려 이르되 이 사람은 정녕 의인이었도다 하고 48 이를 구경하러 모인 무리도 그 된 일을 보고 다 가슴을 치며 돌아가고 49 예수를 아는 자들과 갈릴리로부터 따라온 여자들도 다 멀리 서서 이 일을 보니라	

사건 명	마태복음	마가복음	누가복음	요한복음
14. 아리마대 요셉 무덤 안장	㉩ 27:57–61 **요셉이 예수의 시체를 무덤에 넣어두다(막 15:42–47; 눅 23:50–56; 요 19:38–42)** 57 저물었을 때에 아리마대의 부자 요셉이라 하는 사람이 왔으니 그도 예수의 제자라 58 빌라도에게 가서 예수의 시체를 달라 하니 이에 빌라도가 내주라 명령하거늘 59 요셉이 시체를 가져다가 깨끗한 세마포로 싸서 60 바위 속에 판 자기 새 무덤에 넣어 두고 큰 돌을 굴려 무덤 문에 놓고 가니 61 거기 막달라 마리아와 다른 마리아가 무덤을 향하여 앉았더라	㉯ 15:42–47 **요셉이 예수의 시체를 무덤에 넣어두다(마 27:57–61; 눅 23:50–56; 요 19:38–42)** 42 이 날은 준비일 곧 안식일 전날이므로 저물었을 때에 43 아리마대 사람 요셉이 와서 당돌히 빌라도에게 들어가 예수의 시체를 달라 하니 이 사람은 존경 받는 공회원이요 하나님의 나라를 기다리는 자라 44 빌라도는 예수께서 벌써 죽었을까 하고 이상히 여겨 백부장을 불러 죽은 지가 오래냐 묻고 45 백부장에게 알아 본 후에 요셉에게 시체를 내주는지라 46 요셉이 세마포를 사서 예수를 내려다가 그것으로 싸서 바위 속에 판 무덤에 넣어 두고 돌을 굴려 무덤 문에 놓으매 47 막달라 마리아와 요세의 어머니 마리아가 예수 둔 곳을 보더라	㉰ 23:50–56 **요셉이 예수의 시체를 무덤에 넣어두다(마 27:57–61; 막 15:42–47; 요 19:38–42)** 50 공회 의원으로 선하고 의로운 요셉이라 하는 사람이 있으니 51 (그들의 결의와 행사에 찬성하지 아니한 자라) 그는 유대인의 동네 아리마대 사람이요 하나님의 나라를 기다리는 자라 52 그가 빌라도에게 가서 예수의 시체를 달라 하여 53 이를 내려 세마포로 싸고 아직 사람을 장사한 일이 없는 바위에 판 무덤에 넣어 두니 54 이 날은 준비일이요 안식일이 거의 되었더라 55 갈릴리에서 예수와 함께 온 여자들이 뒤를 따라 그 무덤과 그의 시체를 어떻게 두었는지를 보고 56 돌아가 향품과 향유를 준비하더라	㉲ 19:31–42 **창으로 옆구리를 찌르다** 31 이 날은 준비일이라 유대인들은 그 안식일이 큰 날이므로 그 안식일에 시체들을 십자가에 두지 아니하려 하여 빌라도에게 그들의 다리를 꺾어 시체를 치워 달라 하니 32 군인들이 가서 예수와 함께 못 박힌 첫째 사람과 또 그 다른 사람의 다리를 꺾고 33 예수께 이르러서는 이미 죽으신 것을 보고 다리를 꺾지 아니하고 34 그 중 한 군인이 창으로 옆구리를 찌르니 곧 피와 물이 나오더라 35 이를 본 자가 증언하였으니 그 증언이 참이라 그가 자기의 말하는 것이 참인 줄 알고 너희로 믿게 하려 함이니라 36 이 일이 일어난 것은 그 뼈가 하나도 꺾이지 아니하리라 한 성경을 응하게 하려 함이라 37 또 다른 성경에 그들이 그 찌른 자를 보리라 하였느니라

사건 명	마태복음	마가복음	누가복음	요한복음
				새 무덤에 예수를 두다(마 27:57-61; 막 15:42-47; 눅 23:50-56) **38** 아리마대 사람 요셉은 예수의 제자이나 유대인이 두려워 그것을 숨기더니 이 일 후에 빌라도에게 예수의 시체를 가져가기를 구하매 빌라도가 허락하는지라 이에 가서 예수의 시체를 가져가니라 **39** 일찍이 예수께 밤에 찾아왔던 니고데모도 몰약과 침향 섞은 것을 백 리트라쯤 가지고 온지라 **40** 이에 예수의 시체를 가져다가 유대인의 장례 법대로 그 향품과 함께 세마포로 쌌더라 **41** 예수께서 십자가에 못 박히신 곳에 동산이 있고 동산 안에 아직 사람을 장사한 일이 없는 새 무덤이 있는지라 **42** 이 날은 유대인의 준비일이요 또 무덤이 가까운 고로 예수를 거기 두니라
15. 경비병 경계	㊈ 27:62-66 **경비병이 무덤을 지키다** **62** 그 이튿날은 준비일 다음 날이라 대제사장들과 바리새인들이 함께 빌라도에게 모여 이르되			

사건 명	마태복음	마가복음	누가복음	요한복음
	63 주여 저 속이던 자가 살아 있을 때에 말하되 내가 사흘 후에 다시 살아나리라 한 것을 우리가 기억하노니 64 그러므로 명령하여 그 무덤을 사흘까지 굳게 지키게 하소서 그의 제자들이 와서 시체를 도둑질하여 가고 백성에게 말하되 그가 죽은 자 가운데서 살아났다 하면 후의 속임이 전보다 더 클까 하나이다 하니 65 빌라도가 이르되 너희에게 경비병이 있으니 가서 힘대로 굳게 지키라 하거늘 66 그들이 경비병과 함께 가서 돌을 인봉하고 무덤을 굳게 지키니라			
<주일> **1. 여인들의 무덤 방문(부활 주일 이른 아침)**	㉤ 28:1 **살아나시다(막 16:1–8; 눅 24:1–12; 요 20:1–10)** 1 안식일이 다 지나고 안식 후 첫날이 되려는 새벽에 막달라 마리아와 다른 마리아가 무덤을 보려고 갔더니	㉯ 16:1–3 **살아나시다(마 28:1–10; 눅 24:1–12; 요 20:1–18)** 1 안식일이 지나매 막달라 마리아와 야고보의 어머니 마리아와 또 살로메가 가서 예수께 바르기 위하여 향품을 사다 두었다가 2 안식 후 첫날 매우 일찍이 해 돋을 때에 그 무덤으로 가며 3 서로 말하되 누가 우리를 위하여 무덤 문에서 돌을 굴려 주리요 하더니	㊋ 23:56 하–24:1 **살아나시다(마 28:1–10; 막 16:1–8; 요 20:1–10)** 계명을 따라 안식일에 쉬더라 1 안식 후 첫날 새벽에 이 여자들이 그 준비한 향품을 가지고 무덤에 가서	㉲ 20:1 **살아나시다(마 28:1–10; 막 16:1–8; 눅 24:1–12)** 1 안식 후 첫날 일찍이 아직 어두울 때에 막달라 마리아가 무덤에 와서 돌이 무덤에서 옮겨진 것을 보고

사건 명	마태복음	마가복음	누가복음	요한복음
2. 천사들의 예수 부활 고지(告知)	㉮ 28:2–8 2 큰 지진이 나며 주의 천사가 하늘로부터 내려와 돌을 굴려 내고 그 위에 앉았는데 3 그 형상이 번개 같고 그 옷은 눈 같이 희거늘 4 지키던 자들이 그를 무서워하여 떨며 죽은 사람과 같이 되었더라 5 천사가 여자들에게 말하여 이르되 너희는 무서워하지 말라 십자가에 못 박히신 예수를 너희가 찾는 줄을 내가 아노라 6 그가 여기 계시지 않고 그가 말씀하시던 대로 살아나셨느니라 와서 그가 누우셨던 곳을 보라 7 또 빨리 가서 그의 제자들에게 이르되 그가 죽은 자 가운데서 살아나셨고 너희보다 먼저 갈릴리로 가시나니 거기서 너희가 뵈오리라 하라 보라 내가 너희에게 일렀느니라 하거늘 8 그 여자들이 무서움과 큰 기쁨으로 빨리 무덤을 떠나 제자들에게 알리려고 달음질할새	㉯ 16:4–8 4 눈을 들어본즉 벌써 돌이 굴려져 있는데 그 돌이 심히 크더라 5 무덤에 들어가서 흰 옷을 입은 한 청년이 우편에 앉은 것을 보고 놀라매 6 청년이 이르되 놀라지 말라 너희가 십자가에 못 박히신 나사렛 예수를 찾는구나 그가 살아나셨고 여기 계시지 아니하니라 보라 그를 두었던 곳이니라 7 가서 그의 제자들과 베드로에게 이르기를 예수께서 너희보다 먼저 갈릴리로 가시나니 전에 너희에게 말씀하신 대로 너희가 거기서 뵈오리라 하라 하는지라 8 여자들이 몹시 놀라 떨며 나와 무덤에서 도망하고 무서워하여 아무에게 아무 말도 하지 못하더라	㉰ 24:2–8 2 돌이 무덤에서 굴려 옮겨진 것을 보고 3 들어가니 주 예수의 시체가 보이지 아니하더라 4 이로 인하여 근심할 때에 문득 찬란한 옷을 입은 두 사람이 곁에 섰는지라 5 여자들이 두려워 얼굴을 땅에 대니 두 사람이 이르되 어찌하여 살아 있는 자를 죽은 자 가운데서 찾느냐 6 여기 계시지 않고 살아나셨느니라 갈릴리에 계실 때에 너희에게 어떻게 말씀하셨는지를 기억하라 7 이르시기를 인자가 죄인의 손에 넘겨져 십자가에 못 박히고 제삼일에 다시 살아나야 하리라 하셨느니라 한대 8 그들이 예수의 말씀을 기억하고	
3. 여인들의 사도 고지(告知) 및 베드로와 요한의 무덤 방문(부활 주일 아침)			㉰ 24:9–12 9 무덤에서 돌아가 이 모든 것을 열한 사도와 다른 모든 이에게 알리니	㉱ 20:2–10 2 시몬 베드로와 예수께서 사랑하시던 그 다른 제자에게 달려가서 말하되 사람들이 주님을 무덤에서 가져다가 어디 두었는지 우리가 알지 못하겠다 하니

사건 명	마태복음	마가복음	누가복음	요한복음
			10 (이 여자들은 막달라 마리아와 요안나와 야고보의 모친 마리아라 또 그들과 함께 한 다른 여자들도 이것을 사도들에게 알리니라) 11 사도들은 그들의 말이 허탄한 듯이 들려 믿지 아니하나 12 베드로는 일어나 무덤에 달려가서 구부려 들여다보니 세마포만 보이는지라 그 된 일을 놀랍게 여기며 집으로 돌아가니라	3 베드로와 그 다른 제자가 나가서 무덤으로 갈새 4 둘이 같이 달음질하더니 그 다른 제자가 베드로보다 더 빨리 달려가서 먼저 무덤에 이르러 5 구부려 세마포 놓인 것을 보았으나 들어가지는 아니하였더니 6 시몬 베드로는 따라와서 무덤에 들어가 보니 세마포가 놓였고 7 또 머리를 쌌던 수건은 세마포와 함께 놓이지 않고 딴 곳에 쌌던 대로 놓여 있더라 8 그 때에야 무덤에 먼저 갔던 그 다른 제자도 들어가 보고 믿더라 9 (그들은 성경에 그가 죽은 자 가운데서 다시 살아나야 하리라 하신 말씀을 아직 알지 못하더라) 10 이에 두 제자가 자기들의 집으로 돌아가니라
4. 예수와 처음 만난 막달라 마리아 **(부활주일 아침)**		**㉮ 16:9-11** **막달라 마리아에게 보이시다(마 28:9-10; 요 20:11-18)** 9 [예수께서 안식 후 첫날 이른 아침에 살아나신 후 전에 일곱 귀신을 쫓아내어 주신 막달라 마리아에게 먼저 보이시니 10 마리아가 가서 예수와 함께 하던 사람들이 슬퍼하며 울고 있는 중에 이 일을 알리매		**㉯ 20:11-18** **막달라 마리아에게 나타나시다(막 16:9-11)** 11 마리아는 무덤 밖에 서서 울고 있더니 울면서 구부려 무덤 안을 들여다보니 12 흰 옷 입은 두 천사가 예수의 시체 뉘었던 곳에 하나는 머리 편에, 하나는 발 편에 앉았더라

사건 명	마태복음	마가복음	누가복음	요한복음
		11 그들은 예수께서 살아나셨다는 것과 마리아에게 보이셨다는 것을 듣고도 믿지 아니하니라		13 천사들이 이르되 여자여 어찌하여 우느냐 이르되 사람들이 내 주님을 옮겨다가 어디 두었는지 내가 알지 못함이니이다 14 이 말을 하고 뒤로 돌이켜 예수께서 서 계신 것을 보았으나 예수이신 줄은 알지 못하더라 15 예수께서 이르시되 여자여 어찌하여 울며 누구를 찾느냐 하시니 마리아는 그가 동산지기인 줄 알고 이르되 주여 당신이 옮겼거든 어디 두었는지 내게 이르소서 그리하면 내가 가져가리이다 16 예수께서 마리아야 하시거늘 마리아가 돌이켜 히브리 말로 랍오니 하니 (이는 선생님이라는 말이라) 17 예수께서 이르시되 나를 붙들지 말라 내가 아직 아버지께로 올라가지 아니하였노라 너는 내 형제들에게 가서 이르되 내가 내 아버지 곧 너희 아버지, 내 하나님 곧 너희 하나님께로 올라간다 하라 하시니 18 막달라 마리아가 가서 제자들에게 내가 주를 보았다 하고 또 주께서 자기에게 이렇게 말씀하셨다 이르니라

사건 명	마태복음	마가복음	누가복음	요한복음
5. 예수께서 다른 여인에게도 나타나심	ⓜ 28:9-10 9 예수께서 그들을 만나 이르시되 평안하냐 하시거늘 여자들이 나아가 그 발을 붙잡고 경배하니 10 이에 예수께서 이르시되 무서워하지 말라 가서 내 형제들에게 갈릴리로 가라 하라 거기서 나를 보리라 하시니라			
6. 파수병들의 보고	ⓜ 28:11-15 **경비병의 보고** 11 여자들이 갈 때 경비병 중 몇이 성에 들어가 모든 된 일을 대제사장들에게 알리니 12 그들이 장로들과 함께 모여 의논하고 군인들에게 돈을 많이 주며 13 이르되 너희는 말하기를 그의 제자들이 밤에 와서 우리가 잘 때에 그를 도둑질하여 갔다 하라 14 만일 이 말이 총독에게 들리면 우리가 권하여 너희로 근심하지 않게 하리라 하니 15 군인들이 돈을 받고 가르친 대로 하였으니 이 말이 오늘날까지 유대인 가운데 두루 퍼지니라			

사건 명	마태복음	마가복음	누가복음	요한복음
7. 엠마오로 가던 두 제자에게 나타나심(주일 오후)		㉠ 16:12-13 **두 제자에게 나타나시다(눅 24:13-35)** **12** 그 후에 그들 중 두 사람이 걸어서 시골로 갈 때에 예수께서 다른 모양으로 그들에게 나타나시니 **13** 두 사람이 가서 남은 제자들에게 알리었으되 역시 믿지 아니하니라	㉡ 24:13-35 **엠마오 길에서 제자들에게 나타나시다(막 16:12-13)** **13** 그 날에 그들 중 둘이 예루살렘에서 이십오 리 되는 엠마오라 하는 마을로 가면서 **14** 이 모든 된 일을 서로 이야기하더라 **15** 그들이 서로 이야기하며 문의할 때에 예수께서 가까이 이르러 그들과 동행하시나 **16** 그들의 눈이 가리어져서 그인 줄 알아보지 못하거늘 **17** 예수께서 이르시되 너희가 길 가면서 서로 주고받고 하는 이야기가 무엇이냐 하시니 두 사람이 슬픈 빛을 띠고 머물러 서더라 **18** 그 한 사람인 글로바라 하는 자가 대답하여 이르되 당신이 예루살렘에 체류하면서도 요즘 거기서 된 일을 혼자만 알지 못하느냐 **19** 이르시되 무슨 일이냐 이르되 나사렛 예수의 일이니 그는 하나님과 모든 백성 앞에서 말과 일에 능하신 선지자이거늘 **20** 우리 대제사장들과 관리들이 사형 판결에 넘겨 주어 십자가에 못 박았느니라	

사건 명	마태복음	마가복음	누가복음	요한복음
			21 우리는 이 사람이 이스라엘을 속량할 자라고 바랐노라 이뿐 아니라 이 일이 일어난 지가 사흘째요 22 또한 우리 중에 어떤 여자들이 우리로 놀라게 하였으니 이는 그들이 새벽에 무덤에 갔다가 23 그의 시체는 보지 못하고 와서 그가 살아나셨다 하는 천사들의 나타남을 보았다 함이라 24 또 우리와 함께 한 자 중에 두어 사람이 무덤에 가 과연 여자들이 말한 바와 같음을 보았으나 예수는 보지 못하였느니라 하거늘 25 이르시되 미련하고 선지자들이 말한 모든 것을 마음에 더디 믿는 자들이여 26 그리스도가 이런 고난을 받고 자기의 영광에 들어가야 할 것이 아니냐 하시고 27 이에 모세와 모든 선지자의 글로 시작하여 모든 성경에 쓴 바 자기에 관한 것을 자세히 설명하시니라 28 그들이 가는 마을에 가까이 가매 예수는 더 가려 하는 것 같이 하시니	

사건 명	마태복음	마가복음	누가복음	요한복음
			29 그들이 강권하여 이르되 우리와 함께 유하사이다 때가 저물어가고 날이 이미 기울었나이다 하니 이에 그들과 함께 유하러 들어가시니라 30 그들과 함께 음식 잡수실 때에 떡을 가지사 축사하시고 떼어 그들에게 주시니 31 그들의 눈이 밝아져 그인 줄 알아보더니 예수는 그들에게 보이지 아니하시는지라 32 그들이 서로 말하되 길에서 우리에게 말씀하시고 우리에게 성경을 풀어 주실 때에 우리 속에서 마음이 뜨겁지 아니하더냐 하고 33 곧 그 때로 일어나 예루살렘에 돌아가 보니 열한 제자 및 그들과 함께 한 자들이 모여 있어 34 말하기를 주께서 과연 살아나시고 시몬에게 보이셨다 하는지라 35 두 사람도 길에서 된 일과 예수께서 떡을 떼심으로 자기들에게 알려지신 것을 말하더라	

사건 명	마태복음	마가복음	누가복음	요한복음
8. 도마를 제외한 열 제자에게 나타나심(주일 저녁)			(눅) 24:36-43 **열한 제자에게 나타나시다(마 28:16-20; 막 16:14-18; 요 20:19-23; 행 1:6-8)** **36** 이 말을 할 때에 예수께서 친히 그들 가운데 서서 이르시되 너희에게 평강이 있을지어다 하시니 **37** 그들이 놀라고 무서워하여 그 보는 것을 영으로 생각하는지라 **38** 예수께서 이르시되 어찌하여 두려워하며 어찌하여 마음에 의심이 일어나느냐 **39** 내 손과 발을 보고 나인 줄 알라 또 나를 만져 보라 영은 살과 뼈가 없으되 너희 보는 바와 같이 나는 있느니라 **40** 이 말씀을 하시고 손과 발을 보이시나 **41** 그들이 너무 기쁘므로 아직도 믿지 못하고 놀랍게 여길 때에 이르시되 여기 무슨 먹을 것이 있느냐 하시니 **42** 이에 구운 생선 한 토막을 드리니 **43** 받으사 그 앞에서 잡수시더라	(요) 20:19-25 **제자들에게 나타나시다(마 28:16-20; 막 16:14-18; 눅 24:36-49)** **19** 이 날 곧 안식 후 첫날 저녁 때에 제자들이 유대인들을 두려워하여 모인 곳의 문들을 닫았더니 예수께서 오사 가운데 서서 이르시되 너희에게 평강이 있을지어다 **20** 이 말씀을 하시고 손과 옆구리를 보이시니 제자들이 주를 보고 기뻐하더라 **21** 예수께서 또 이르시되 너희에게 평강이 있을지어다 아버지께서 나를 보내신 것 같이 나도 너희를 보내노라 **22** 이 말씀을 하시고 그들을 향하사 숨을 내쉬며 이르시되 성령을 받으라 **23** 너희가 누구의 죄든지 사하면 사하여질 것이요 누구의 죄든지 그대로 두면 그대로 있으리라 하시니라 **도마가 의심하다** **24** 열두 제자 중의 하나로서 디두모라 불리는 도마는 예수께서 오셨을 때에 함께 있지 아니한지라

사건 명	마태복음	마가복음	누가복음	요한복음
				25 다른 제자들이 그에게 이르되 우리가 주를 보았노라 하니 도마가 이르되 내가 그의 손의 못 자국을 보며 내 손가락을 그 못 자국에 넣으며 내 손을 그 옆구리에 넣어 보지 않고는 믿지 아니하겠노라 하니라
9. 도마 포함한 열한 제자에게 나타나심 (그 다음 주 주일 밤) 1) 도마 포함한 열한 제자에게 나타나심		㉮ 16:14 **만민에게 복음을 전파하라(마 28:16-20; 눅 24:36-49; 요 20:19-23; 행 1:6-8)** 14 그 후에 열한 제자가 음식 먹을 때에 예수께서 그들에게 나타나사 그들의 믿음 없는 것과 마음이 완악한 것을 꾸짖으시니 이는 자기가 살아난 것을 본 자들의 말을 믿지 아니함일러라		㉺ 20:26-29 26 여드레를 지나서 제자들이 다시 집 안에 있을 때에 도마도 함께 있고 문들이 닫혔는데 예수께서 오사 가운데 서서 이르시되 너희에게 평강이 있을지어다 하시고 27 도마에게 이르시되 네 손가락을 이리 내밀어 내 손을 보고 네 손을 내밀어 내 옆구리에 넣어 보라 그리하여 믿음 없는 자가 되지 말고 믿는 자가 되라 28 도마가 대답하여 이르되 나의 주님이시요 나의 하나님이시니이다 29 예수께서 이르시되 너는 나를 본 고로 믿느냐 보지 못하고 믿는 자들은 복되도다 하시니라

사건 명	마태복음	마가복음	누가복음	요한복음
2) 성경을 기록한 목적				ⓨ 20:30-31 **이 책을 기록한 목적** **30** 예수께서 제자들 앞에서 이 책에 기록되지 아니한 다른 표적도 많이 행하셨으나 **31** 오직 이것을 기록함은 너희로 예수께서 하나님의 아들 그리스도이심을 믿게 하려 함이요 또 너희로 믿고 그 이름을 힘입어 생명을 얻게 하려 함이니라
10. 갈릴리 바닷가에서 일곱 제자 만나심(부활절 이후 승천 이전: 시기는 불명확) 1) 일곱 제자 만나심				ⓨ 21:1-14 **일곱 제자에게 나타나시다** **1** 그 후에 예수께서 디베랴 호수에서 또 제자들에게 자기를 나타내셨으니 나타내신 일은 이러하니라 **2** 시몬 베드로와 디두모라 하는 도마와 갈릴리 가나 사람 나다나엘과 세베대의 아들들과 또 다른 제자 둘이 함께 있더니 **3** 시몬 베드로가 나는 물고기 잡으러 가노라 하니 그들이 우리도 함께 가겠다 하고 나가서 배에 올랐으나 그 날 밤에 아무 것도 잡지 못하였더니 **4** 날이 새어갈 때에 예수께서 바닷가에 서셨으나 제자들이 예수이신 줄 알지 못하는지라 **5** 예수께서 이르시되 얘들아 너희에게 고기가 있느냐 대답하되 없나이다

사건 명	마태복음	마가복음	누가복음	요한복음
				6 이르시되 그물을 배 오른편에 던지라 그리하면 잡으리라 하시니 이에 던졌더니 물고기가 많아 그물을 들 수 없더라 7 예수께서 사랑하시는 그 제자가 베드로에게 이르되 주님이시라 하니 시몬 베드로가 벗고 있다가 주님이라 하는 말을 듣고 겉옷을 두른 후에 바다로 뛰어 내리더라 8 다른 제자들은 육지에서 거리가 불과 한 오십 칸쯤 되므로 작은 배를 타고 물고기 든 그물을 끌고 와서 9 육지에 올라보니 숯불이 있는데 그 위에 생선이 놓였고 떡도 있더라 10 예수께서 이르시되 지금 잡은 생선을 좀 가져오라 하시니 11 시몬 베드로가 올라가서 그물을 육지에 끌어 올리니 가득히 찬 큰 물고기가 백쉰세 마리라 이같이 많으나 그물이 찢어지지 아니하였더라 12 예수께서 이르시되 와서 조반을 먹으라 하시니 제자들이 주님이신 줄 아는 고로 당신이 누구냐 감히 묻는 자가 없더라 13 예수께서 가셔서 떡을 가져다가 그들에게 주시고 생선도 그와 같이 하시니라

사건 명	마태복음	마가복음	누가복음	요한복음
				14 이것은 예수께서 죽은 자 가운데서 살아나신 후에 세 번째로 제자들에게 나타나신 것이라
2) 베드로 사명 수여				ⓨ **21:15-25** **내 양을 먹이라** **15** 그들이 조반 먹은 후에 예수께서 시몬 베드로에게 이르시되 요한의 아들 시몬아 네가 이 사람들보다 나를 더 사랑하느냐 하시니 이르되 주님 그러하나이다 내가 주님을 사랑하는 줄 주님께서 아시나이다 이르시되 내 어린 양을 먹이라 하시고 **16** 또 두 번째 이르시되 요한의 아들 시몬아 네가 나를 사랑하느냐 하시니 이르되 주님 그러하나이다 내가 주님을 사랑하는 줄 주님께서 아시나이다 이르시되 내 양을 치라 하시고 **17** 세 번째 이르시되 요한의 아들 시몬아 네가 나를 사랑하느냐 하시니 주께서 세 번째 네가 나를 사랑하느냐 하시므로 베드로가 근심하여 이르되 주님 모든 것을 아시오매 내가 주님을 사랑하는 줄을 주님께서 아시나이다 예수께서 이르시되 내 양을 먹이라

사건 명	마태복음	마가복음	누가복음	요한복음
				18 내가 진실로 진실로 네게 이르노니 네가 젊어서는 스스로 띠 띠고 원하는 곳으로 다녔거니와 늙어서는 네 팔을 벌리리니 남이 네게 띠 띠우고 원하지 아니하는 곳으로 데려가리라 19 이 말씀을 하심은 베드로가 어떠한 죽음으로 하나님께 영광을 돌릴 것을 가리키심이러라 이 말씀을 하시고 베드로에게 이르시되 나를 따르라 하시니 20 베드로가 돌이켜 예수께서 사랑하시는 그 제자가 따르는 것을 보니 그는 만찬석에서 예수의 품에 의지하여 주님 주님을 파는 자가 누구오니이까 묻던 자더라 21 이에 베드로가 그를 보고 예수께 여짜오되 주님 이 사람은 어떻게 되겠사옵나이까 22 예수께서 이르시되 내가 올 때까지 그를 머물게 하고자 할지라도 네게 무슨 상관이냐 너는 나를 따르라 하시더라

사건 명	마태복음	마가복음	누가복음	요한복음
				23 이 말씀이 형제들에게 나가서 그 제자는 죽지 아니하겠다 하였으나 예수의 말씀은 그가 죽지 않겠다 하신 것이 아니라 내가 올 때까지 그를 머물게 하고자 할지라도 네게 무슨 상관이냐 하신 것이러라 24 이 일들을 증언하고 이 일들을 기록한 제자가 이 사람이라 우리는 그의 증언이 참된 줄 아노라 25 예수께서 행하신 일이 이 외에도 많으니 만일 낱낱이 기록된다면 이 세상이라도 이 기록된 책을 두기에 부족할 줄 아노라
11. 갈릴리 지상 대명(갈릴리)	㉮ 28:16-20 **제자들에게 할 일을 분부하시다(막 16:14-18; 눅 24:36-49; 요 20:19-23; 행 1:6-8)** 16 열한 제자가 갈릴리에 가서 예수께서 지시하신 산에 이르러 17 예수를 뵈옵고 경배하나 아직도 의심하는 사람들이 있더라 18 예수께서 나아와 말씀하여 이르시되 하늘과 땅의 모든 권세를 내게 주셨으니 19 그러므로 너희는 가서 모든 민족을 제자로 삼아 아버지와 아들과 성령의 이름으로 세례를 베풀고	㉯ 16:15-18 15 또 이르시되 너희는 온 천하에 다니며 만민에게 복음을 전파하라 16 믿고 세례를 받는 사람은 구원을 얻을 것이요 믿지 않는 사람은 정죄를 받으리라 17 믿는 자들에게는 이런 표적이 따르리니 곧 그들이 내 이름으로 귀신을 쫓아내며 새 방언을 말하며 18 뱀을 집어올리며 무슨 독을 마실지라도 해를 받지 아니하며 병든 사람에게 손을 얹은즉 나으리라 하시더라	㉰ 24:44-49 44 또 이르시되 내가 너희와 함께 있을 때에 너희에게 말한 바 곧 모세의 율법과 선지자의 글과 시편에 나를 가리켜 기록된 모든 것이 이루어져야 하리라 한 말이 이것이라 하시고 45 이에 그들의 마음을 열어 성경을 깨닫게 하시고 46 또 이르시되 이같이 그리스도가 고난을 받고 제삼일에 죽은 자 가운데서 살아날 것과 47 또 그의 이름으로 죄 사함을 받게 하는 회개가 예루살렘에서 시작하여 모든 족속에게 전파될 것이 기록되었으니	

사건 명	마태복음	마가복음	누가복음	요한복음
	20 내가 너희에게 분부한 모든 것을 가르쳐 지키게 하라 볼지어다 내가 세상 끝날까지 너희와 항상 함께 있으리라 하시니라		48 너희는 이 모든 일의 증인이라 49 볼지어다 내가 내 아버지께서 약속하신 것을 너희에게 보내리니 너희는 위로부터 능력으로 입혀질 때까지 이 성에 머물라 하시니라	
12. 베다니 승천 **(부활 후 40일/베다니 부근 감람원)**		**㉯ 16:19-20** **하늘로 올려지시다** **(눅 24:50-53; 행 1:9-11)** 19 주 예수께서 말씀을 마치신 후에 하늘로 올려지사 하나님 우편에 앉으시니라 20 제자들이 나가 두루 전파할새 주께서 함께 역사하사 그 따르는 표적으로 말씀을 확실히 증언하시니라]	**㉯ 24:50-53** **하늘로 올려지시다** **(막 16:19-20; 행 1:9-11)** 50 예수께서 그들을 데리고 베다니 앞까지 나가사 손을 들어 그들에게 축복하시더니 51 축복하실 때에 그들을 떠나 [하늘로 올려지시니] 52 그들이 [그에게 경배하고] 큰 기쁨으로 예루살렘에 돌아가 53 늘 성전에서 하나님을 찬송하니라	

그리스도의 생애와 사건 순서에 따른
백 번만 사복음 대조 성경

1판 1쇄 인쇄 _ 2018년 1월 25일
1판 1쇄 발행 _ 2018년 1월 30일

지은이 _ 양동욱
펴낸이 _ 이형규
펴낸곳 _ 쿰란출판사

주소 _ 서울특별시 종로구 이화장길 6
편집부 _ 745-1007, 745-1301~2, 747-1212, 743-1300
영업부 _ 747-1004, FAX 745-8490
본사평생전화번호 _ 0502-756-1004
홈페이지 _ http://www.qumran.co.kr
E-mail _ qrbooks@gmail.com / qrbooks@daum.net
한글인터넷주소 _ 쿰란, 쿰란출판사
등록 _ 제1-670호(1988.2.27)
책임교열 _ 박익비

 ISBN 979-11-6143-105-5 93230

책값은 뒤표지에 있습니다.